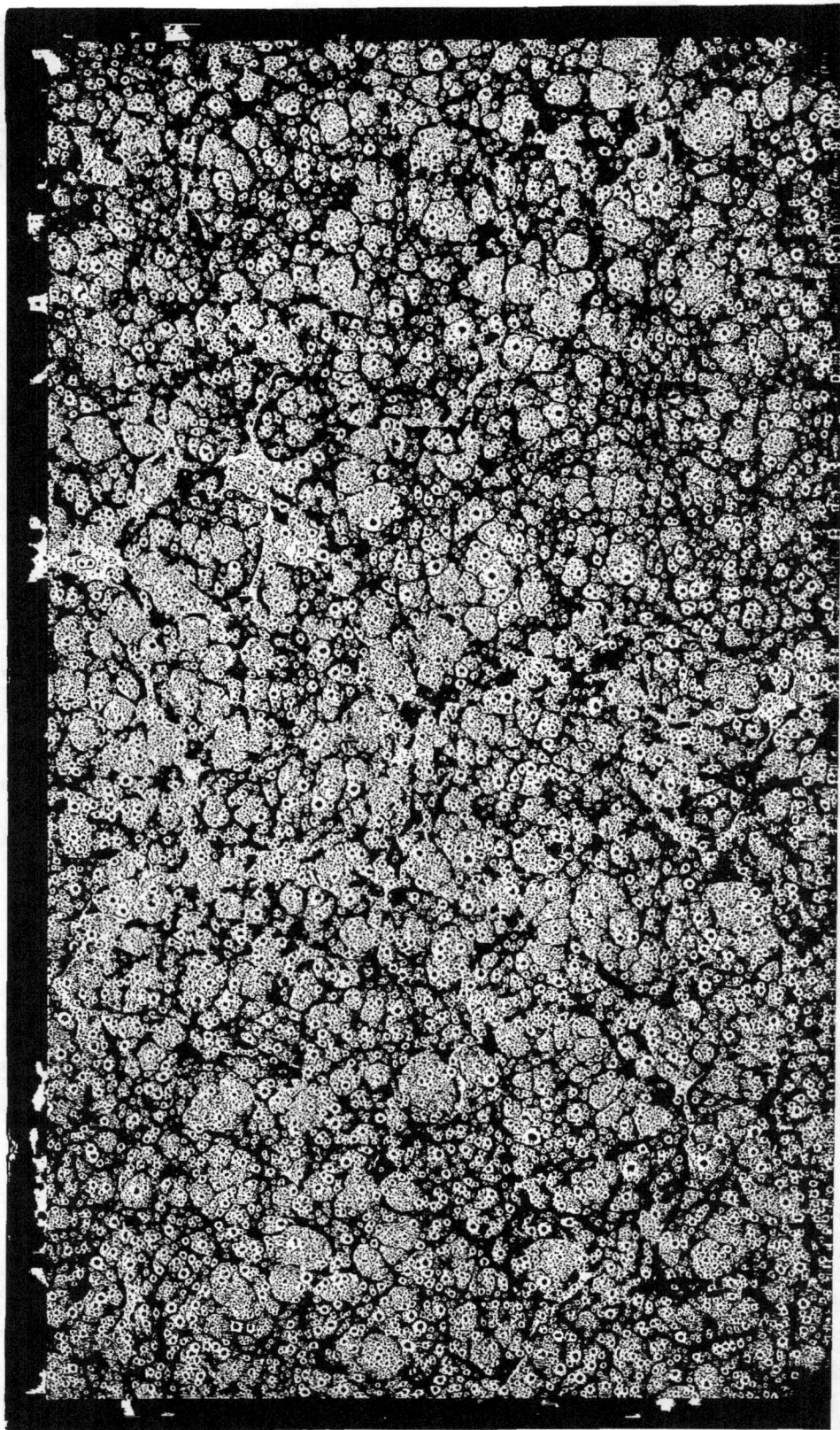

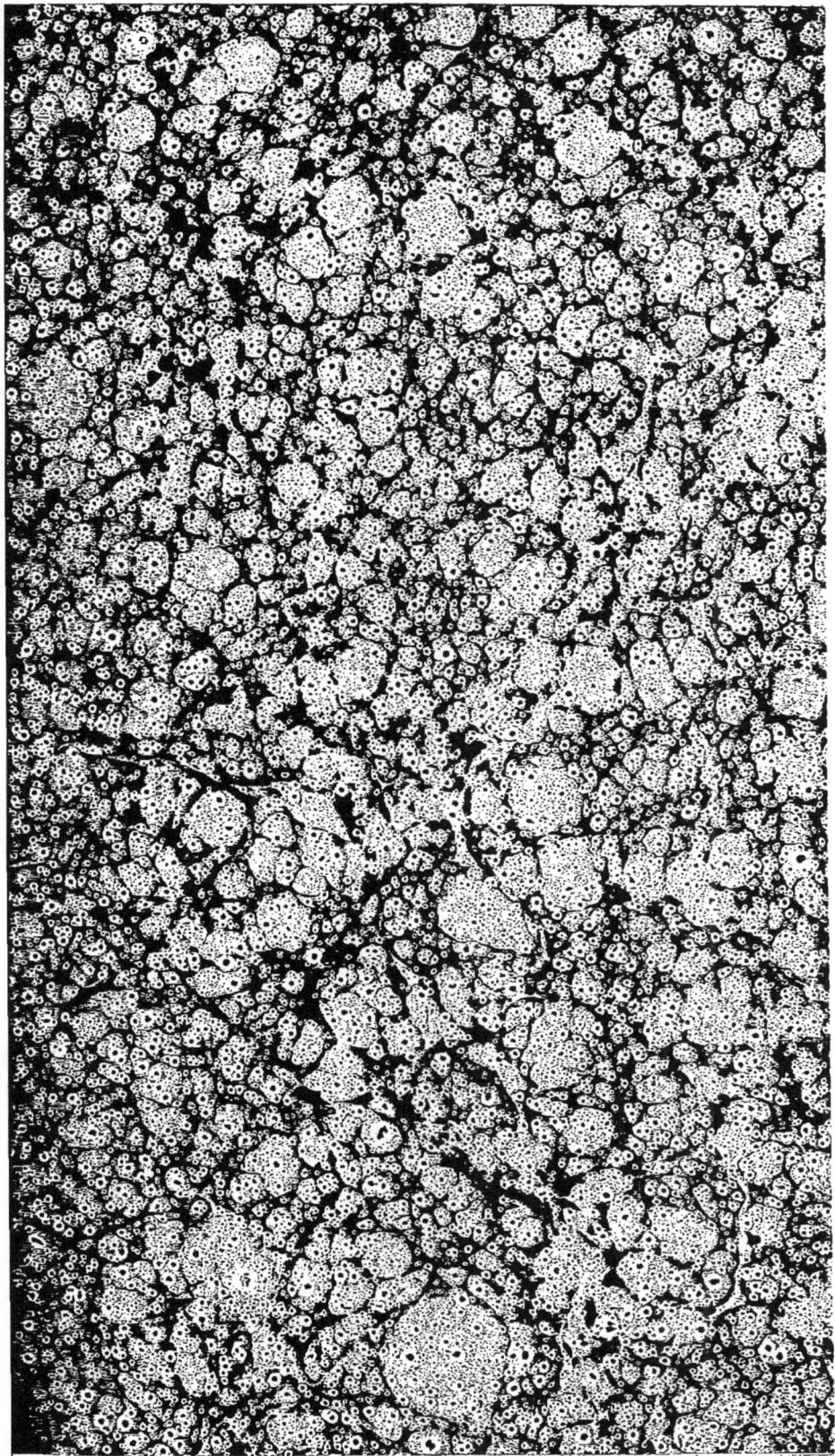

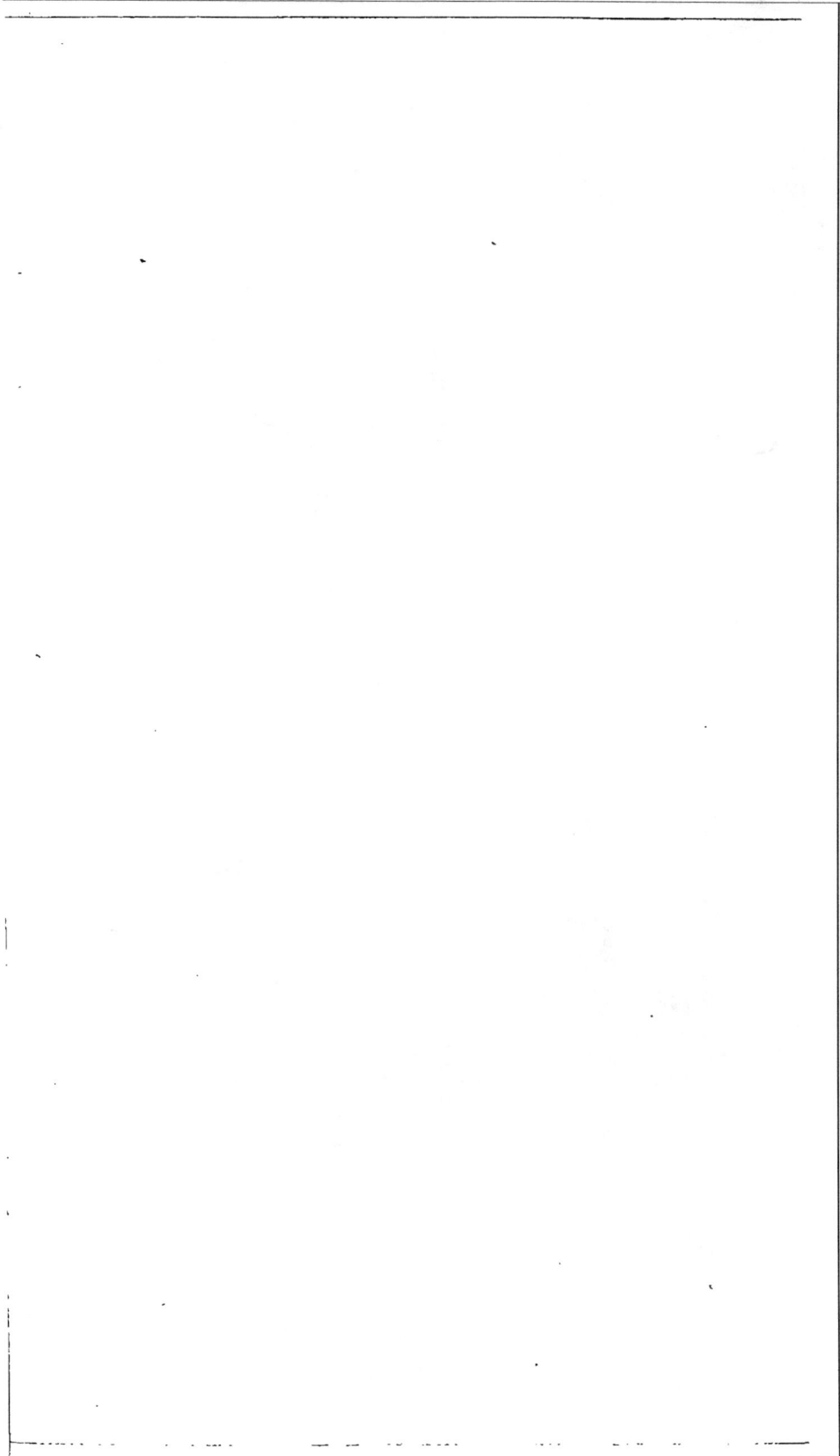

350 41

L'HUISSIER

prévaricateur

DÉVOILÉ.

L'HUISSIER

PRÉVARICATEUR

DÉVOILÉ,

ou

MOYEN DE RECONNAITRE LES ABUS

que les Huissiers peuvent commettre

dans l'exercice de leurs fonctions,

ET DE TAXER SOI-MÊME TOUS LEURS ACTES;

précédé d'un

AVIS A MM. LES CRÉANCIERS, DÉBITEURS & HUISSIERS,

ET SUIVI

D'EXPLICATIONS CLAIRES ET SUCCINCTES
sur la manière de diriger les procédures et de faire les actes;

des Articles de Lois, Tarifs & Décrets relatifs aux Huissiers;

DU TARIF DE TOUS LES ACTES DE LEUR MINISTÈRE,

avec le Droit d'Enregistrement sur chacun d'eux;

Des Lois sur les Poids et Mesures, les Vices rédhibitoires, les Justices de Paix,
l'Expropriation pour cause d'utilité publique, la Pêche fluviale,
les Patentes, les Irrigations, etc., etc.;

DU TABLEAU DE TOUTES LES COMMUNES DÉPENDANT DU DÉPARTEMENT,
Avec le PRIX DE CHAQUE VOYAGE par Arrondissement, Canton et Commune.

OUVRAGE UTILE À TOUTES LES CLASSES DE LA SOCIÉTÉ.

PAR C. J.-A. FOUCQUETEAU,

ANCIEN HUISSIER.

SOISSONS.

LAGRANGE, ÉDITEUR-PROPRIÉTAIRE.

1847.

AVIS IMPORTANT.

—

Les Créanciers et Débiteurs auxquels les explications et renseignements contenus dans cet ouvrage ne suffiraient pas pour pouvoir taxer eux-mêmes les dossiers ou actes de procédure isolés dont ils sont en possession, pourront s'adresser à M. LAGRANGE, Editeur-Propriétaire, ou à l'Auteur, rue du Domino, n° 28, à Troyes, qui se chargera de leur signaler tous les actes qui ont été faits indûment, et les réductions à opérer sur chacun d'eux.

Il donnera aussi *gratis* quelques conseils judiciaires, afin de prévenir les abus que pourraient commettre certains huissiers dans l'emploi de leur ministère.

Tous les exemplaires non revêtus de la signature de l'Editeur-Propriétaire et de son cachet, seront réputés contrefaits, et les auteurs de la contrefaçon seront poursuivis selon la rigueur des lois.

IMP. BOUQUOT. — TROYES.

PRÉFACE.

De tous temps il a existé des abus, et malheureusement, je crois, il en existera toujours, malgré le grand nombre que l'on réforme tous les jours. Néanmoins, j'espère, au moyen des explications que je donne dans cet ouvrage, parvenir à réprimer, sinon tous, au moins la plupart de ceux que commettent certains huissiers dans l'emploi de leur ministère.

L'ouvrage que j'offre au public, sous le titre de l'HUISSIER *prévaricateur* DÉVOILÉ, est donc destiné à rendre de grands services à la société, et à prévenir, comme je viens de le dire, bien des abus. — Il ne sera pas sans susciter de vives réclamations ; mais, quoiqu'il en soit, il empêchera quelques huissiers de satisfaire leur passion, c'est-à-dire leur désir de faire des actes et de servir la cupidité des agents d'affaires ou usuriers qui désolent un grand nombre de villes, surtout celles où il se fait beaucoup de commerce.

En effet, combien de malheureux débiteurs, et quelquefois même de créanciers, sont victimes de leur ignorance des lois ! Combien aussi certains huissiers profitent de cette ignorance pour servir leur intérêt personnel, afin d'augmenter d'une manière effrayante le produit de leur charge ! Il faut donc, pour qu'ils puissent arriver à ce résultat, qu'ils emploient des moyens illicites pour y parvenir ; qu'ils fassent des actes surabondants et par conséquent inutiles ; qu'ils fassent payer des copies de pièces qui n'ont point été faites, des timbres qui n'ont pas été fournis, des transports qui n'ont pas eu lieu ou ne doivent pas avoir lieu ; enfin, qu'ils surtaxent le coût de leurs actes en exigeant des droits et honoraires qui ne sont pas dus.

C'est, il faut le dire, cette manière d'opérer qui entraîne beaucoup de débiteurs à leur ruine, comme aussi, qui rend beaucoup de créanciers victimes de la trop grande confiance qu'ils accordent quelquefois à des huissiers.

L'on concevra facilement encore pourquoi il y a des huissiers (le nombre en est grand) qui se fient fortement sur les droits que leur donne leur ministère : c'est qu'ils savent d'abord que la plupart des créanciers et débiteurs ne connaissent pas les lois ou du moins l'application que l'on doit faire des tarifs qui les concernent ; ensuite parce qu'ils savent qu'on les redoute, dans la crainte de retomber entre leurs mains, et enfin parce qu'ils se reposent sur le peu de soin que l'on met à conserver leurs copies d'actes, et sur la négligence que l'on apporte à faire taxer leurs procédures.

Le seul moyen pour arriver à un bon résultat et prévenir beaucoup d'abus et exactions, serait donc *de faire taxer indistinctement tous les actes faits par les huissiers ;* mais la peur d'être encore plus maltraités, dans le cas où l'on viendrait à avoir à faire à eux plus tard, empêche d'agir presque tous les débiteurs et même les créanciers : aussi il arrive fréquemment qu'ils préfèrent payer sans rien dire, que de faire vérifier les procédures faites pour ou contre eux. — *C'est une faute grave*, puisqu'une pareille négligence peut les rendre dupes (1).

Il faut bien se persuader que les créanciers ou débiteurs qui feront taxer régulièrement les procédures ou actes isolés faits pour ou contre eux, seront plus ménagés que ceux qui ne le feront pas.

Je dirai encore, pourquoi ne pas ranger les huissiers dans la classe des maîtres ouvriers ou entrepreneurs, et compulser leurs états de frais comme on le fait pour les mémoires de ces industriels, sauf à leur faire subir, s'il y a lieu, une diminution ? C'est qu'il y a une différence entre eux : les uns sont libres de coter leur ouvrage plus ou moins cher, puisqu'aucune loi pénale ne les atteint pour cela; tandis que les huissiers, dont les émoluments sont taxés par la loi, ne doivent jamais surpasser cette taxe, car en le faisant ils s'exposent, pour avoir violé la loi, à être punis comme concussionnaires, d'après l'article 174 du Code pénal. —

---

(1) De nombreux exemples viennent chaque jour à l'appui de cette opinion; et, même encore en ce moment, plusieurs dossiers qui m'ont été remis, attestent l'importance qu'il y a de faire taxer tous les actes des huissiers, puisque, dans tous ceux qui sont en ma possession, des réductions importantes, qui constituent de graves abus et exactions, sont à opérer.

Ils ne peuvent prétexter cause d'ignorance : tous doivent connaître leurs tarifs, et s'y conformer scrupuleusement.

Mais, comme les améliorations qu'il serait désirable d'apporter dans l'institution des huissiers, pour éviter les nombreux abus et les exactions que commettent journellement certains d'entre eux, n'auront sans doute pas lieu ou du moins de longtemps, je ferai en sorte, au moyen des explications que je donnerai dans l'HUISSIER *prévaricateur* DÉVOILÉ, de mettre toutes les personnes qui peuvent avoir recours à leur ministère, à même de se rendre justice elles-mêmes, en le lisant avec attention, de manière à ne payer, après vérification du coût des actes de ces officiers ministériels, que ceux *régulièrement et légalement faits.*

On trouvera en outre, avant les explications sur la manière dont quelques huissiers dirigent habituellement leurs procédures et font leurs actes,

Un avis à MM. les créanciers, débiteurs et huissiers.

Après ces explications, qui sont suivies d'exemples du coût des actes nécessaires pour arriver à l'exécution d'un jugement,

1° Le tarif de tous les actes des huissiers, avec le droit d'enregistrement sur chacun d'eux ;

2° Les articles de lois, décrets, etc., relatifs à ces officiers ministériels ; de même que ceux des Codes civil, de procédure civile, de commerce, pénal et criminel, mentionnés dans l'ouvrage et qui y sont relatifs ;

5° Les lois sur les poids et mesures, les vices rédhibitoires, les justices de paix, l'expropriation pour cause d'utilité publique, la pêche fluviale, les patentes et les irrigations. Lois très-utiles à tout le monde, surtout dans les campagnes ;

4° Enfin le tableau de toutes les communes du département, avec leur distance des chefs-lieux d'arrondissements et de cantons, avec le coût de ce qui est dû par chaque voyage ; et encore, avant le tableau général, celui des communes où il n'est point dû aux huissiers d'indemnité de transport : le tout précédé d'explications claires et succinctes sur la manière dont l'indemnité de transport doit se compter.

Puis, je demanderai, pour seconder le but que je me suis proposé en faisant cet ouvrage, s'il ne serait pas convenable de faire quelques modifications dans l'organisation des huissiers, notamment les suivantes :

1° Abolir la vénalité des charges (1), car alors les huissiers sujets à s'écarter de leurs devoirs, qui auront la crainte d'être destitués ou de perdre entièrement le prix de leur charge, ou du moins une grande partie, apporteront plus d'attention et de ménagements pour ne pas commettre aussi fréquemment des abus et des exactions. D'un autre côté cela empêcherait les magistrats chargés de prononcer une peine sévère, comme par exemple

---

(1) Il y a quelques années, telle était l'intention de M. le Ministre de la justice.

la destitution, d'user de tant de considération pour ne pas infliger cette punition qui enlève souvent l'existence à une mère de famille et à ses enfants, et prive des créanciers de leur gage; mais aussi l'on ne verrait pas autant d'huissiers commettre un aussi grand nombre de fautes, et faire un commerce scandaleux de leur charge, pour se soustraire aux peines qu'ils ont encourues, ou lorsqu'ils trouvent avoir assez gagné.

2° Etablir que tout dossier dans lequel il y aurait lieu à opérer des réductions, ferait encourir à l'huissier qui se trouverait, pour la première fois, dans ce cas, une amende pareille à la somme illégalement perçue, ou une peine disciplinaire quelconque; car il ne peut ignorer le coût réel d'un acte, et doit par conséquent le porter juste.

3° Pour la deuxième fois, celui qui retomberait dans la même faute, devrait nécessairement encourir une amende double à la somme mal-à-propos reçue, et même être suspendu de ses fonctions.

4° Enfin, pour la troisième fois, être destitué; car alors il ne pourrait plus y avoir de circonstances atténuantes (1).

Ces trois peines appliquées justement, mais avec

---

(1) Dans quelques villes, des mesures semblables à celles proposées dans les paragraphes nᵒˢ 2, 3 et 4 qui précèdent, avaient été adoptées, quant à l'application de la punition. Elles ont produit d'heureux résultats. — En outre, la restitution des sommes frauduleusement perçues avait lieu.

Des suspensions et même des destitutions ont été infligées; et ces deux derniers moyens, employés envers les huissiers signa-

sévérité, maintiendraient, bien certainement, dans la limite de leurs devoirs, les huissiers sujets à s'en écarter, et les empêcheraient de commettre des erreurs qui, je crois, sont souvent volontaires.

5° Etablir encore que les huissiers audienciers du tribunal de commerce ne soient commis, ainsi que cela se pratique dans les tribunaux civils, pour signifier les jugements par défaut et ceux prononçant la contrainte par corps, que dans les communes qui dépendent des cantons où siègent les tribunaux de commerce, et *non dans tout l'arrondissement* de ce tribunal ; car on ne saurait se figurer combien ce dernier mode est dispendieux pour les débiteurs, qui paient quelquefois des frais de transports énormes, puis désagréable pour les créanciers qui sont à la merci de ces huissiers : tandis qu'en commettant les huissiers *de tous les cantons*, on éviterait des frais et notamment le retard que mettent ordinairement ceux qui sont spécialement chargés de faire ces sortes de significations dans tout l'arrondissement. Par ce moyen, les créanciers auraient encore l'avantage, comme on le voit, d'être plus tôt et mieux servis, et surtout à meilleur compte.

---

lés et reconnus pour commettre assez fréquemment des abus et des exactions, ont servi d'exemples, et aujourd'hui la plupart, pour ne pas dire tous, remplissent les devoirs que leur impose leur ministère, avec une certaine légalité, qui, par la suite, les mettra sans doute à l'abri, sinon de tous reproches, au moins les rendra exempts de la déconsidération générale dont ils sont frappés.

Cette modification importante, et facile à opérer, est selon moi indispensable : je suis persuadé qu'il suffit de l'indiquer pour que l'on s'empresse de la faire, dans les tribunaux de commerce où elle n'a pas encore eu lieu.

Je sais d'avance que la manière de procéder que je propose conviendra peu aux huissiers; mais, comme ce serait un avantage réel pour la société, je pense qu'il est convenable de la signaler. Elle empêchera, sans doute, les nombreux abus et les exactions graves que commettent à chaque instant certains d'entre eux, et qui, depuis nombre d'années, portent atteinte à la bourse des créanciers et débiteurs, et à la considération des huissiers qui remplissent leurs devoirs avec zèle, probité et délicatesse.

Cependant, il ne faut pas croire que toutes les fautes que je signale dans cet ouvrage, sont commises par tous les huissiers ; mais, comme il est de notoriété publique que le nombre en est grand (1), je me crois en droit, dans l'intérêt général, de dévoiler

---

(1) Au moment de mettre sous presse, j'ai eu connaissance d'un article de l'Académie des sciences morales et politiques, sur la statistique des accusés, par M. Fayet, inséré dans le journal le *Siècle,* du 1er janvier 1847 (sans doute pour étrennes à MM. les hommes de loi). Il arrive parfaitement à l'appui de tout ce que j'ai pu dire dans la plupart des observations contenues dans l'HUISSIER *prévaricateur* DÉVOILÉ, relativement aux nombreux abus et aux graves exactions que commettent journellement certains huissiers.

En effet, dans cet article, l'habile staticien donne des exem-

les principaux abus. Car je dirai que, soit par trop de zèle, soit par négligence, ou enfin par toute autre cause, bien des huissiers compromettent souvent les intérêts des créanciers et débiteurs, et je serai heureux si, dans les observations que je fais dans l'HUISSIER *prévaricateur* DÉVOILÉ, je suis parvenu à le démontrer.

---

ples intéressants sur la criminalité des hommes de loi, et il établit combien est grande la part que MM. les huissiers fournit dans les criminels, depuis quelques années : en outre, il pose en fait que cette classe est celle qui offre le moins de moralité dans les gens de loi ; toutefois après MM. les notaires qui sont parvenus, à ce qu'il paraît, à les surpasser en nombre depuis 1840.

Ce travail important mérite d'être lu, et bien qu'il ne se rattache qu'à la criminalité, il n'en prouve pas moins la perversité de cette classe d'officiers ministériels ; et, si l'on ajoutait aux crimes, les exactions ou concussions que certains d'entre eux commettent et qui restent inconnues ou impunies, il est évident que leur nombre augmenterait d'une manière effrayante.

N'est-il pas déplorable, comme on le fait encore remarquer dans ce travail statistique, que MM. les officiers ministériels qui figurent dans la classe de la société qui doit renfermer ce qu'il y a de plus distingué, occupent une aussi large place dans les crimes !

L'HUISSIER

PRÉVARICATEUR

DÉVOILÉ.

AVIS

A MM. les Créanciers.

———

Généralement tous les créanciers sont intéressés à ce que les huissiers qu'ils emploient ne fassent contre leurs débiteurs que les actes absolument nécessaires pour parvenir au recouvrement de leurs créances, car en agissant autrement ils forcent les débiteurs, soit à se mettre en faillite, soit à employer tous autres moyens pour se mettre à l'abri des poursuites dirigées contre eux, en cherchant à détourner leurs meubles, effets et marchandises, qui sont souvent le seul gage de leurs créanciers. En effet, cela se voit tous les jours, par suite du grand nombre

2

d'actes que font ordinairement quelques huissiers pour parvenir à l'exécution d'un jugement, tandis que, s'ils mettaient de côté leur intérêt personnel et ne faisaient pas souvent des actes surabondants et inutiles, ce qui prolonge considérablement la procédure et augmente mal-à-propos les frais, ils ne donneraient pas le temps à des débiteurs de se soustraire au paiement des sommes qu'ils doivent; comme aussi l'on verrait beaucoup moins de ceux-ci commettre des actes de mauvaise foi, et beaucoup moins de créanciers perdre la majeure partie ou la totalité de leurs créances, et cela par l'excès de zèle de l'huissier qui n'aura pas compris ses devoirs.

C'est donc dans le but d'être utile à **M.** les créanciers et débiteurs que je fais cet ouvrage, et en même temps pour démontrer que souvent ils ont tort de donner un pouvoir illimité à certains huissiers qui peuvent en abuser pour servir leur propre intérêt.

Il faut exiger que la procédure soit conduite avec diligence et fermeté dans certains cas; mais aussi il est indispensable de veiller à ce qu'il ne soit fait aucun acte superflu, ce qui prolonge les affaires pendant un temps infini. Par ce moyen, **MM.** les créanciers éviteront fréquemment de supporter des frais énormes et inutiles, tout en perdant le principal de leurs créances.

AVIS

A MM. les Débiteurs.

————

Je leur ferai remarquer plusieurs abus qui peu-vent se commettre assez fréquemment et compromettre gravement leurs intérêts. Le nombre en est certainement bien plus grand, mais il suffira d'en signaler ici quelques-uns pour en prévenir encore d'autres.

1° Il y a des huissiers (malheureusement le nombre en est grand) qui ont l'habitude, aussitôt qu'ils ont signifié un acte, de préparer celui qui doit le suivre, pour en faire payer les émoluments, surtout quand ils sont à peu près assurés que les débiteurs doivent payer la créance pour laquelle ils sont poursuivis. Ces frais étant tout-à-fait frustratoires, on doit en refuser le paiement, car un acte n'est réellement dû qu'autant qu'il est régulier, c'est-à-dire que lorsque la copie est donnée et l'original enregistré.

2° Les débiteurs ne doivent jamais dônner d'argent à un huissier pour qu'il ne soit pas opéré de saisie à leur domicile, ni établi de gardien ; car il arrive fréquemment, et dans beaucoup de villes ou communes, que, malgré la promesse qui aurait été faite, le procès-verbal n'en est pas moins rédigé en l'étude, enregistré, et qu'en soldant le principal et les frais, il faut le payer. Ce mode d'opérer, quoique très-irrégulier, n'a pas moins lieu quelquefois, et s'il était connu, l'huissier qui s'en serait rendu coupable, encourrait une punition très-grave et serait même bien certainement destitué.

Si un huissier, lorsqu'il se présente au domicile d'un débiteur et menace de saisir ses meubles, effets mobiliers ou marchandises, ne le fait pas, c'est qu'il ne le doit pas. *(Voyez à l'article des saisies.)*

3° Il est très-essentiel de veiller à ce qu'il ne soit jamais fait plusieurs originaux pour le même acte, comme on le voit assez fréquemment et dans des affaires très-peu importantes. Cela ne peut arriver que très-rarement et dans des affaires très-compliquées. Si certains huissiers le font sous prétexte de n'avoir pu donner toutes les copies le même jour, ou se servent de tous autres moyens, c'est souvent, on doit le dire, dans leur propre intérêt, parce que cette manière d'opérer leur procure le coût d'un original

d'acte de plus, et l'agrément de faire figurer un
plus grand nombre d'exploits sur leurs répertoires,
moyen très-avantageux de donner un prix beaucoup
plus élevé à leur charge lorsqu'ils veulent la vendre.

4° On doit vérifier attentivement et scrupuleusement, et s'assurer que dans le montant des frais, les
honoraires de l'avocat, de l'agréé ou du fondé de
pouvoir du créancier, n'y soient pas compris, ces
frais étant entièrement à la charge de ce dernier (1).

5° Il faut avoir soin d'exiger que *tous les actes* des
huissiers soient régulièrement taxés (lorsque les débiteurs ne pourront les taxer eux-mêmes), sans
redouter les menaces qu'on pourrait leur faire, car il
ne faut pas croire que si quelques huissiers accordent
des délais aux débiteurs, que c'est pour leur être
agréables ; lorsqu'ils le font, c'est qu'alors la procédure qu'ils doivent faire est tout-à-fait épuisée ou à
peu près, et même on pourrait le dire, après que

---

(1) Devant presque tous les tribunaux de commerce, l'u-
sage de faire supporter aux débiteurs ces frais, ordinairement assez considérables, était admis ; mais des réclamations
ayant été faites à cet égard, dans les villes où elles ont eu
lieu, on s'est empressé d'en reconnaître la justesse et de réprimer ce grave abus.

Les débiteurs ont donc un intérêt majeur à s'opposer à ce
qu'il s'introduise devant les tribunaux où il n'existe pas et à
le faire cesser devant ceux où il est toléré.

bien des actes inutiles et par conséquent frustratoires ont été faits.

MM. les débiteurs doivent donc être assurés qu'en
observant ce qui vient d'être dit, relativement à la
taxe, beaucoup d'huissiers mettront moins de zèle
à poursuivre ceux qui font habituellement taxer tous
leurs actes, que ceux qui ne le font pas : cela se
concevra facilement, puisqu'ils craindront les premiers qui pourraient les faire prendre en défaut et
compromettre quelquefois même leur position; tandis que les autres seront regardés comme de bonnes
gens que l'on ne doit pas redouter, puisqu'ils paient
sans élever de difficultés.

AVIS

A MM. les Huissiers.

EXTRAIT

D'une Instruction sur l'Organisation des Huissiers (1).

L'huissier est un officier ministériel revêtu d'un caractère public dont les attributions émanent directement du roi; un officier qui assiste les magistrats, qui contribue véritablement à l'administration de la

---

(1) Cette instruction a pour but de faire connaître aux huissiers les qualités qu'ils doivent réunir, la conduite qu'ils doivent tenir, et les devoirs qu'ils ont à remplir pour exercer leurs fonctions avec *honneur, probité et délicatesse.*

Si tous les huissiers se pénétraient bien, comme ils le devraient, de son contenu, les abus et même les exactions qu'elle signale, et que l'on est encore bien fondé aujourd'hui à reprocher à certains d'entr'eux, ne rejailliraient pas sur le corps entier qui, par ce fait, se trouve privé de la considération dont il devrait jouir. Ainsi, tous les incidents qui sont suscités quelquefois mal-à-propos dans les procédures, et qui occasionnent souvent des procès ruineux pour les débiteurs ou les créanciers, n'auraient pas lieu; ils sauraient, par leur esprit de conciliation et de modération, arrêter

justice, puisque c'est par son ministère que les procès sont introduits, qu'ils sont en partie instruits, et
que les jugements sont exécutés. Un huissier exerce
donc un état honnête et qui ne doit pas être dédai-

---

une foule de difficultés qui surgissent parmi les gens peu
aisés qui ne connaissent pas les lois; ils éviteraient de faire
redouter leur ministère, et sauveraient fréquemment des
malheureux débiteurs de la misère dans laquelle les plon-
gent presque toujours les procès; enfin, par leur probité et
délicatesse, ils sauraient mettre un frein à leur cupidité,
qui souvent les perd dans l'estime des magistrats et la considération du public; ils ne se serviraient pas de la loi
comme d'un rempart pour se venger d'un débiteur contre
lequel ils peuvent avoir quelqu'animosité; en un mot, ils
ne s'entendraient jamais avec leurs confrères, les agents
d'affaires, ou toutes autres personnes, pour augmenter les
produits de leurs charges en faisant des actes inutiles ou
surabondants que leur conscience devrait réprouver. Ils
rempliraient leurs devoirs avec honneur, franchise et
loyauté.

Toutefois, je dirai enfin, que si tous les huissiers ne peuvent être atteints par les paroles sévères contenues dans
cette instruction et les notes de l'auteur, il s'en trouve cependant encore un grand nombre, et dans presque toutes
les villes, qui donnent lieu à de justes récriminations, par
les abus et les exactions qu'ils commettent. Il est donc, dans
l'intérêt même de la corporation des huissiers, qui ne doit
pas être victime des fautes individuelles, d'indiquer les
moyens de prévenir les indélicatesses de ceux qui s'en rendent coupables.

Que tous les huissiers suivent le chemin que leur trace
cette instruction, les tarifs et la loi, et cette défaveur, qui re-
jaillit sur le corps entier, n'existera certainement plus.

gné. Tout ce qui environne la justice doit nécessairement être honoré et se ressentir de la dignité des magistrats.

Le ministère de l'huissier exige de l'intelligence, de l'instruction dans sa partie, et *une probité sans le moindre reproche*. Quelles sont, en effet, les premières qualités d'un huissier estimable? Il sait libeller avec ordre et précision l'exploit qui fait la base du procès; il énonce clairement l'objet de la demande et les motifs sur lesquels elle repose; il évite par conséquent les exceptions de nullité et tous les autres incidents qu'une assignation mal rédigée occasionne si souvent avant d'arriver à la question du fond; il ne donne pas lieu aux frais de ces incidents qu'on peut considérer comme autant de procès particuliers entés sur la contestation principale; il procède avec régularité dans les saisies-exécutions, dans les expropriations forcées et dans toutes autres opérations de cette nature, dont plusieurs sont épineuses; il évite, par conséquent, encore ces nombreuses difficultés qui naissent dans l'inobservation des formes; il accélère, par ce moyen, les poursuites; il épargne encore des frais au débiteur, et, autant qu'il est en lui, il procure au créancier la prompte rentrée de ses fonds.

Un bon huissier est un homme qui remplit souvent un ministère paternel parmi la classe la plus nombreuse et la moins aisée; il est le premier dépositaire de la confiance des parties; il connaît leurs secrets, leurs peines, leurs intentions; il est presque toujours le maître de les diriger lorsque les difficultés ne s'étendent pas au-delà d'un certain cercle, et on sait que ces sortes d'affaires sont en très-grand nombre; il engage les parties à se rapprocher, en employant tous les moyens licites qu'il croit propres à y parvenir; il les concilie sur leurs différends, et rétablit entre elles la bonne intelligence.

Quelle jouissance pour cet huissier qui parvient ainsi à empêcher deux parties de plaider au moment même où elles ont fait le premier pas, et qui les voit s'éloigner du précipice, contentes l'une de l'autre et de lui-même! C'est alors qu'il honore son état, et que d'un instrument de guerre judiciaire il fait un instrument de conciliation et de paix.

Si cependant, comme on ne peut se le dissimuler, cette profession est frappée de quelque défaveur, il n'en faut chercher la cause que dans la conduite de quelques-uns de ses membres, qui font ainsi refluer sur le corps entier une peine qu'eux seuls devraient subir individuellement.

Le moment est enfin arrivé de faire cesser toute idée défavorable sur ces officiers de justice dont on veut perfectionner le régime et relever l'état. C'est à ceux qui sont restés fidèles à leurs devoirs, au milieu des exactions et des injustices de tout genre dont on a eu, il faut en convenir, trop souvent à se plaindre, qu'il appartient de régénérer leur profession. Tout va concourir au rétablissement qu'ils désirent.

L'intention bien prononcée du gouvernement est d'améliorer cette institution et de la purger de tous ceux qui méritent d'en être exclus. Il veut que tous les officiers qui tiennent à l'ordre judiciaire soient honorés, parce que rien de ce qui environne la justice ne doit être avili.

Mais, pour que les huissiers soient honorés, pour qu'ils ne rougissent plus de leur état, il faut qu'ils se prêtent aux vues du gouvernement; il faut qu'ils se rendent honorables. Lorsqu'on verra par les effets combien leur institution pouvait devenir utile à l'ordre social, et combien elle était nécessaire à l'administration de la justice, au maintien des lois et à leur invariable exécution, alors ils occuperont dans la société un rang qui les fera considérer.

Pour atteindre ce but si important, les huissiers ont deux règles principales de conduite à observer : d'abord, un grand fond de probité et de délicatesse; d'apporter ensuite, dans l'exercice de leurs fonctions, les connaissances nécessaires, tout le zèle possible; en un mot, le sentiment de tous leurs devoirs.

Il ne suffit pas de faire strictement ce que la loi prescrit, et de s'abstenir des choses qu'elle défend; c'est le rempart ordinaire des gens de mauvaise foi. Combien de cas la loi ne peut prévoir! Il est impossible qu'elle descende jusqu'aux plus minutieux détails. Lorsqu'elle devient muette, et que l'huissier ne veut pas prendre d'autre guide, combien il lui est facile de faire le mal avec impunité ! Mais l'huissier est lui-même son législateur. Lorsque la loi positive ne peut plus étendre son empire, il sait discerner ce qui est bien d'avec ce qui est mal : dans l'ombre comme en public, il s'abstient de tout ce qui répugne à l'honnête homme; il rejette fièrement toute proposition clandestine, quand elle est injuste; il ne transige point avec ses devoirs, ni pour en rétrécir le cercle, ni pour le dépasser. Les hommes probes et intelligents ennoblissent toutes les fonctions.

On peut dire qu'un huissier sera parfaitement honnête, et qu'il s'attirera l'estime des magistrats et du public, s'il suit le plan de conduite que nous allons tracer.

Devoirs des Huissiers envers les Magistrats.

Après la probité la plus scrupuleuse, un huissier doit mettre au rang de ses premiers devoirs le respect et la soumission qu'il doit aux magistrats en général, et particulièrement à ceux auprès desquels il est placé.

Le respect ne consiste pas seulement dans des signes extérieurs produits par la présence des juges, mais il se manifeste dans toutes les circonstances. L'huissier ne doit jamais oublier que, pour que la justice soit respectée, il faut que les hommes qui rendent ses décisions soient toujours environnés de la plus grande considération.

La soumission consiste à exécuter ponctuellement tous les ordres qui sont donnés, soit pour le service intérieur des audiences, soit pour des commissions particulières, soit enfin pour tout autre objet relatif à l'administration de la justice, au bon ordre et à la discipline qui doit exister parmi les huissiers.

Devoirs des Huissiers envers les parties qui les chargent d'instrumenter.

L'huissier a également des devoirs importants à remplir envers ses clients; s'il s'en acquitte loyalement, il veille à leurs intérêts comme s'il agissait pour lui-même. Ainsi, il met dans la confection de ses exploits et de ses poursuites toute la diligence possible, parce qu'un moment de retard peut causer à sa partie le plus grand préjudice, et qu'elle aurait droit, dans ce cas, à des dommages-intérêts. Il sait, suivant les circonstances, interposer sa médiation entre la passion de sa partie et la position de la personne contre laquelle il est chargé de faire des poursuites, afin de concilier la modération de son ministère avec les intérêts de son client; il n'a jamais, pour le débiteur, d'indulgence répréhensible; il ne s'entend jamais avec celui-ci, ni pour lui donner le temps de soustraire ou sa personne à l'emprisonnement, ou ses meubles à la saisie, ni pour qu'il se

prémunisse, de toute autre manière, contre les poursuites qui sont dirigées contre lui. Loin d'un honnête huissier toute proposition d'accommodement
dans son intérêt particulier; loin de lui toute idée
de recevoir une récompense quelconque pour sus-
pendre la procédure, ou pour lui donner une direc-
tion oblique en faveur du débiteur; loin de lui, encore, tout sentiment de pure compassion qui n'est
pas combattu par la légitimité de l'action du créancier, et par tous les autres motifs qui doivent le déterminer à employer les voies de rigueur accompa-
gnées néanmoins de tous les ménagements qu'il est
possible d'avoir, sans compromettre les intérêts de
sa partie.

L'huissier ne doit pas encore, ou par un excès de
zèle, ou dans la vue de se procurer une affaire plus
considérable et plus productive, excéder les pouvoirs qui lui sont donnés; il doit se renfermer dans
le cercle des actes et des démarches qui lui sont
nécessaires pour arriver au but que sa partie se
propose d'atteindre : autrement, il s'exposerait aux
reproches de sa conscience, au désaveu de cette
partie, et peut-être à des dommages-intérêts.

Devoirs des Huissiers envers les débiteurs, prévenus ou accusés.

Les devoirs de l'huissier embrassent aussi sa
manière d'agir envers le débiteur, le prévenu ou
l'accusé : il ne doit pas exciter le créancier à diriger

des poursuites, en lui peignant le débiteur sous des couleurs odieuses, ou en employant toute autre voie ; ce qu'il est tenu de faire se borne à lui donner sagement les conseils dont il a besoin pour arriver, soit au paiement, soit à toute autre fin ; il doit prendre toutes les précautions nécessaires pour exécuter les ordres de la justice, ou pour le succès de l'action de sa partie.

Il faut qu'il ait soin de ne rien négliger pour faire une exacte perquisition des personnes ou des choses à saisir, et qu'il ait toute fermeté convenable. Cependant, s'il ne doit pas s'apitoyer avec trop de facilité, il ne lui est pas interdit de compâtir au malheur : le véritable esprit de la loi veut, au contraire, qu'il procède sans passion et sans rudesse ; il peut, par le calme de sa conduite et par certains procédés permis, se faire estimer même de celui qu'il poursuit, et rendre son sort moins malheureux. Ses fonctions sont pénibles sans doute dans cette circonstance, il en coûte à un homme sensible d'agir avec rigueur; mais son ministère devient moins désagréable, lorsqu'il se comporte avec tous les égards que l'infortune demande, et qu'il parvient à rendre ses poursuites plus supportables.

Un huissier serait bien répréhensible et même bien coupable, s'il maltraitait un individu qu'il est chargé d'exécuter ou d'emprisonner. Il ne lui est pas permis d'être plus rigoureux que la loi, et, par conséquent, d'aggraver arbitrairement la position d'un malheureux déjà trop accablé par le sort; il doit éloigner tout sentiment de vengeance ou de récrimination, et se rappeler toujours qu'il n'agit pas en son nom personnel, mais dans l'intérêt d'un tiers. Il y aurait de la lâcheté à profiter d'une telle occasion pour se venger d'un ennemi qui ne pourrait opposer aucune défense.

Devoirs de l'Huissier envers ses confrères.

Le bon ordre et l'intérêt même de tous les huissiers exigent qu'ils vivent entre eux dans une parfaite intelligence; qu'ils s'aident mutuellement de leurs conseils; qu'ils se prêtent des secours et se rendent toute espèce de service; qu'ils ne voient jamais d'un œil d'envie la prospérité de tel ou tel de leurs confrères; qu'ils ne s'enlèvent point l'un à l'autre la confiance des parties, soit par intrigue ou par ruse, soit par tout autre moyen que la probité ne peut approuver. En entretenant ainsi la bonne harmonie parmi les hommes d'une même corporation, chacun y trouvera incontestablement son avantage particulier, sous le rapport du contentement intérieur que produit toujours l'union des confrères.

Enfin, un huissier véritablement probe n'est jamais d'intelligence, ni avec ses confrères, ni avec des agents d'affaires, ni avec toutes autres personnes, pour augmenter les produits de son état par des manœuvres que la loi et la conscience proscrivent;

il s'en tient à son gain légitime, et s'il ne néglige rien pour l'acquérir, on ne le voit point non plus s'immiscer dans ces spéculations ténébreuses, qui ne reposent que sur des actes simulés et sur des prête-noms; il ne trompe jamais la crédulité ou la bonne foi du public. En un mot, il ne connaît ni la fraude ni l'astuce; il remplit toutes ses fonctions avec franchise et loyauté. C'est en se conduisant de cette manière qu'il parvient à mériter l'estime des magistrats et la considération publique (1).

---

(1) Que tous les huissiers se renferment scrupuleusement dans les bornes de leur ministère, c'est-à-dire qu'ils ne fassent que les actes strictement nécessaires dans les procédures, celui qui sera bien occupé n'aura guère plus de six à huit cents actes par an à enregistrer sur ses répertoires, et pour un grand nombre ce chiffre sera énorme. Or, comme il a été établi, en prenant pour base une ville où il se fait beaucoup d'actes *avec indemnité de transport*, que l'un dans l'autre chaque acte ne pouvait produire *au plus* que 4 francs, il en résultera que l'huissier qui atteindra le nombre le plus élevé (800 actes), aura une charge qui lui rapportera 3,200 fr. Mais combien n'en voit-on pas faire mille, douze et quinze cents actes et gagner par cela même, 5, 6, 7, 8 et jusqu'à 10,000 francs? Ne peut-on pas supposer alors que ceux qui arrivent à bénéficier des sommes aussi considérables, doivent faire des actes superflus ou surcharger le coût des actes de ce que certains d'entre eux appellent les faux-frais, ou, enfin, employer les moyens de fraude signalés dans cette instruction et notamment dans ce dernier paragraphe?...

NOTA.

Pour faire connaître comment quelques huissiers
(l'on pourrait même dire la plupart) dirigent habituellement toutes les procédures, je donnerai pour exemple la procédure commerciale, celle qu'ils suivent le
plus souvent, comme n'étant pas la moins productive, et expliquerai la manière dont chaque acte se
fait ordinairement, en donnant des exemples du coût
de ceux que l'on peut faire pour exécuter un jugement, soit par la vente des meubles, effets mobiliers
et marchandises d'un débiteur, soit par l'emprisonnement de sa personne ou sa mise en faillite, soit enfin
par un procès-verbal de carence.

Protêts.

—

Lorsqu'un effet de commerce est remis à certains huissiers, ceux-ci, pour en opérer le recouvrement, font de suite le protêt, qu'il soit ou non effet de commerce, qu'il y ait ou non des endosseurs, car au besoin ne s'en trouve-t-il pas toujours quelques-uns, ne serait-ce que par complaisance. Je dis : de suite, parce qu'aussitôt que le billet est déposé entre leurs mains, ils se rendent ou le plus souvent envoient chez le débiteur pour savoir s'il paiera ; et, sur la réponse qui leur est faite, et qui pour eux est presque toujours un refus de paiement, ils déclarent ou donnent à entendre, tant bien que mal, qu'ils vont faire le protêt, s'il n'est déjà fait d'avance, ce qui arrive assez fréquemment. S'il ne l'est pas, de retour à leur domicile, ils le rédigent, le font signer par leurs clercs, confrères ou recors habituels, et le portent immédiatement sur leur répertoire : de sorte que voilà un acte de protêt fait, mais dont on laisse rarement une copie (on pourrait même dire jamais, puisque cela est de notoriété publique), bien que le débiteur la paie ainsi que la demi-feuille de timbre ;

ce qui ne laisse pas que de procurer aux huissiers qui agissent ainsi, une certaine économie à la fin de l'année, surtout quand ils font beaucoup de ces sortes d'actes, et qu'ils sont employés par plusieurs maisons de banque.

Mais, de bonne foi, est-ce ainsi que la loi prescrit le protêt? Non, assurément; car s'ils se renfermaient exactement dans les obligations qu'elle leur impose, ils feraient cet acte *au domicile même du débiteur,* ainsi que le veut l'article 173 du Code de commerce, en présence des deux témoins, exigés par la loi; ou, tout au moins, s'il était fait en leur étude, ils devraient scrupuleusement en laisser une copie au débiteur, comme l'indique l'article 176 du même Code, à peine de destitution, dépens et dommages-intérêts, et même de nullité de l'acte, afin que celui-ci ne puisse ignorer que des poursuites commencent contre lui, à partir de son refus de payer, constaté par cet acte. Mais, la plupart des huissiers sachant que peu de personnes, sujettes à être exploitées ou à faire exploiter, connaissent la loi, et de ce que d'ailleurs foi est due à leurs actes, ils se permettent, presque toujours, de ne pas laisser de copie; cependant ils devraient savoir qu'il serait bien facile de prendre sur le fait ceux qui le font ainsi, si les débiteurs voulaient s'en donner la peine et se doutaient combien cette tolérance peut quelquefois leur coûter cher.

Ils n'en font pas moins payer le droit de copie,

plus 35 centimes pour le timbre de celle-ci, sommes
qui, on le voit, entrent bien injustement dans leur
poche. En outre, ceux qui commettent cette exaction
(et le nombre en est grand) ne s'en tiennent pas là,
ils prennent encore pour droit de transcription de
titre au moins 25 centimes, et plus souvent 50 ;
pour la copie du protêt sur le répertoire, presque
toujours 1 franc ; pour les témoins, 1 franc ; puis
enfin pour le répertoire, 10 centimes ; plus le papier
de transcription, etc., etc. De sorte qu'au résultat,
un protêt, qui ne devrait se payer au plus que 6 fr.
30 centimes pour les villes de première classe ; 5 fr.
95 centimes pour celles de deuxième classe, et 5 fr.
55 centimes pour celles de troisième classe et les
cantons ruraux, y compris 2 francs 20 centimes
pour le droit d'enregistrement, le timbre pour l'original, la copie et la transcription de cet acte, rapporte net de bénéfice, plus de moitié en sus, par
les moyens que l'on emploie pour le faire *mousser*
(terme usité en pratique).

Pourtant il est certain *qu'aucune loi ni tarif n'alloue
rien*, 1° pour la transcription sur le répertoire ;
2° pour le papier de ce répertoire ; 3° pour les témoins ; 4° enfin pour les 10 centimes de répertoire.
Mais, puisque tous ces accessoires sont sans doute
agréables aux débiteurs ou créanciers, on les leur
fait payer.

Quant aux billets sur lesquels il n'y a point d'endosseurs, ainsi que je l'ai déjà dit, pour certains

huissiers, il s'en trouve toujours quelques-uns, puisque sans cela le protêt ne pourrait se faire, bien que j'en aie vu : c'est un abus que l'on ne doit pas tolérer, car dans ce cas l'acte se trouve frustratoire, le protêt n'ayant pour but que de maintenir les droits des endosseurs et leur prouver qu'on a fait les diligences nécessaires pour ne pas compromettre leurs intérêts. Par conséquent, s'il n'y en a pas de sérieux, c'est un acte inutile et nul que le débiteur ni le créancier ne doit payer. *(Voyez l'article* 132 *du Code de procédure civile, applicable dans ce cas.)*

Il y a aussi des huissiers qui exigent des débiteurs 1 franc, 1 franc 50 centimes ou 2 francs, pour courses et démarches pour le recouvrement d'un billet, bien qu'il ne soit rien dû par ceux-ci lorsqu'ils l'acquittent entre leurs mains; mais comme on craint de demander cette somme au créancier, ils trouvent plus naturel, selon eux, de la réclamer aux débiteurs, puisqu'ils consentent souvent à la payer. *C'est un abus grave et même une exaction qui les rend passibles des peines portées en l'article* 174 *du Code pénal.*

En supposant qu'il soit dû quelque chose à l'huissier qui présente un effet ou le fait présenter, c'est au créancier à payer la course. Le débiteur *ne doit rien,* qu'il effectue le paiement ou non.

Le protêt est, pour certains huissiers, un acte si lucratif, de la manière dont ils le font dans beaucoup de villes, que c'est à qui pourra les obtenir. D'après leur manière d'opérer, de cet acte qu'ils regardent

comme étant le moins rétribué, ils en font celui le
plus avantageux de toute procédure. Les fautes les
plus répréhensibles sont commises, la loi est éludée sur
tous les points, malgré les prescriptions rigoureuses
qu'elle contient; en un mot, *tout n'est qu'arbitraire.*

Ainsi, par les observations que je fais ici, il y a
donc un grand intérêt pour tous les créanciers et
débiteurs, d'exiger, en marge du protêt, *le coût détaillé de cet acte,* non pas comme cela se pratique
ordinairement, mais bien *article par article,* ainsi que
le veut l'article 48 *du décret du 14 juin* 1813. De
cette manière il sera facile de voir si quelques huissiers prennent ou non plus que la loi ne leur
accorde.

EXEMPLES.

**Du coût d'un Protêt simple, avec intervention
à protêt, sommation d'intervenir, avec perquisition, assistants et copie compris.**

SIMPLE PROTÊT.

*Pour les Huissiers résidant à Paris, Lyon, Bordeaux,
Rouen et Marseille (1ʳᵉ classe).*

Original (copie et témoins compris) . . 2ᶠ »
Copie du billet et des endossements, tant
sur l'original que sur la copie (2 rôles) (1). » 50ᶜ

(1) Lorsque les billets et endossements ne contiennent pas

Transcription sur le répertoire, un rôle
pour le billet et deux rôles pour le protêt
(3 rôles) . . . . » 75

Timbre pour l'original et la copie . . » 70

Timbre pour la transcription sur le répertoire (2) . . . . » 15

Enregistrement du protêt 2 20

Coût. 6 30

AVEC INTERVENTION.

Original (copie et témoins compris) . . 2 »

Transcription sur le répertoire (1 rôle). » 25

Timbre pour la transcription sur ce répertoire (3) . . . . » 10

Enregistrement de l'intervention . . . 2 20

Coût. 4 55

---

plus d'un demi-rôle, on ne doit point porter de copie de
pièces; mais, s'il y a plus d'un demi-rôle, il faudra porter
comme si le rôle était complet.

(2) L'évaluation de 15 centimes faite pour le timbre employé à la transcription sur le répertoire, des protêts, billets et
endossements, est au moins suffisante, par la tolérance qu'on
accorde aux huissiers, de faire imprimer ces répertoires sur
lesquels ils font entrer trois, quatre et même jusqu'à cinq
protêts sur chaque page de papier au timbre de 35 centimes,
et par la facilité qu'ils ont, d'après la loi, de mettre autant
de lignes qu'ils le veulent sur chaque page.

(3) Même observation qu'au nombre deux.

AVEC PERQUISITION.

Original (copie et témoins compris). .	5	»
Copie du billet et des endossements, tant sur l'original que sur la copie (2 rôles). .	»	50
Droit pour le visa (1)	1	»
Transcription sur le répertoire, un rôle pour le billet et deux rôles pour le protêt (3 rôles).	»	75
Timbre pour l'original et la copie . .	»	70
Timbre pour la transcription sur le répertoire.	»	15
Enregistrement du protêt.	2	20
Coût.	10	30

SIMPLE PROTÊT.

Pour les Huissiers résidant dans les villes où il existe une cour royale, ou dont la population excède trente mille âmes (2ᵉ classe).

Original (copie et témoins compris).	1	80
Copie du billet et des endossements, tant sur l'original que sur la copie (2 rôles)	»	45
Transcription sur le répertoire, un		

(1) Le droit de visa est dû ici, parce que, dans ce cas, la copie est remise au procureur du roi ou au maire.

rôle pour le billet et deux rôles pour le protêt (3 rôles) . . . .   » 67 1|2

Timbre pour l'original et la copie.   .   » 70

Timbre pour la transcription sur le répertoire . . . .   » 15

Enregistrement du protêt 2 20

Coût. . . . .   5 97 1|2

AVEC INTERVENTION.

Original (copie et témoins compris).   1 80

Transcription sur le répertoire (1 rôle)   » 22 1|2

Timbre pour la transcription sur le répertoire . . . .   » 10

Enregistrement de l'intervention.   .   2 20

Coût. . . . .   4 32 1|2

AVEC PERQUISITION.

Original (copie et témoins compris).   4 50

Copie du billet et des endossements, tant sur l'original que sur la copie (2 rôles) . . . .   » 45

Droit pour le visa . . . . . .   » 90

Transcription sur le répertoire, un rôle pour le billet et deux rôles pour le protêt (3 rôles) . . . .   » 67 1|2

Timbre pour l'original et la copie.   .   » 70

Timbre pour la transcription sur le
répertoire . . . . » 15
Enregistrement du protêt 2 20
Coût. . . . . 9 57 1|2

SIMPLE PROTÊT.

*Pour les Huissiers résidant dans les villes où il y
a tribunal ou non, et dans les cantons ruraux
(3ᵉ classe).*

Original (copie et témoins compris) . . 1 50
Copie du billet et des endossements, tant
sur l'original que sur la copie (2 rôles). . » 40
Transcription sur le répertoire, un rôle
pour le billet et deux rôles pour le protêt
(3 rôles) . . . . » 60
Timbre pour l'original et la copie. . . » 70
Timbre pour la transcription sur le ré-
pertoire . . . . » 15
Enregistrement du protêt 2 20
Coût. 5 55

AVEC INTERVENTION.

Original (copie et témoins compris) . . 1 50
Transcription sur le répertoire (1 rôle). » 20
Timbre pour la transcription sur le ré-
pertoire . . . . » 10
Enregistrement de l'intervention . . . 2 20
Coût. . . . . 4 »

AVEC PERQUISITION.

Original (copie et témoins compris) . . 4 »

Copie du billet et des endossements, tant sur l'original que sur la copie (2 rôles). . » 40

Droit pour le visa . . . . » 75

Transcription sur le répertoire, un rôle pour le billet et deux rôles pour le protêt (3 rôles) . . . . » 60

Timbre pour l'original et la copie. . . » 70

Timbre pour la transcription sur le répertoire . . . . » 15

Enregistrement du protêt 2 20

Coût. 8 80

Sommations.

—

Lorsqu'un client se présente chez certains huissiers pour faire exercer des poursuites afin d'obtenir le paiement d'une somme qui lui est due, qu'il y ait compte à faire ou non, ils commencent ordinairement par faire une sommation; mais, à si court délai, qu'ils sont assurés d'avance que la moindre cause empêchera le débiteur d'y répondre, quand bien même il en aurait le désir : de sorte que, peu de jours après, c'est-à-dire le lendemain ou sur-lendemain, ils lui donnent une assignation; ce qui procure, ainsi qu'on le voit, deux actes pour un. Comme dans ce cas et dans beaucoup d'autres, ces sommations ne produisent aucun effet, et sont par conséquent inutiles, ne doit-on pas présumer qu'il y a, chez les huissiers qui opèrent de cette manière, un intérêt personnel que l'on pourrait qualifier de concussion, puisque souvent la simple sommation ne fait nullement avancer la procédure; tandis qu'une assignation donnée à la suite de cette acte éviterait, outre la perte de temps pour le créancier, un surcroît de frais qui tombent souvent à sa charge, lorsque le débiteur ne peut payer ?

Ainsi donc, la sommation ayant pour but de mettre le débiteur en demeure de remplir son obligation, elle ne doit être faite qu'autant qu'elle est acte conservatoire, ou pour les obligations d'une certaine importance, qui donnent lieu à des dommages-intérêts, ou, enfin, lorsque l'huissier sait qu'il ne sera pas nécessaire de donner, sous peu de jours, une assignation. Hors ces cas, c'est un acte qui me paraît frustratoire et qui doit être rejeté de la taxe. Aussi la jurisprudence de presque tous les tribunaux est-elle constante sur ce point : si l'exploit de sommation ne contient pas assignation pour les obligations peu importantes qui donneraient même lieu à des dommages-intérêts, ou pour toutes celles qui se bornent à demander le paiement d'une somme quelconque, les juges regardent la sommation séparée comme un acte frustratoire dont le coût reste à la charge du créancier ou de l'huissier, lorsque celui-ci l'a fait dans le but seulement de se procurer un lucre.

EXEMPLES.

Du coût d'une sommation, assignation et de tous les actes mentionnés en l'article 29 du tarif.

Pour les Huissiers résidant à Paris, Lyon, Bordeaux, Rouen et Marseille (1ʳᵉ classe).

Original	2ᶠ	»ᶜ
Copie (le quart).	»	50
Timbre pour l'original et la copie.	»	70
Enregistrement de l'acte	2	20
Coût.	5	40 (1)

Pour les Huissiers résidant dans les villes où il existe une cour royale, ou dont la population excède trente mille âmes (2ᵉ classe).

Original	1	80
Copie (le quart).	»	45
Timbre pour l'original et la copie . .	»	70
Enregistrement de l'acte	2	20
Coût. . . .	5	15

(1) Il faudrait ajouter le droit des copies de pièces, s'il y en avait de signifiées en tête des exploits, en se conformant à l'évaluation qui en est faite à l'article des copies de pièces, c'est-à-dire 25 centimes par rôle pour les actes de 1ʳᵉ classe, 22 centimes 1|2 pour ceux de 2ᵉ classe, et 20 centimes pour ceux de 3ᵉ classe.

Pour les Huissiers résidant dans les villes où il y a tribunal ou non, et dans les cantons ruraux (3ᵉ classe).

Original	1 50
Copie (le quart).	» 38
Timbre pour l'original et la copie . .	» 70
Enregistrement de l'acte	2 20
Coût.	4 78

Copies de Pièces.

—

L'article des copies de pièces est un objet d'une grande importance pour quelques huissiers. Aussi, dès qu'un jugement a été obtenu contre un ou plusieurs débiteurs, ont-ils l'habitude de commander de suite l'expédition au greffe du tribunal; et l'expéditionnaire, qui souvent obtient un surcroît de salaire (sous le titre de prompte expédition), pour ne pas mettre de retard dans ce qui lui est demandé, se met à la besogne et tire comme les autres, par ce moyen, son épingle du jeu, malgré quelquefois l'irrégularité de ses expéditions. D'un autre côté, les rôles sont multipliés d'une manière effrayante par le nombre de syllabes manquant à chaque ligne : car je dirai, et cela est incontestable, qu'il est peu de lignes qui contiennent plus de six ou sept syllabes, tandis qu'il devrait y en avoir dix, ainsi que le veut la loi; mais comme cela convient à celui qui fait les expéditions de jugements et à celui qui les commande, puisqu'ils en profitent tous deux et que personne ne s'en plaint,

4

si ce n'est le débiteur, qui trouve que les frais s'élèvent un peu haut, sans savoir d'où cela provient, les choses se font ainsi.

Il me semble que si les huissiers qui peuvent se trouver dans le cas de faire lever des jugements, agissaient avec moins de négligence et un peu plus dans l'intérêt des débiteurs ou des créanciers, qui sont souvent obligés de rembourser les frais tout en perdant le principal de leurs créances, ils examineraient attentivement, lorsqu'ils retirent l'expédition d'un jugement, si les rôles sont bien complets, c'est-à-dire s'ils contiennent réellement, ainsi que le prescrit l'article 28 du tarif des frais, dix syllabes à la ligne et vingt lignes à la page. Ils verraient alors qu'il y a fréquemment des réductions à opérer tant sur le nombre de rôles que sur le timbre employé mal-à-propos ; ce qui produirait une économie sensible dans les frais, car les copies de pièces et le timbre de celles-ci les augmentent considérablement.

Afin que chacun puisse trouver facilement le nombre de rôles d'écriture dans les copies de pièces, je vais faire connaître ce que c'est qu'un rôle, et de combien de syllabes il doit se composer.

Un rôle se compose de deux pages de grosse ou d'expédition de jugement. Chaque page doit contenir *exactement vingt lignes*, et *chaque ligne dix syllabes :* de sorte que le rôle contient *quatre cents syllabes*. Il sera donc facile de savoir combien il y a de rôles dans une copie de pièces, tant volumineuse soit-elle ; et pour plus de facilité encore, l'on pourra prendre indistinctement, dans une page, quatre lignes dont on comptera les syllabes, lesquelles, totalisées ensemble et divisées ensuite par quatre, donneront, à très-peu de chose près, le nombre de syllabes que contient chaque ligne.

EXEMPLE.

La première ligne contient. . .	39 syllabes.
La deuxième ligne	42
La troisième ligne	38
La quatrième ligne	41
Total.	160

ce qui fait, en prenant le quart ou en divisant par quatre, quarante syllabes par ligne.

Par conséquent, si la copie de pièce a soixante lignes, et quarante syllabes à la ligne, le total, après avoir multiplié soixante par quarante, sera de deux mille quatre cents syllabes, qui ensuite, divisées par quatre cents syllabes (qui forment un rôle), font la valeur de six rôles. Ainsi, comme on le voit par cet exemple, c'est un calcul bien facile à faire.

D'après l'article 1er du décret du 29 août 1813 et la circulaire de M. le ministre de la justice, du 18 mars 1824, les copies de pièces doivent être *correctes et lisibles*, et c'est pour cela que l'on exige qu'il ne soit mis que *trente-cinq lignes à la page sur*

du papier au timbre de trente-cinq centimes ; mais comme
il y a des huissiers qui en mettent beaucoup plus,
il arrive qu'ils peuvent porter plus de timbre qu'ils
n'en ont réellement employé, afin de faire voir
qu'ils n'ont pas mis cinquante lignes et plus à la
page, ce qui les mettrait en défaut envers le receveur d'enregistrement, qui pourrait leur appliquer
l'amende de vingt-cinq francs prévue par l'article
1er du décret ci-dessus rappelé : comme aussi,
d'après l'article 2 de ce même décret et la circulaire
du 18 mars 1824, si les copies étaient illisibles, la
même amende leur serait applicable.

Il faut donc que les copies soient exactement *sans
fautes et conformes aux originaux pour être correctes ;*
et que les lettres soient *bien formées et les mots non
entassés les uns sur les autres, pour qu'elles soient répu-
tées lisibles.*

Quant aux abréviations qui peuvent exister dans
les copies, si elles ne sont pas semblables à celles
existantes dans les originaux, ces copies doivent
être rejetées de la taxe comme étant *incorrectes ;* et,
si les abréviations rendent les copies *illisibles* ou
inintelligibles, et peuvent donner lieu à une fausse
interprétation de la phrase, elles donnent lieu à
l'application de l'amende portée par l'article 2 du
décret dont il est parlé plus haut. Dans tous les cas,
toutes les lettres qui forment une abréviation, ne
doivent compter que pour une syllabe, comme aussi
chaque chiffre employé pour une date ou une

somme, ne peut compter que pour une syllabe.

Quand il y a une fraction de rôle, si elle excède la moitié du rôle, on peut la compter pour un rôle entier; de même, si elle est moindre de la moitié, on ne doit la porter que pour la moitié. De cette manière l'on évite toute contestation de peu d'importance, et d'ailleurs c'est ainsi que MM. les juges taxent les copies de pièces.

Cet article, ainsi que je crois l'avoir démontré, est d'autant plus important que c'est là où quelques huissiers se *ratrappent* (terme de pratique), soit en comptant plus de rôles qu'ils n'en ont réellement faits, soit en les reproduisant plusieurs fois dans le cours d'une procédure; de sorte que cela augmente considérablement les frais, notamment lorsqu'il y a plusieurs coobligés ou copies de pièces.

Enfin, l'on voit encore certains huissiers, pour un rôle d'expédition ou grosse d'acte de notaire, qui doit contenir *vingt-cinq lignes à la page* et *quinze syllabes à la ligne*, ce qui ne produit que *sept cent cinquante syllabes*, qui ne font pas *deux rôles d'expédition de jugement*, prendre journellement la valeur de *quatre rôles*, parce qu'ils comptent ordinairement *deux rôles par page*; ce que l'on ne peut remarquer en taxe, puisque l'on n'y joint jamais les grosses d'actes. De même, l'on en voit aussi porter de quarante à cinquante centimes de copies de pièces, pour la copie d'un simple billet en tête d'un protêt; cependant il est rare qu'un billet, qu'il y ait ou non des endosseurs, produise plus de cinq à six lignes, c'est-à-dire un quart de rôle.

Ainsi donc, **MM.** les créanciers et débiteurs ne sauraient prendre trop de soins à conserver leurs copies, s'ils veulent parvenir à réprimer un abus aussi grave qui peut se commettre si fréquemment et avec tant de facilité.

EXEMPLE

Du coût des copies de pièces.

Pour les Huissiers résidant à Paris, Lyon, Bordeaux, Rouen et Marseille (1ʳᵉ classe).

Par rôle (1) contenant vingt lignes à la page et dix syllabes à la ligne, ou évalué sur ce pied.   »ᶠ **25ᶜ**

Pour les Huissiers résidant dans les villes où il existe une cour royale, ou dont la population excède trente mille âmes (2ᵉ classe).

Par rôle (1) contenant vingt lignes à la page et dix syllabes à la ligne, ou évalué sur ce pied.   »ᶠ **22ᶜ 1₁2**

Pour les Huissiers résidant dans les villes où il y a tribunal ou non, et dans les cantons ruraux (3ᵉ classe).

Par rôle (1) contenant vingt lignes à la page et dix syllabes à la ligne, ou évalué sur ce pied.   »ᶠ **20ᶜ**

---

(1) **L'on veut dire** *rôle d'expédition.*

Significations de Jugements

ET AUTRES ACTES.

—

Comme on va le voir dans cet article, les significations de jugements offrent une large voie aux
huissiers qui veulent commettre des abus.

En effet, il y en a qui, dès qu'ils ont l'expédition
d'un jugement, en font la signification simple; peu
de jours après, et même le surlendemain, font un
simple commandement en vertu du deuxième alinéa
de l'article 435 du Code de procédure civile; immédiatement après ce commandement, le renouvellent
encore avec dénonciation de contrainte par corps, en
signifiant de nouveau le jugement, en conformité de
l'article 780 du même code; enfin, le même jour de
ce dernier acte, agissant en vertu du premier commandement, opèrent une saisie mobilière.

Ainsi, voilà quatre actes coup sur coup, tandis
qu'ils pourraient se borner à en faire deux qui, évi-

demment, produiraient le même résultat pour le créancier et le débiteur; car, par ce premier acte, le jugement, le commandement et la contrainte par corps se trouveraient notifiés; l'on éviterait une copie de pièces fort onéreuse et un commandement qui seulement est la répétition du premier, vu que l'on n'ajoute que les mots *et par corps :* le deuxième acte serait la saisie.

Il est donc évident, puisque le but des huissiers doit toujours être d'accélérer la procédure dans l'intérêt du créancier, qu'il serait juste et convenable de signifier par un seul et même acte le jugement avec commandement et dénonciation de contrainte par corps, d'autant plus que, si ce jugement est par défaut et prononce l'emprisonnement, il doit être signifié par un huissier commis en vertu des articles 435 et 780 du Code de procédure civile : conséquemment, si l'on se borne à faire une signification de jugement sans commandement, et un commandement sans dénonciation de contrainte par corps, il en résulte que le jugement et le commandement sont signifiés deux fois par le même huissier; ce que la loi et les tribunaux de commerce ont voulu éviter, en commettant un huissier en vertu des deux articles précités, et afin d'éviter les actes surabondants; car si l'huissier n'est commis que pour faire une seule signification et un seul commandement dans le cas de contrainte par corps et de jugement par défaut, à plus forte raison dans celui d'un jugement contradictoire, où le débiteur en a connaissance, soit par le prononcé du jugement, lorsqu'il est présent à l'audience, soit par son fondé de pouvoir.

Disons donc que les cas seuls où la signification doit être faite purement et simplement, sont lorsqu'il s'agit d'un jugement par défaut qui n'entraîne pas la contrainte par corps, ou des titres énoncés dans l'art. 877 du Code civil. Alors le débiteur est censé ignorer le titre en vertu duquel on veut le poursuivre; or, lui faire, dans la signification, un commandement de payer dans les actes énoncés ci-dessus, cela serait prématuré : l'acte ne vaudrait toujours que comme simple signification. Ici deux actes sont donc nécessaires.

Mais, s'il s'agit de jugements contradictoires ou d'actes connus par les parties, tels qu'une obligation où les débiteurs ont comparu, l'exploit doit contenir, avec la signification, commandement de payer. Ici, en faisant deux actes, l'un serait superflu.

Il arrive aussi à quelques huissiers, lorsqu'ils ont fait le commandement avec dénonciation de contrainte par corps, que le même jour ou le lendemain, agissant en vertu du premier commandement, ils opèrent une saisie mobilière : cet acte, lorsqu'on le fait ainsi, est à mon avis tout-à-fait frustratoire ou au moins vexatoire, car le débiteur auquel l'on accorde, par le deuxième commandement, un nouveau délai de vingt-quatre heures, doit se fier là-dessus pour chercher à se mettre en mesure de payer; mais si l'on opère une saisie, comme je viens de le dire, en vertu du premier commandement, ne le met-on pas dans une confusion telle qu'il ne sait plus où il en est, et, en outre, dans l'impossibilité de se libérer à temps? Dans ce cas, ce me semble, il y aurait lieu de leur appliquer les peines portées par l'article 132 du Code de procédure civile, si toutefois ils n'avaient pas encouru celles prévues par l'article 174 du Code pénal.

Je ferai encore remarquer ici, que le délai de vingt-quatre heures accordé aux débiteurs, dans un commandement, une assignation, sommation, ou tout autre acte, n'est qu'un délai, selon moi, très-fictif, lorsque des huissiers veulent en tirer un mauvais parti. Car, supposons qu'ils aient fait un commandement le samedi ou la veille d'une grande fête, à neuf heures du soir, ce qui peut arriver facilement en été, et qu'ils se présentent le surlendemain à quatre heures du matin pour saisir, ce qui se voit très-fréquemment, ils sont bien assurés d'avance que les débiteurs ne pourront ou n'auront pu payer, puisque le seul jour de délai qu'ils leur ont donné est un dimanche ou un jour férié, et que ce jour les maisons de banque, bureaux, magasins et même leurs études, sont fermés. En conséquence, c'est donc sciemment, si je ne me trompe, qu'ils commettent un abus qui devrait rendre nuls les procès-verbaux de saisies faits de cette manière, attendu que le délai de vingt-quatre heures n'en est réellement pas un s'il y a interruption, c'est-à-dire s'il s'est trouvé un dimanche ou un jour férié entre le commandement et la saisie. A moins de péril en la demeure, ne pourraient-ils pas laisser écouler un jour de plus?

Dans tous les cas, si, comme je crois l'avoir démontré dans cet article, il est facile à certains huissiers de faire un grand nombre d'actes d'après l'interprétation qu'ils donnent à la loi, je crois aussi que ce serait le cas d'apporter la modification que j'ai proposée dans ma préface, relativement à la manière de commettre les huissiers dans les tribunaux de commerce pour les jugements rendus par défaut.

EXEMPLES

Du coût d'une signification de jugement pure et simple, ou d'un autre acte.

Pour les Huissiers résidant à Paris, Lyon, Bordeaux, Rouen et Marseille (1re classe).

Original d'exploit	2^f	»^c
Copie (le quart).	»	50
Timbre pour l'original et la copie.	»	70

Enregistrement de l'acte 2 20

Coût. 5 40 (1)

Pour les Huissiers résidant dans les villes où il existe une cour royale, ou dont la population excède trente mille âmes (2ᵉ classe).

Original d'exploit 1 80
Copie (le quart). . . . . » 45
Timbre pour l'original et la copie. » 70
Enregistrement de l'acte 2 20

Coût. 5 15 (1)

Pour les Huissiers résidant dans les villes où il y a tribunal ou non, et dans les cantons ruraux (3ᵉ classe).

Original d'exploit 1 50
Copie (le quart). . . . . » 38
Timbre pour l'original et la copie. » 70
Enregistrement de l'acte 2 20

Coût. . . . 4 78 (1)

---

(1) Au total du coût de chacun de ces actes, il faudra ajouter pour la copie du jugement, ou de tout autre acte, signifié en tête de la copie d'exploit,

Savoir :

Pour la 1ʳᵉ classe, 25 centimes par rôle ;
Pour la 2ᵉ classe, 22 centimes 1|2 par rôle ;
Pour la 3ᵉ classe, 20 centimes par rôle.

EXEMPLES

Du coût d'une signification de jugement qui prononce la contrainte par corps, avec commandement.

Pour les Huissiers résidant à Paris, Lyon, Bordeaux, Rouen et Marseille (1re classe).

Original d'exploit	3	»
Copie (le quart).	»	75
Timbre pour l'original.	»	35
Timbre pour la copie	»	70 (1)
Enregistrement de l'acte	2	20
Coût.	7	00 (2)

Pour les Huissiers résidant dans les villes où il existe une cour royale, ou dont la population excède trente mille âmes (2e classe).

Original d'exploit	2	70
Copie (le quart).	»	68

---

(1) L'on a porté ici 70 centimes de timbre pour la copie, attendu qu'il y a quelquefois des copies de pièces volumineuses à signifier.

(2) Au total du coût de chacun de ces actes, il faudra ajouter pour la copie du jugement prononçant la contrainte par corps, qui doit être signifié en tête de la copie d'exploit, avec commandement,

Savoir :

Pour la 1re classe, 25 centimes par rôle;

Pour la 2e classe, 22 centimes 1|2 par rôle;

Pour la 3e et 4e classe, 20 centimes par rôle.

Timbre pour l'original.	»	35
Timbre pour la copie	»	70 (1)
Enregistrement de l'acte	2	20
Coût.	6	63 (2)

Pour les Huissiers résidant dans les villes où il y a un tribunal de première instance (3ᵉ classe).

Original d'exploit	2	»
Copie (le quart).	»	50
Timbre pour l'original.	»	35
Timbre pour la copie	»	70 (1)
Enregistrement de l'acte	2	20
Coût.	5	75 (2)

Pour les Huissiers des cantons ruraux (4ᵉ classe).

Original d'exploit	1	25
Copie (le quart).	»	31
Timbre pour l'original.	»	35
Timbre pour la copie	»	70 (1)
Enregistrement de l'acte	2	20
Coût.	4	81 (2)

(1) Voir la note nº 1 à la page 45.
(2) Voir la note nº 2, même page.

Oppositions.

—

Lorsqu'il s'agit d'un jugement par défaut, quelques huissiers ont bien soin, en le signifiant, de
recommander aux débiteurs, dans leur intérêt,
disent-ils, d'y former opposition, et au besoin, ce
qui arrive souvent même, ils s'en chargent ; mais
presque toujours ils oublient (probablement avec
intention) de déduire les motifs de cette opposition,
ou ils assignent à longs délais, de sorte que cela
leur procure deux actes de plus, puisqu'il faut
renouveler l'opposition dans les trois jours. Puis
ensuite ils sont obligés, sans doute encore dans
l'intérêt du créancier, d'assigner à un plus court
délai, en débouté d'opposition; ce qui procure un
troisième acte : enfin vient la signification du jugement en débouté d'opposition, de manière que
voilà quatre actes.

Ainsi l'on voit qu'en agissant de la sorte, c'est un
excellent moyen de multiplier les actes ou d'en faire .

faire à un de ses confrères (mais ceci est réciproque). Ajoutez à cela les copies de pièces de la signification du nouveau jugement, et l'on jugera combien un abus peut être lucratif à ceux qui le commettent.

Il est donc important pour tous les débiteurs, lorsqu'ils forment opposition à un jugement par défaut, de ne pas assigner à long délai et de motiver leur opposition, ainsi que le prescrit l'art. 437 du Code de procédure civile, afin de ne pas se mettre dans le cas d'être assignés de nouveau par le demandeur pour abréger les délais, puisqu'en définitive ces frais doivent retomber sur eux ; comme aussi, lorsqu'ils forment opposition sur un procès-verbal d'exécution, c'est-à-dire lorsque l'huissier vient saisir, il faut avoir soin de la renouveler dans les trois jours; autrement elle serait regardée comme non-avenue, en conformité de l'article 438 du Code ci-dessus précité.

Mais, lorsque les débiteurs n'ont pas mésusés du bénéfice que la loi leur accorde et ont assignés dans leur opposition, à un délai raisonnable, l'assignation donnée pour abréger ce délai doit être regardée comme frustratoire, et rejetée de la taxe comme acte surabondant.

L'on doit avoir soin, et ce point est très-important, de faire constater à l'huissier que l'on forme opposition *au jugement* et *non à l'exécution du jugement*; car, s'il mettait par erreur ou avec intention *à l'exécution*, en assignant devant le tribunal de commerce qui aurait rendu le jugement, l'opposition serait non-recevable, puisqu'ainsi elle serait formée aux contraintes et non au jugement.

Les oppositions aux jugements des tribunaux de paix, de simple police, de police correctionnelle, de première instance, cours royales et conseils de prud'hommes, doivent se former :

1° Pour ceux de justice de paix, *dans les trois jours* de la signification des jugements (article 20 du Code de procédure civile) ;

2° Pour ceux de simple police, *dans les trois jours* de la signification du jugement, *ou de suite,* par une déclaration au bas de l'acte de signification (articles 150 et 151 du Code d'instruction criminelle);

3° Pour ceux de police correctionnelle *dans les cinq jours* de la signification du jugement (articles 187 et 188 du même code);

4° Pour ceux des tribunaux civils ou arrêts de cours royales *dans la huitaine,* par requête d'avoué à avoué (voyez les articles 155, 157, 158, 159, 160, 161, 162 et 436 du Code de procédure civile);

5° L'opposition aux jugements des conseils de prud'hommes, doit être formée *dans les trois jours* de la signification des jugements (article 42 des réglements).

Dans tous les cas l'on remarquera encore ici l'utilité qu'il y a pour les débiteurs, de conserver toutes

5

les copies qui leur ont été signifiées, afin de pouvoir vérifier ou faire vérifier si quelques huissiers leur on fait payer on non des actes inutiles, ainsi que des copies de pièces faites mal-à-propos.

EXEMPLES

Du coût d'une opposition formée par acte extra-judiciaire (1).

Pour les Huissiers résidant à Paris, Lyon, Bordeaux, Rouen et Marseille (1re classe).

Original d'exploit	2f »e
Copie (le quart).	» 50
Timbre pour l'original et la copie . .	» 70
Enregistrement de l'acte	2 20
Coût.	5 40

Pour les Huissiers résidant dans les villes où il existe une cour royale, ou dont la population excède trente mille âmes (2e classe).

Original d'exploit	1 80

---

(1) Si l'opposition était formée lorsque l'huissier se présente pour faire un procès-verbal de saisie-exécution, de carence, de récolement, d'emprisonnement, ou tout autre acte, il ne lui serait dû que le coût de son procès-verbal ou de son acte, sans que l'opposition en augmente les droits.

Copie (le quart). . . . . » 45
Timbre pour l'original et la copie . . » 70
Enregistrement de l'acte 2 20

Coût. 5 15

Pour les Huissiers résidant dans les villes où il y a tribunal ou non, et dans les cantons ruraux (3ᵉ classe).

Original d'exploit 1 50
Copie (le quart). . . . . » 38
Timbre pour l'original et la copie . . » 70
Enregistrement de l'acte 2 20

Coût. 4 78

Saisies mobilières.

—

Il arrive quelquefois à des huissiers de tirer
un parti merveilleux des procès-verbaux de saisies
mobilières : d'abord, en portant toujours trois vacations ou au moins deux, quelle que soit la durée
de l'opération ; ensuite, en constituant pour gardien
leur clerc, s'ils en ont, ou l'un des témoins qu'ils
emploient habituellement et qui se trouve souvent
gardien dans plusieurs saisies en même temps : de
manière que, sans se déplacer, il touche les émoluments dus dans chaque saisie. Mais, comme en
général, ces gardiens sont des gens qui offrent peu
de garanties (ceci est de notoriété), en leur donnant moitié ou un tiers de ce qui leur revient, ils
sont satisfaits ; malgré cela les débiteurs n'en paient
pas moins la somme totale due pour gardiennat,
ce qui, se répétant, me paraît assez lucratif pour
les huissiers qui emploient ce moyen, surtout
quand ils ont soin, comme cela se pratique habi-

tuellement, de dénoncer la vente à une époque éloignée.

Cependant l'article 31 du tarif des frais veut positivement que chaque vacation soit de trois heures. Or, si certains huissiers étaient obligés de s'y conformer scrupuleusement, l'on ne les verrait pas souvent, je crois, porter trois vacations dans chaque saisie, ou seulement deux, car cela les forcerait à rester neuf heures ou six heures en opération, et deviendrait trop ennuyeux, surtout lorsqu'ils se trouveraient au domicile de débiteurs récalcitrants (1).

Ce qui ne laisse pas non plus de produire, c'est qu'il y a des huissiers qui comprennent, ainsi que le veut la loi, une copie pour le gardien ; mais, attendu que celui-ci n'en exige presque jamais, il est rare qu'on lui en délivre : de sorte que le timbre et le temps que l'on emploierait pour faire cette copie se trouve encore procurer un certain bénéfice à ceux qui agissent ainsi que je viens de le dire. Le

---

(1) Il faut remarquer que dans les vacations, se trouve compris le temps nécessaire pour requérir MM. les juges de paix ou commissaires de police, s'il y a lieu, et pour écrire les copies de la saisie.

Lorsqu'il n'y a qu'une vacation, quand même elle n'aurait pas duré trois heures, on doit néanmoins la payer comme complète ; mais si l'on n'a employé qu'une heure ou deux dans les vacations suivantes, il n'est dû qu'un tiers ou deux tiers de vacation.

saisi, lorsqu'il a un gardien, doit toujours s'assurer si celui-ci est porteur de sa copie, lorsqu'il se présente à son domicile.

Un abus bien plus grave et qui, je puis l'assurer, se commet assez fréquemment, c'est qu'il y a des huissiers qui se présentent une, deux et même trois fois au domicile d'un débiteur qu'ils doivent saisir, mais qui, voulant avoir l'air d'user d'indulgence à son égard, lui accorde un délai de quelques jours, à condition qu'il leur paiera le voyage, celui des témoins, les timbres et vacations, comme si la saisie avait été faite ; puis, qui reviennent quelques jours après et emploient le même moyen, et enfin, à la troisième fois, finissent par opérer réellement la saisie, qu'ils ornent de deux ou trois belles vacations : de manière que le pauvre débiteur, qui est tout-à-fait à la discrétion du créancier ou plutôt de l'huissier et qui a fait tout son possible pour éviter un acte semblable, se trouve en payer deux ou trois. Cela est d'autant plus vrai, que des plaintes portées à ce sujet, ont, dans quelques villes, déterminé MM. les procureurs du roi à intervenir afin de faire cesser un abus aussi criant.

Le moyen que l'on emploie encore pour éviter autant que possible d'établir gardien, le saisi, ses parents ou amis, pour y placer le clerc ou le témoin habituel, se présente si souvent, que rarement on néglige de l'employer. Aussi quel avantage cela ne rapporte-t-il pas !...

Ainsi voyez, pauvres créanciers qui êtes traînés en longueur, comment vos intérêts sont soutenus, et vous, pauvres débiteurs qui obtenez quelquefois des délais, à quel prix vous les avez!...

Les articles 596, 597 et 598 du Code de procédure civile, que tous les huissiers devraient observer scrupuleusement, sont, comme on le voit, totalement oubliés par quelques-uns, et tout ce que je viens d'expliquer s'exécute pour ainsi dire à la lettre, notamment en ce qui concerne le gardien, *qui ne devrait jamais être payé* lorsqu'il n'est pas resté en la demeure du saisi ou n'y a pas couché, ce que tous les débiteurs pourraient facilement prouver en le faisant constater régulièrement soit par des témoins irrécusables, soit dans certains endroits, par MM. les maires ou commissaires de police; car alors, ne pourrait-on pas supposer que l'huissier aurait refusé d'établir le saisi gardien, pour y mettre son clerc ou l'un de ses témoins, afin de pouvoir en faire un objet de spéculation, ainsi que je l'ai expliqué dans le premier paragraphe de cet article?

Il est donc encore ici de la plus grande importance, de conserver les copies de saisies, car c'est par là que l'on peut juger facilement des vacations qui ont pû être employées et si le nombre en a été exagéré, ou enfin quels sont les abus qui ont pu être commis dans ces sortes d'actes.

EXEMPLES

Du coût d'un procès-verbal de saisie mobilière.

Pour les Huissiers résidant à Paris, Lyon, Bordeaux, Rouen et Marseille (1re classe).

Procès-verbal, première vacation, y compris 1 fr. 50 cent. pour chaque témoin . . . . 8^f »^{c}

Timbre pour l'original du procès-verbal, une feuille . . . . » 70

Timbre pour la copie à la partie saisie. » 70

Enregistrement de l'acte. 2 20

Coût. 11 60

S'il y avait une deuxième vacation, il faudrait ajouter, compris 80 cent. pour chaque témoin . . . . 5 »

Et s'il y avait un gardien établi, autre que le saisi, il faudrait ajouter :

Pour le timbre de la copie au gardien. » 70

Pour un droit d'enregistrement en sus. 2 20

Le coût serait alors de. . . . 19 50

Pour les Huissiers résidant dans les villes où il existe une cour royale, ou dont la population excède trente mille âmes (2e classe).

Procès-verbal, première vacation, y compris 1 fr. 35 cent. pour chaque témoin 7 20

Timbre pour l'original du procès-verbal, une feuille . . . .   » 70

Timbre pour la copie à la partie saisie.   » 70

Enregistrement de l'acte. 2 20

Coût. 10 80

S'il y avait une deuxième vacation, il faudrait ajouter, compris 72 cent. pour chaque témoin 4 50

Et s'il y avait un gardien établi, autre que le saisi, il faudrait ajouter :

Pour le timbre de la copie au gardien.   » 70

Pour un droit d'enregistrement en sus.   2 20

Le coût serait alors de. . . .   18 20

Pour les Huissiers résidant dans les villes où il y a tribunal ou non et dans les cantons ruraux (3ᵉ classe).

Procès-verbal, première vacation, y compris 1 fr. pour chaque témoin. . . . . . .   6 »

Timbre pour l'original du procès-verbal, une feuille . . . .   » 70

Timbre pour la copie à la partie saisie.   » 70

Enregistrement de l'acte. 2 20

Coût. 9 60

S'il y avait une deuxième vacation, il faudrait ajouter, compris 60 cent. pour chaque témoin. 3 75

Et s'il y avait un gardien établi, autre
que le saisi, il faudrait ajouter :

Pour le timbre de la copie au gardien.	» 70
Pour un droit d'enregistrement en sus.	2 20
Le coût serait alors de . . .	16 25

Nota. — Par suite des dispositions de la loi du
21 juin 1845, portant suppression des droits et vacations accordés aux juges de paix, et fixation du
traitement de ces magistrats et de leurs greffiers,
s'il y avait lieu dans cette sorte d'acte (la saisie mobilière), à requérir le juge de paix, le commissaire
de police, ou les maires ou adjoints, dans le cas de
refus d'ouverture des portes. (*Voyez les observations
faites au tarif des frais, en ce qui concerne ces magistrats ou officiers publics*, note n° 1.)

Délais accordés ou à accorder.

—

Une fois la saisie opérée, il est rare que l'on n'écoute pas les propositions d'arrangement qui sont faites par les débiteurs ou qu'on ne leur fasse pas des offres (pendant ce temps les affiches se préparent), en exigeant d'abord le paiement des frais qui sont dus, mais laissant le principal de côté, car ce n'est pas ce qui occupe le plus certains huissiers, parce que le principal n'étant pas payé, ils ont toujours l'espoir de faire quelques actes, et cet espoir est, du reste, rarement trompeur; puis, dans tous les cas, ils peuvent patienter, puisqu'ils possèdent leurs honoraires. Tandis que, dans l'intérêt de toutes les parties, lorsque le jugement est rendu, et surtout par défaut, s'ils cherchaient à obtenir un arrangement ou un acquiescement, qu'ils obtiendraient facilement en accordant un délai moral, cela éviterait des oppositions et concilierait conséquemment les intérêts des débiteurs et des créanciers ; mais, malheureusement, tous n'agissent pas toujours ainsi, et il semblerait au contraire qu'ils favorisent les contestations, par le peu de soin qu'ils mettent à les éviter.

Ainsi, une fois tous ou presque tous les actes faits, ils n'hésitent plus à accorder un délai : les frais de gardiennat courent, les délais expirent, et ils recommencent les exploits, si les débiteurs n'ont pas scrupuleusement rempli leurs engagements. Arrive que pourra pour le créancier qui attend toujours le montant de sa créance, et pour le débiteur qui s'épuise en sacrifices pour éviter les frais. Aussi est-ce bien rare, car ils savent bien à qui ils ont à faire, quand il n'y a pas quelqu'erreur dans le délai accordé, et par conséquent des discussions qui nécessitent le besoin de continuer promptement les poursuites pour trancher la question.

Il faudrait donc, pour agir régulièrement, que tous les huissiers donnassent *par écrit* les délais qu'ils accordent aux débiteurs, cela éviterait toutes espèces de méprises ; mais les débiteurs peuvent-ils l'exiger ?..... Non, puisqu'ils sont à la merci ou des créanciers ou des huissiers, et que ceux-ci ne consentent jamais à le faire. Il y a donc un motif pour cela !...

Enfin, je dirai que généralement tous ces délais ne sont que fictifs, car ils sont si courts, que les débiteurs n'ont jamais le temps de se reconnaître. Il serait convenable, pour que le délai accordé fût moral, qu'il soit de quinze jours ou d'un mois, soit en matière commerciale, soit en matière civile, afin que l'on ne puisse pas présumer que certains huissiers, par l'influence qu'ils peuvent avoir sur leurs clients, aient agi, en n'accordant aux débiteurs qu'un délai de huit jours, dans le but de se procurer de nouveaux actes à l'échéance de ce délai. De cette manière, l'on éviterait une foule d'abus qu'occasionnent les délais ou prétendus délais.

Procès-verbaux d'Affiches

ET

SIGNIFICATIONS DE VENTES.

Les délais dont je viens de parler dans le précédent article expirent, et le débiteur n'a pas encore entièrement payé; alors, il y a des huissiers qui font de suite leur procès-verbal d'affiches (du reste, comme je l'ai déjà dit, il est bien rare qu'il ne soit pas préparé à l'avance), et comptent au moins cinq ou six affiches, ainsi que le prescrit l'article 617 du Code de procédure civile, bien qu'ils fassent quelquefois une petite économie sur le nombre ou sur le timbre. En effet, combien de fois ne voit-on pas des affiches faites sur du papier ayant déjà servi et qui a sans doute été payé? Ou n'en voit-on pas encore faites sur du papier que l'on fait timbrer à l'extraordinaire? Néanmoins, le débiteur le paie encore, dans l'un et l'autre cas, comme s'il était au

timbre ordinaire, malgré le zèle de MM. les vérificateurs de l'enregistrement, qui pourraient cependant, ainsi que je l'ai vu quelquefois, facilement
empêcher et constater cet abus.

Il y a beaucoup de villes où certains huissiers font
un commerce scandaleux des procès-verbaux d'affiches; car l'on y fait payer aux débiteurs jusqu'à
trois ou quatre fois cet acte, qui ne coûte pas moins.
de 10 à 20 francs. Un pareil abus mériterait certainement une punition exemplaire et l'application
sévère de l'article 174 du Code pénal.

Relativement à la signification ou dénonciation
de vente, l'on ne devrait jamais, ou du moins bien
rarement, en passer plus d'une en taxe; car s'il y
a des huissiers qui en font plusieurs, ce n'est
pas dans l'intérêt ni du créancier ni du débiteur; puisque, d'un côté, le créancier n'a pas connaissance des délais accordés, et perd quelquefois
par leur négligence à faire la vente. D'un autre
côté, si le débiteur à qui l'on a dénoncé la vente à
une époque éloignée, paie le gardien, il a au moins
la satisfaction de pouvoir se dédommager par l'é-
change qu'il fait de ses bons effets pour des mauvais, ou par l'enlèvement de quelques-uns, parce
qu'il sait combien certains huissiers apportent peu
d'attention dans la désignation des objets saisis; de
manière qu'au résultat, le créancier se trouve fort
heureux quand il n'est pas obligé de sortir de sa

poche pour compléter les frais auxquels la vente n'a souvent pas suffi, soit comme je l'ai dit, parce que l'affaire a traîné en longueur, soit parce qu'il y a eu des actes superflus, ou, enfin, que le débiteur s'est trouvé faire usage des moyens que je viens de signaler.

Il est donc important, pour le créancier qui se trouve quelquefois exposé lorsqu'il a un mauvais débiteur, d'accorder les délais qu'il veut lui donner après la saisie et avant l'apposition des placards, afin d'éviter plusieurs procès-verbaux d'affiches et originaux de dénonciation de vente : car un huissier indélicat ne pourrait-il pas, en obtenant des à-comptes, accorder des délais de huit jours en huit jours, ou les faire accorder par le créancier, et, par ce moyen, se procurer, à l'expiration de chaque délai, deux actes fort dispendieux pour le débiteur (la dénonciation de vente et le procès-verbal d'affiches). Dans ce cas, qui, je dois le dire, se présente fréquemment, ce sont des actes tout-à-fait frustratoires, qui devraient appeler toute l'attention du ministère public. Ici, comme dans le premier paragraphe de cet article, il y a crime de concussion, et par conséquent lieu à l'application de l'article 174 du Code pénal.

EXEMPLES

Du coût d'un Procès-verbal d'affiches.

Pour les Huissiers résidant à Paris, Lyon, Bordeaux,
Rouen et Marseille (1ʳᵉ classe).

Original d'exploit	3ᶠ	»ᶜ
Timbre de l'original	»	35
Droit pour la rédaction de l'original de placard.	1	»
Cinq copies de placard, conformément à l'article 617 du Code de procédure civile	2	50
Timbre de ces cinq placards. . .	1	75
Enregistrement de l'exploit . . .	2	20
Afficheur, 10 centimes par affiche.	»	40 (1)
Coût.	11	20 (2)

---

(1) Les 10 centimes par affiche sont suffisants, car, dans beaucoup de villes, les afficheurs ne prennent que 5 centimes. Cependant, certains huissiers prennent souvent 20 ou 25 centimes pour apposition de chaque affiche.

(2) Il faudra ajouter, au coût de chacun de ces actes, le prix des affiches imprimées; mais, dans ce cas, il n'est dû à l'huissier que le droit pour la rédaction de l'original. Les autres sont payées à l'imprimeur sur quittance.

De même, s'il y a eu insertion de la vente dans le journal, le prix en sera payé au journaliste ou à l'imprimeur, sur sa quittance, et il devra être porté dans le coût de l'exploit.

Si l'huissier appose lui-même les affiches, comme cela a lieu souvent dans les campagnes, il ne lui est rien dû.

6

Pour les Huissiers résidant dans les villes où il existe une cour royale, ou dont la population excède trente mille âmes (2ᵉ classe).

Original d'exploit	2	70
Timbre de l'original	»	35
Droit pour la rédaction de l'original de placard	1	»
Cinq copies de placard, conformément à l'article 617 du Code de procédure civile	2	50
Timbre des cinq placards. . . .	1	75
Enregistrement de l'exploit . . .	2	20
Afficheur, 10 centimes par affiche.	»	40 (1)
Coût.	10	90 (2)

Pour les Huissiers résidant dans les villes où il y a tribunal ou non, et dans les cantons ruraux (3ᵉ classe).

Original d'exploit	2	25
Timbre de l'original	»	35
Droit pour la rédaction de l'original de placard	1	»
Cinq copies de placard, conformé-		

---

(1) Voir la note nº 1, à la page 65.

(2) Voir la note nº 2, même page.

ment à l'article 617 du Code de procé-

dure civile 2 50

   Timbre des cinq placards. . . . 1 75

   Enregistrement de l'exploit . . . 2 20

   Afficheur, 10 centimes par affiche. » 40 (1)

          Coût. 10 45 (2)

La dénonciation de la vente devant se faire dans
le procès-verbal de saisie, je ne crois pas nécessaire
de donner ici des exemples du coût de cet acte,
dans le cas où il en serait fait une deuxième. Toutefois, si ce cas se présentait, il faudrait recourir aux
exemples, à l'article des sommations, et se conformer aux coûts qui y sont portés.

---

(1) Voir la note nº 1, à la page 65.

(2) Voir la note nº 2, même page.

Procès-verbaux de Récolement

AVANT LES VENTES.

—

Cet article, qui semblerait devoir fournir peu d'occasions pour commettre des abus, en occasionne cependant assez souvent, parce que quelques huissiers, lorsqu'il y a lieu à transport des effets saisis, n'ont pas toujours soin de prendre les voituriers et les gens de peine dans l'endroit le plus rapproché du lieu où la saisie a été faite, ou de celui où la vente doit avoir lieu, afin de favoriser des personnes de leur choix, ce qui occasionne des frais plus considérables.

Dans l'intérêt du créancier et du débiteur, 1° les voituriers doivent être pris dans le lieu le plus à proximité des objets saisis ou de celui où la vente doit s'effectuer; 2° les gens de peine doivent être pris, pour le chargement, dans le lieu où les objets ont été saisis ; 3° enfin, pour le déchargement, dans le lieu où se fait la vente.

Dans tous les cas, les frais des uns et des autres sont remboursés sur quittances ou par déclaration sur le procès-verbal, s'ils ne savent signer ; mais il faut veiller à ce que ces frais ne soient pas exagérés, ce qu'il est facile de voir.

EXEMPLES

Du coût d'un procès-verbal de récolement avant la vente.

Pour les Huissiers résidant à Paris, Lyon, Bordeaux, Rouen et Marseille (1re classe).

Procès-verbal, compris les témoins . .	6^f	»^c
Timbre	»	35
Enregistrement	2	20
Coût.	8	55

Pour les Huissiers résidant dans les villes où il existe une cour royale, ou dont la population excède trente mille âmes (2e classe).

Procès-verbal, compris les témoins . .	5	40
Timbre	»	35
Enregistrement	2	20
Coût. . . .	7	95

*Pour les Huissiers résidant dans les villes où il y
a tribunal ou non, et dans les cantons ruraux
(3ᵉ classe).*

Procès-verbal, compris les témoins . .	4	50
Timbre	»	35
Enregistrement	2	20
Coût.	7	05

Ventes mobilières.

—

A la ville, c'est-à-dire dans les endroits où il y a
des commissaires-priseurs, les ventes se font par
leur ministère ; mais à la campagne, c'est différent,
elles se font par celui des huissiers qui ont opéré les
saisies. C'est alors que, selon quelques-uns, l'affaire
prend une bonne tournure ; cela se comprend,
parce que l'on voit rarement de ces sortes de ventes
durer plus de deux ou trois heures, et cependant,
il est bon nombre d'huissiers qui portent au moins
deux vacations dans les frais.

Dans le premier cas, il y a beaucoup d'huissiers
qui prennent deux francs de vacation pour requérir
le commissaire-priseur. Ce droit ne leur est pas dû :
il n'y a qu'à Paris où il leur est alloué.

Dans le deuxième cas, ils emmènent avec eux un
témoin, bien que ce ne soit guère utile, attendu
qu'ils en trouveraient certainement sur les lieux, et

éviteraient par ce moyen de faire payer un droit de transport, qui du reste n'est pas dû, ainsi que je le démontrerai à l'article des voyages. Mais ne pourrait-on pas supposer que ceux qui agissent ainsi, y trouvent un petit intérêt? Je le crois.

Puis, aussi, l'usage est, dans beaucoup de villes, de porter dix, quinze et même vingt francs pour le crieur, selon la distance et l'importance de la vente, malgré qu'en réalité je suis persuadé qu'on lui donne rarement plus de cinq à six francs.

Dans la taxe des pièces de la vente, on pourrait facilement empêcher ces abus, lorsqu'ils se commettent, si les débiteurs et même les créanciers ne mettaient pas, comme je l'ai déjà dit, tant de négligence à faire taxer généralement tous les actes.

Il arrive encore quelquefois que des huissiers prennent un commissaire-priseur pour faire les ventes à la campagne : cela peut se faire, mais le commissaire-priseur ne doit toucher que les émoluments dus à l'huissier, et ce dernier alors n'a droit qu'à ses frais de transport. Quand on emploie ce moyen, il est vrai de dire que, pour ne rien perdre, certains huissiers ne craignent pas de faire porter une vacation de plus quand ils peuvent, ou bien de s'établir les crieurs des ventes : cela est tout-à-fait illégal et les met dans le cas d'encourir les peines portées aux articles 174 et 175 du Code pénal.

Si un huissier, par un empêchement quelconque légitime, ne peut procéder à la vente qu'il a annoncée, il peut, dans ce cas, se faire remplacer par un confrère de sa résidence, ou par un confrère près du lieu où doit se faire la vente, afin d'éviter des frais autant que possible.

L'huissier qui agit consciencieusement et dans les intérêts du créancier et du débiteur, peut souvent, par les soins qu'il apporte à faire la vente, en tirer un meilleur parti qu'on ne le pense : d'abord, en veillant à ce que les lots soient bien composés, de manière à être à la portée de tout le monde ; puis ensuite, en s'assurant bien, avant d'adjuger les articles, si personne n'a l'intention de mettre des enchères. Enfin, il doit encore surveiller rigoureusement, puisqu'il a la police de la vente, à ce que plusieurs personnes ne se coalisent pour entraver les enchères ; ce qui arrive assez souvent. Il doit donc les prévenir que dans ce cas l'article 412 du Code pénal leur est applicable.

EXEMPLES

Du coût d'un procès-verbal de vente.

Pour les Huissiers résidant à Paris, Lyon, Bordeaux, Rouen et Marseille (1re classe).

Droits pour une vacation . . . . . 8f »ᶜ
Timbre pour la déclaration à faire avant la vente, au bureau de l'enregistrement . . . . » 35
Droit de copie de cette déclaration, en

tête du procès-verbal de vente (au plus
un rôle) . . . . » 25
    Timbre pour le procès-verbal de ven-
te, je suppose une feuille 1|2. . . . . 1 05

                  Coût. 9 65 (1)

*Pour les Huissiers résidant dans les villes où il existe
une cour royale ou dont la population excède trente
mille âmes (2e classe).*

Droit pour une vacation. 7 20
    Timbre pour la déclaration à faire
avant la vente, au bureau de l'enregistrement . . . . » 35
    Droit de copie de cette déclaration,
en tête du procès-verbal de vente (au
plus un rôle). . . . . » 22 1|2
    Timbre pour le procès-verbal de
vente, je suppose une feuille 1|2. . 1 05

           Coût. . . . . 8 82 1|2 (1)

---

(1) Dans le total du coût de ces actes, il faudra ajouter le
droit proportionnel d'enregistrement, qui est de deux francs
par cent, plus le dixième de subvention.

Les frais du crieur ne figurent pas dans ces actes, parce
qu'ils ne sont pas dus : aucune loi ni tarif ne les alloue,
vu que l'on a pensé que l'huissier pouvait facilement crier
lui-même le prix des objets, et les porter sur son procès-
verbal après qu'il les a adjugés.

Pour les Huissiers résidant dans les villes où il existe un tribunal de première instance (3ᵉ classe).

Droit pour une vacation. . . . . 5 »

Timbre pour la déclaration à faire avant la vente, au bureau de l'enregistrement . . . . » 35

Droit de copie de cette déclaration, en tête du procès-verbal de vente (au plus un rôle) . . . . » 20

Timbre pour le procès-verbal de vente, je suppose une feuille 1⟋2. . . . 1 05

Coût. 6 60 (1)

Pour les Huissiers résidant dans les cantons ruraux (4ᵉ classe).

Droit pour une vacation . . . . 4 »

Timbre pour la déclaration à faire avant la vente, au bureau de l'enregistrement . . . . » 35

Droit de copie de cette déclaration, en tête du procès-verbal de vente (au plus un rôle) . . . . » 20

Timbre pour le procès-verbal de vente, je suppose une feuille 1⟋2. . . . 1 05

Coût. 5 60 (1)

(1) Voir la note de la page 74.

Voyages.

—

Cet article est un des plus importants de cet ouvrage, car il offre une large voie aux huissiers qui veulent commettre des abus. Malgré les termes précis de la loi, des tarifs, et les observations judicieuses de plusieurs auteurs experts en procédure, les voyages ont toujours donné lieu à des abus si graves pour les intérêts des créanciers et débiteurs, et ils sont tellement enracinés, qu'il sera difficile de les réprimer entièrement ; cependant, j'espère qu'au moyen des explications que je donnerai ici, appuyées de quelques exemples, je parviendrai à faire comprendre qu'il est facile d'arriver à faire exécuter la loi telle qu'elle doit l'être, et à forcer les huissiers qui seraient tentés de s'en écarter à veiller sur eux. En un mot, je dirai que, par la fausse application que l'on fait souvent de la loi et des tarifs sur cette matière, tout n'est qu'arbitraire.

Pour faciliter les explications que nécessitent les

articles 66 du tarif des frais, et 35 et 36 du décret du
14 juin 1813, qui seuls doivent nous guider ici, je
vais les rapporter textuellement.

ARTICLE 66 DU TARIF DES FRAIS.

(Décret du 16 février 1807.)

« Il ne sera rien alloué aux huissiers pour trans-
» port jusqu'à un demi-myriamètre.

» Il leur sera alloué, au-delà d'un demi-myriamè-
» tre, *pour frais de voyage* qui ne pourra excéder une
» journée de cinq myriamètres *(dix lieues anciennes),*
» savoir :

» Au-delà d'un demi-myriamètre et jusqu'à un
» myriamètre, pour aller et retour. . . . 4 fr.

» Au-delà d'un myriamètre, il sera alloué, par
» chaque demi-myriamètre, *sans distinction.* 2 fr.

Le surplus de cet article se rapporte au visa.
(Voyez l'article 66, à la fin du Tarif des Frais.)

ARTICLES 35 et 36 DU DÉCRET DU 14 JUIN 1813.

Art. 35.

» Dans tous les cas où les réglements accordent
» aux huissiers une indemnité *pour frais de voyage,*
» il ne sera alloué *qu'un seul droit de transport pour*
» *la totalité des actes* que l'huissier aura faits *dans*
» *une même course et dans le même lieu.* — *Ce droit*
» *sera partagé en autant de portions égales entre elles*
» *qu'il y aura d'originaux d'actes;* et, à chacun de ces

» actes, l'huissier *appliquera l'une desdites portions :*
» le tout à peine de rejet de la taxe *ou de restitution*
» *envers la partie,* et d'une amende qui ne pourra
» excéder cent francs, ni être moindre de vingt
» francs. »

Art. 36.

« Tout huissier qui chargera un huissier d'une
» autre résidence d'instrumenter pour lui, à l'effet
» de se procurer un droit de transport qui ne lui
» aurait pas été alloué s'il eût instrumenté lui-même,
» sera puni d'une amende de cent francs. — L'huis-
» sier qui aura prêté sa signature sera puni de la
» même peine. — En cas de récidive, l'amende sera
» double, et l'huissier sera de plus destitué. — *Dans*
» *tous les cas, le droit de transport indûment alloué*
» *ou perçu sera rejeté de la taxe ou restitué à la par-*
» *tie.* »

Je dirai d'abord, qu'il existe un grand nombre de
communes, hameaux, fermes, rentes, moulins, etc.,
aux environs des villes ou chefs-lieux de résidence
des huissiers, dont leur peu d'éloignement de ces
villes ne donne droit à aucune indemnité de transport; cela n'empêche pas certains huissiers (et le
nombre en est grand) de compter néanmoins un
voyage, quelque minime que soit la distance qu'ils
ont parcourue : et, quand il leur arrive d'avoir plusieurs actes pour la même commune, ou sur la
même route, ce qui est très-fréquent, au lieu de ré-
partir le montant des frais de leur transport entre

tous les actes, selon la distance de chacun d'eux et les espèces d'actes qu'ils ont faits, ils portent un transport entier à chaque acte, malgré que l'article 35 précité *s'y oppose formellement.*

D'après l'article 66 du tarif, il n'est *réellement dû de frais de voyage aux huissiers,* que, lorsque la commune où ils vont se trouve éloignée de leur résidence *de plus de cinq kilomètres* (une lieue ancienne ou de pays); c'est-à-dire, que s'ils ne sont allés qu'à 1, 2, 3, 4 et 5 kilomètres, *ils ne doivent rien percevoir.*

Il est d'autant plus important de veiller à ce que la loi soit scrupuleusement observée dans cette occasion, que chaque voyage augmente le coût de l'acte *de quatre francs en affaires civiles ou commerciales* (2 francs pour aller et 2 francs pour retour).

Chaque créancier ou débiteur a donc intérêt à faire mettre *le détail du coût de l'acte en marge des originaux,* et *le coût en entier sur les copies,* puis de les faire taxer : car, s'il est établi qu'un huissier a fait plusieurs actes *dans la même journée,* dans la même commune, ou encore sur la même route (preuve facile à obtenir), *il devra diviser le voyage en autant de portions qu'il aura fait d'actes,* afin de ne toucher, en réalité, qu'une seule indemnité de voyage, quel que soit le nombre d'actes faits, comme je viens de le dire, dans la même journée, même commune ou même route.

C'est-à-dire que s'il s'est rendu de *Troyes* dans la commune de *Saint-Lyé,* distant de cette ville de 10

kilomètres, et où il est dû quatre francs de transport (comme dans l'exemple suivant), et qu'il ait
signifié cinq actes dans cette commune; *au lieu de
porter quatre francs sur chaque exploit*, ce qui ferait
une journée de vingt francs, *il devra diviser la somme
de quatre francs entre les cinq actes*, de manière *que
chacun ne supporte que quatre-vingts centimes*. Ainsi,
l'on voit que cela fait une bien grande différence
pour l'huissier, le débiteur ou le créancier.

EXEMPLE :

SAINT-LYÉ. ⊛ 1 myriamètre (ou 10 kilomètres) de Troyes.

.
.
.
.
.
.
.
.

TROYES. ⊛ Résidence de l'huissier (1).

D'après cet exemple, l'huissier qui ne se conforme
pas à la loi (article 35 du décret du 14 juin 1813)
prend . . . . 20^f »^{c}
Comme il ne lui est dû que . . . . 4 »
Il perçoit donc en trop. . . . 16 »
Comme aussi, si un huissier est allé de *Troyes* à

---

(1) Les distances d'une commune à une autre se comptent
de clocher à clocher; et, pour les villes, de la cathédrale.

la *Chapelle-Saint-Luc;* de cette commune à celle de *Rivière-de-Corps,* et de cette dernière à *Troyes:* chaque commune n'étant qu'à *cinq kilomètres* de *Troyes,* résidence de l'huissier, il ne pourra prendre aucune indemnité de voyage, d'après l'article 66 du tarif, lors même qu'il y aurait *plus de six kilomètres* de la *Chapelle-Saint-Luc* à *Rivière-de-Corps;* parce que, s'il a fait le trajet d'une commune à l'autre, c'est volontairement. Dans tous les cas, le débiteur de l'une ou l'autre de ces communes, qui ne se trouve *qu'à cinq kilomètres de Troyes,* ne peut supporter la conséquence du détour qu'aura pu faire l'huissier.

EXEMPLE :

CHAPELLE-St-LUC. ⊛ 7 kilomètres de ⊛ RIVIÈRE-DE-
CORPS.

5 kilomètres de . . . 5 kilomètres de

TROYES . . . . . ⊛ Résidence de l'huissier.

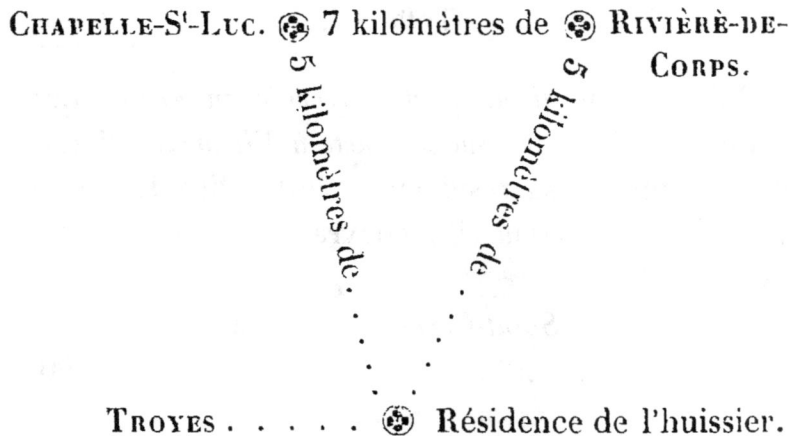

De même, si un huissier est allé, de *Troyes* à *Villeneuve,* distant de sa demeure de 31 kilomètres, signifier *deux actes,* et qu'en passant il en ait donné *un* à *Saint-Germain, un* à *Bouilly, deux* à *Sommeval,*

7

un à *Auxon*, il percevra sans doute comme si chaque acte avait été signifié seul, savoir :

Pour l'acte de *Saint-Germain*, distant de sa demeure de 6 kilomètres 1[4 . . . . . . 4^f »^{c}

Pour l'acte de *Bouilly*, distant de sa demeure de 15 kilomètres . . . . . . 6 »

Pour les deux actes de *Sommeval*, distant de sa demeure de 22 kilomètres 1[2 (chacun 8 francs) . . . . 16 »

Pour l'acte d'*Auxon*, distant de sa demeure de 27 kilomètres . . . . . . 10 »

Pour les deux actes de *Villeneuve*, distant de sa demeure de 31 kilomètres (chacun 12 francs) . . . . 24 »

Total. . . . . 60 »

Mais comme *il ne peut percevoir en réalité* que comme s'il avait fait *un seul acte à Villeneuve*, lieu le plus éloigné de sa résidence, c'est-à-dire 12 *francs pour l'aller et le retour*, il ne devra porter environ (1), savoir :

Sur l'acte de *Saint-Germain*, au lieu de 4 francs. . . . . » 50

_____

(1) Pour remplir le vœu de la loi, il est quelquefois nécessaire de faire des fractions de franc; mais aussi souvent on peut les éviter et faire néanmoins une répartition équitable, c'est-à-dire à quelque centimes près.

Sur celui de *Bouilly*, au lieu de 6 francs.   1   »

Sur les deux de *Sommeval*, au lieu de 16 francs   3   »

Sur celui d'*Auxon*, au lieu de 10 francs.   2   »

Sur les deux de *Villeneuve*, au lieu de 24 francs 5 50

Total.   12   »

EXEMPLE :

VILLENEUVE. ⊛ 3 myriamèt. 1 kilom. de Troyes.

AUXON . . ⊛ 27 kilomètres.

SOMMEVAL. ⊛ 22 kilomètres.

BOUILLY. . ⊛ 15 kilomètres.

St-GERMAIN. ⊛ 6 kilomètres 1|4.

TROYES . . ⊛ Résidence de l'huissier.

D'après cet exemple, l'on voit que l'huissier qui ne se conforme pas à *l'article 35 du décret du 14 juin* 1813, prend. . . . . 60 f.

Comme il ne doit percevoir que . . . 12

Il reçoit donc en trop. . . . . . 48 f.

Ces quelques exemples (1), avec le tableau des distances qui est à la fin de l'ouvrage, suffiront, je pense, pour réprimer les abus graves et nombreux que peuvent commettre, dans les voyages, des huissiers indélicats : car, en supposant que l'on fasse huit ou dix actes dans une procédure, et que l'on perçoive sur chaque acte ou voyage *seulement 2 fr. de plus que la loi n'accorde,* il en résultera néanmoins *un surcroît de frais de 16 ou de 20 francs.*

Il sera donc facile de vérifier le coût des voyages, en se conformant aux explications contenues dans cet article; à celles qui précèdent le tableau des distances; et, enfin, au tableau dont s'agit établi d'après celui dressé à la Préfecture du Département. *(Voyez au surplus les observations en tête des tableaux de distances.)*

---

(1) Dans le cas où un huissier aurait signifié des actes, soit pour une cour royale, un tribunal civil, tribunal correctionnel, de simple police, de justice de paix, soit pour un conseil de prud'hommes, la répartition de l'indemnité devrait se faire la même chose, sur chaque acte, ayant égard à sa classe et aux tarifs qui le concerne.

Domiciles inconnus et élus.

—

Il arrive fréquemment qu'un débiteur indique, pour le paiement d'un effet qu'il a souscrit, afin que l'on puisse le négocier plus facilement, ou pour toute autre cause, un domicile autre que le sien : c'est alors que certains huissiers, lorsqu'il s'agit de diriger des poursuites contre ce débiteur, profitent de cette occasion pour faire tous les actes de procédure au domicile élu, tandis qu'ils devraient se borner à y faire le prôtel, et ensuite continuer ou faire continuer les poursuites à son domicile réel. Mais je crois que le motif pour lequel ils n'agissent pas ainsi, c'est que si le débiteur ne demeure pas dans l'arrondissement de l'huissier qui a fait le protêt, celui-ci ne peut plus faire d'actes : voilà sans doute ce qui les détermine à aller jusqu'à la saisie au domicile indiqué dans le titre.

On conviendra que tous les actes faits après le

protêt sont frustratoires et nuls (lorsque le domicile du débiteur est connu); car, en les faisant au domicile élu, on sait bien d'avance que le débiteur n'en aura pas connaissance, et ne pourra par conséquent arrêter les poursuites, soit en payant, soit en prenant des arrangements. Les huissiers qui opèrent de cette manière, et cela se voit souvent, surtout dans les grandes villes, n'agissent donc pas ni dans l'intérêt du créancier, ni dans celui du débiteur, mais bien seulement dans le leur.

Quant aux domiciles inconnus, ils ont aussi leur avantage : c'est de faire donner une copie au procureur du roi et d'obtenir un visa; puis d'en faire afficher une deuxième à la porte du tribunal de commerce, une troisième à celle du tribunal civil, et, quelquefois même, d'en faire délivrer une quatrième à la mairie : cela fait donc quatre copies avec copies de pièces.

Cependant j'avouerai que je n'en ai pas vu souvent affichées aux portes des tribunaux : c'est qu'en effet cela paraît ridicule, surtout lorsqu'il y a plusieurs feuilles, ou que la copie est écrite des deux côtés; car, quels sont les débiteurs qui iront s'amuser à lire à la porte d'un tribunal, s'il y a plusieurs copies, pour savoir s'il s'en trouve une qui les concerne, quand on sait d'ailleurs qu'elles ne sont pas toujours lisibles, malgré ce que prescrivent les articles 28 du tarif des frais, et 1er et 2 du décret du 29 août 1813?

Comme on le voit dans cet article, la procédure paraît vicieuse; mais alors pourquoi ne pas y remédier, puisque personne n'ignore que l'on n'affiche jamais ou rarement ces copies aux portes des tribunaux? Pourtant on paie, 1° le coût de la copie ou des copies; 2° les copies de pièces quelquefois très-volumineuses; 3° le timbre qui n'a pas été employé; 4° enfin, le droit de visa. Je crois donc qu'il serait de toute justice de rejeter de la taxe tous les actes faits de cette manière, à l'exception de l'assignation, car l'article 69 du code de procédure civile ne reconnaît véritablement que cet acte; et je ne vois pas pourquoi des huissiers interpréteraient en leur faveur le doute qu'a pu laisser la loi dans ce genre de procédure. Est-ce parce que tout est bénéfice pour eux, copies, timbre et copies de pièces non fournis? Disons donc, qu'au pis aller, c'est-à-dire malgré le vice qui résulte de cette manière de procéder, que deux copies seraient suffisantes : l'une au procureur du roi, et l'autre affichée à la porte du tribunal devant lequel la demande est portée. Toutes autres copies sont frustratoires et n'ont pour résultat que d'augmenter les frais mal-à-propos.

Je dirai donc encore que si tous les huissiers voulaient agir prudemment et consciencieusement, après avoir fait le protêt, ils découvriraient presque toujours le domicile *censé inconnu* du débiteur, en prenant des renseignements minutieux soit aux bureaux de police, mairies ou anciens domiciles, soit enfin auprès des endosseurs ou des parents ou amis des débiteurs.

Souvent, je crois, en agissant de cette manière, ils éviteraient une procédure qui double les frais et ne produit aucun résultat, tout en rendant service aux créanciers et débiteurs. Dans tous les cas, l'on devrait scrupuleusement afficher toutes les copies, puisqu'on les paie; pourtant, cela ne se fait point, ou du moins si rarement, que l'on peut ne pas hésiter à signaler cet abus, puisqu'il a lieu, de la part de certains huissiers, dans beaucoup de villes.

Timbres.

—

Si des huissiers commettent aussi quelquefois des abus, c'est au moyen des copies de pièces dans lesquelles ils peuvent compter souvent beaucoup plus de rôles qu'il n'en existe dans les copies qu'ils signifient, et par conséquent plus de papier qu'ils n'en n'ont réellement employé; car, d'après l'article 1er du décret du 29 août 1813, l'on ne doit mettre que trente-cinq lignes sur une page de papier au timbre de trente-cinq centimes, et pourtant il arrive fréquemment, à certains huissiers, d'en mettre jusqu'à cinquante, et même plus. — C'est ce qui fait ressortir l'importance qu'il y a pour les débiteurs de conserver leurs copies, afin de pouvoir vérifier si l'on a porté ou non plus de papier qu'on ne le devait, pour faire croire que l'on n'a mis véritablement que quatre à cinq rôles à la page (c'est-à-dire trente-cinq lignes), tandis qu'il y en avait dix à douze : de manière que, pour cacher ce vice, on porte un préjudice, d'abord au fisc, puis ensuite au créancier ou plutôt au débiteur, en faisant payer des timbres qui n'ont pas dû être employés.

Cet abus peut se commettre assez facilement, parce que peu de personnes conservent les copies qui leur sont signifiées, ou ne veulent pas se donner la peine de faire la vérification de leurs pièces; ce qui serait cependant bien facile, ainsi que je l'ai expliqué à l'article des copies de pièces.

Copies surabondantes.

Il arrive assez fréquemment, à quelques huissiers, de donner des copies au même débiteur, dans plusieurs domiciles différents, dans la crainte de faire leur procédure nulle, et afin de se mettre à l'abri, dans le cas où ce débiteur serait susceptible de contester l'une d'elles. Ceci est un abus, car le débiteur ne doit pas être victime de l'ignorance de ces huissiers, ou des précautions qu'ils prennent pour assurer la validité des actes qu'ils signifient. Une pareille manière d'opérer occasionne donc un surcroît de frais que les créanciers ou débiteurs ne doivent pas payer, puisque, s'ils agissent de la sorte, c'est tout en se procurant un lucre pour leur tranquillité.

De même, on ne doit donner qu'une seule copie à plusieurs associés ayant un domicile social ou non (article 69 du Code de procédure civile, n° 6), à moins qu'il ne s'agisse d'une signification avec commandement qui aurait pour but d'exercer la contrainte par corps : alors, dans ce cas, il serait nécessaire de donner autant de copies qu'il y a de débiteurs condamnés par cette voie, quand bien même ces associés résideraient dans la même commune et dans le même domicile, car l'on ne pourrait opérer l'arrestation si la signification et le commandement n'avaient pas été signifiés *personnellement à chaque débiteur* que l'on voudrait emprisonner, et, de plus, l'acte serait nul. (Voyez les articles 68 et 71 du Code de procédure civile.)

Ces observations, qui d'abord pourront paraître de peu d'importance, sont cependant bien utiles, en ce qu'il faut remarquer que ces sortes de significations se font souvent à l'insu des créanciers, qui n'ont quelquefois nullement l'intention de faire emprisonner leurs débiteurs; mais bien seulement par excès de zèle de la part de certains huissiers, qui se trouvent faire, par ce moyen, plusieurs actes et copies de pièces, et profiter de l'ignorance qu'ont beaucoup de créanciers dans la procédure.

Ces copies, lorsqu'il y en a, sont à la charge des créanciers, si elles ont été faites à leur instigation ou à celle de l'huissier, s'il les a signifiées de son chef.

Coût des Actes

AU BAS DES ORIGINAUX ET DES COPIES.

—

L'article 67 du Code de procédure civile est cependant bien précis. Il dit : « *Les huissiers seront tenus* » *de mettre à la fin de l'original et de la copie de l'exploit* » *le coût d'icelui, à peine de cinq francs d'amende paya-* » *bles à l'instant de l'enregistrement.* » Pourtant cela ne se fait que très-rarement, et, dans tous les cas, si l'on porte le coût, il n'est jamais *détaillé en marge.* Beaucoup d'huissiers se bornent à mettre à la fin de l'original et surtout de la copie : coût 40 centimes, ou 1 franc 90 centimes ; de manière que la plupart des débiteurs, qui ne connaissent pas la loi, croient en être quittes pour 40 centimes ou 1 franc 90 centimes. Aussi ne leur vient-il pas à l'idée que plus tard ils auront à payer 10, 15 ou 20 francs ce même acte, selon sa classe et les frais de voyage dus ; ce qui fait que quelquefois ils ne se pressent pas de prendre des arrangements pour arrêter les poursuites : tandis que, si le coût de l'acte était porté en entier sur la copie, les débiteurs qui verraient l'énormité des frais que peut leur coûter leur négligence, s'empresseraient de payer ou de chercher à arranger leur affaire.

Je suis étonné que MM. les receveurs de l'enregistrement ne soient pas plus stricts à empêcher l'abus qui se commet journellement sur les originaux, en faisant mettre non-seulement le coût *en entier*, mais encore *le détail, article par article*, sur tous les actes qu'ils enregistrent. J'avoue que leurs nombreuses occupations ne leur permettent pas toujours de s'occuper de ces détails; mais il suffirait de prendre une fois en défaut les huissiers qui ne remplissent pas cette formalité, pour qu'ensuite tous se conformassent exactement à la loi. (Voyez les *articles 67 du Code de procédure civile et 48 du décret du 14 juin 1813.*)

D'un autre côté, si les débiteurs avaient soin, ainsi que je l'ai déjà tant de fois expliqué, de conserver leurs copies et de les soumettre à MM. les receveurs d'enregistrement, *lorsque le coût en entier n'y est pas porté,* ceux-ci seraient en droit d'infliger l'amende de 5 francs encourue par l'huissier qui n'aurait pas rempli cette formalité, indépendamment des peines qu'il pourrait supporter d'après la loi.

Il est plus que probable que si les débiteurs agissaient ainsi, cela leur épargnerait souvent des frais et des désagréments qu'ils auraient pu éviter en voyant ce que coûtait réellement chaque acte fait contre eux.

Délais obtenus.

L'on voit quelquefois des débiteurs comparaître à l'audience sur les assignations qu'ils ont reçues, et, par ce moyen, obtenir un délai. Bien que le jugement soit rendu, cela n'empêche nullement certains huissiers de continuer les frais, c'est-à-dire de faire expédier le jugement, préparer les copies de pièces, et même la signification de ce jugement. C'est un abus impardonnable : car, supposez que le tribunal ait accordé un délai de quinze jours à ces débiteurs, et que le quatorzième jour ils se présentent pour payer le principal, les intérêts et les frais de la dette qu'ils avaient au moment où le jugement a été rendu, n'est-on pas coupable du crime de concussion, en leur faisant payer l'expédition du jugement, les copies de pièces et même la signification préparées ? Cela cependant se fait au mépris du délai accordé et de l'article 123 du Code de procédure civile, sous prétexte de prendre inscription, etc., etc.

Je crois que, dans pareille circonstance, aucun huissier n'a le droit de faire que les actes réellement nécessaires ou conservatoires dans l'intérêt de ses clients (*articles* **124** *et* **125** *du Code de procédure civile*), et toutefois lorsqu'il y a *réellement péril en la demeure*. Hors ce cas, tous actes et frais faits dans l'intervalle du délai obtenu doivent être rejetés de la taxe comme étant frustratoires.

A l'article des significations de jugements, ce sujet se trouve plus amplement expliqué; l'on pourra s'y reporter pour se fixer sur ce que l'on entend par délai, et comment certains huissiers les interprètent.

Emprisonnement.

Je ferai remarquer ici (ce qui est utile à tous les créanciers et débiteurs), qu'il n'est dû aux huissiers, pour capturer un débiteur, qu'un seul acte *(le procès-verbal d'arrestation avec l'écrou)*. Tous autres actes, soit de recherches, perquisitions, etc., ne doivent et ne peuvent être passés en taxe. *(Articles 53 et 55 du tarif des frais.)*

De même, le créancier n'est tenu de payer aucun supplément d'honoraires pour les démarches et soins, etc., qu'aura nécessités une arrestation, attendu que cet acte est largement payé, d'après le tarif, et qu'ensuite il se trouve toujours assez d'huissiers disposés à faire ces opérations.

Les personnes qui éprouveraient des difficultés à ce sujet, n'ont qu'à envoyer leurs pièces aux syndics des huissiers, qui sauront bien, s'ils ne le font eux-mêmes, leur en désigner un de bonne volonté : et,

8

dans le cas de refus de la part des syndics, elles pourront s'adresser à MM. les procureurs du roi, qui trouveront promptement le moyen de faire remplir leurs devoirs aux huissiers qui feraient les récalcitrants, pour obtenir un supplément d'honoraires du créancier.

Il ne sera pas non plus sans importance, pour les débiteurs, de leur faire remarquer,

1° Qu'un acquiescement à un jugement par défaut *n'empêche pas l'appel sur le chef de la contrainte par corps,* quand même le jugement serait rendu en dernier ressort et aurait été signifié avant ou après l'acquiescement;

2° Que le *délai de trois mois* pour interjeter appel date *du jour de la signification du jugement;*

3° Qu'un débiteur peut être arrêté *un jour de dimanche ou de fête légale,* en vertu de permission du juge *(article* 1037 *du Code de procédure civile)* (1);

4° Que lorsqu'un commandement tendant à contrainte par corps, a été signifié il y a une année, il doit être renouvelé par un huissier commis à cet effet *(article* 784 *du Code de procédure civile).* Une arrestation opérée en vertu d'un commandement qui

---

(1) Cette observation sera d'une grande importance pour les débiteurs qui se trouvent sous le poids de la contrainte par corps, parce que beaucoup pensent qu'un dimanche ou un jour de fête légale l'on ne peut les arrêter.

daterait de plus d'un an, serait donc nulle ; et, dans tous les cas, les frais du premier seraient à la charge du créancier ;

5° Que le débiteur que l'on arrête et *qui veut empêcher l'emprisonnement, peut exiger de l'huissier qu'il constate sur son procès-verbal* qu'il y forme opposition : mais, dans ce cas, il faut la renouveler avec assignation, *dans les trois jours,* si c'est une affaire commerciale ; et, *dans la huitaine,* par acte d'avoué à avoué, si c'est une affaire civile.

Un huissier qui se refuserait à constater une pareille opposition, ou à faire l'acte d'appel, se compromettrait gravement et se mettrait encore dans le cas de faire déclarer son emprisonnement nul, avec dommages-intérêts, tout en encourant les peines portées aux articles 42 du décret du 14 juin 1813, et 85 du décret du 18 juin 1811 ;

6° Qu'un débiteur a le droit de se pourvoir en référé, *tant que la copie de l'acte d'emprisonnement et d'écrou ne lui a pas été signifiée, serait-il même entre les deux guichets.* L'huissier qui s'y refuserait serait passible d'une amende de 1,000 francs et de dommages-intérêts. *(Loi du* 17 *avril* 1832, *sur la contrainte par corps, article* 22*).*

Il peut encore obliger l'huissier à faire son acte d'appel, si le jugement n'est plus susceptible d'opposition, toutefois en lui payant *de suite* les frais de cet acte.

EXEMPLES

Du coût d'un procès-verbal d'emprisonnement et d'écrou.

Pour les Huissiers résidant à Paris (1), Lyon, Bordeaux, Rouen et Marseille (1re classe).

Droit à l'huissier pour le procès-verbal, y compris les deux témoins	60^f 25^c (1)	
Pour la copie du procès-verbal et de l'écrou	3	»
Timbre du pouvoir.	»	35
Enregistrement du pouvoir	2	20
Copie du pouvoir qui doit être transcrit en tête de l'original et de la copie du procès-verbal, un rôle pour chaque copie.	»	50
Timbre de l'original du procès-verbal	»	70
Timbre pour la copie	»	70
Enregistrement du procès-verbal d'emprisonnement et d'écrou . . .	4	40
Coût.	72	10 (2)

---

(1) A Paris, ce ne sont point les huissiers qui font les emprisonnements. Il y a des gardes du commerce qui ont seuls ce droit.

(2) Au total du coût de ces actes, il faudra ajouter, pour la transcription du jugement sur le registre du gardien ou geôlier, par chaque rôle d'expédition, savoir :

Pour la 1re classe, 25 centimes.

Pour la 2e classe, 22 centimes 1|2.

Pour la 3e et 4e classe, 20 centimes.

Pour les Huissiers résidant dans les villes où il existe une cour royale, ou dont la population excède trente mille âmes (2ᵉ classe).

Droit à l'huissier pour le procès-verbal, y compris les deux témoins.	54	22 1|2
Pour la copie du procès-verbal et de l'écrou	2	70
Timbre du pouvoir	»	35
Enregistrement du pouvoir . .	2	20
Copie du pouvoir qui doit être transcrit en tête de l'original et de la copie du procès-verbal, un rôle pour chaque copie	»	45
Timbre de l'original du procès-verbal	»	70
Timbre pour la copie. . . .	»	70
Enregistrement du procès-verbal d'emprisonnement et d'écrou.	4	40
Coût.	65	72 1|2 (1)

Pour les Huissiers résidant dans les villes où il existe un tribunal de première instance (3ᵉ classe).

Droit à l'huissier pour le procès-verbal, y compris les deux témoins. . .	40	»

---

(1) Voir la note nᵒ 2, page 100.

Pour la copie du procès-verbal et de l'écrou 2 25

Timbre du pouvoir. . . . . . » 35

Enregistrement du pouvoir . . . 2 20

Copie du pouvoir qui doit être transcrit en tête de l'original et de la copie du procès-verbal, un rôle pour chaque copie . . . . » 40

Timbre de l'original du procès-verbal . . . . » 70

Timbre de la copie. . , . . . » 70

Enregistrement du procès-verbal d'emprisonnement et d'écrou . . . 4 40

Coût. . . . . . 51 » (1)

Pour les Huissiers résidant dans les cantons ruraux.
(4ᵉ classe).

Droit à l'huissier pour le procès-verbal, y compris les deux témoins. . . 30 »

Pour la copie du procès-verbal et de l'écrou 2 25

Timbre du pouvoir . . . . . . » 35

Enregistrement du pouvoir . . . 2 20

Copie du pouvoir qui doit être transcrit en tête de l'original et de la copie

---

(1) **Voir la note** nᵒ 2, page 100.

du procès-verbal, un rôle pour chaque copie . . . . » 40

Timbre de l'original du procès-ver-bal . . . . » 70

Timbre de la copie. . . . . . » 70

Enregistrement du procès-verbal d'emprisonnement et d'écrou . . . 4 40

Coût. . . . . 41 » (1)

NOTA. — S'il y avait lieu, dans cette sorte d'acte (l'emprisonnement), de requérir le juge de paix, il serait dû à l'huissier, pour obtenir l'ordonnance de ce magistrat, à l'effet, par ce dernier, de se trans-porter dans le lieu où se trouve le débiteur condamné par corps, et requérir son transport, savoir :

Pour les Huissiers résidant à Paris (2), *Lyon, Bordeaux, Rouen et Marseille (1re classe).*

2 fr. 50 c.

Pour les Huissiers résidant dans les villes où il existe une cour royale, ou dont la population excède trente mille âmes (2e classe).

2 fr. 25 c.

(1) Voir la note n° 2, page 100.
(2) Voir la note n° 1, page 100.

Pour les Huissiers résidant dans toutes les autres villes,
qu'il y ait tribunal ou non, et dans les cantons ru-
raux (3ᵉ et 4ᵉ classe).

2 fr. 00 c.

Et à MM. les juges de paix, pour leur transport et
être présents à l'arrestation d'un débiteur condamné
par corps, dans le domicile où ce dernier se trouve,
par chaque vacation de trois heures.

(Voyez les observations faites au tarif des frais, en
ce qui concerne ces magistrats, note nᵒ 1.)

Et, enfin, à l'huissier, si le débiteur arrêté le requiert pour aller en référé :

Pour la 1ʳᵉ classe	8	»
Pour la 2ᵉ classe	7	20
Pour la 3ᵉ et 4ᵉ classe. . . .	6	»

Faillites.

—

Il arrive encore assez fréquemment à quelques huissiers, quoiqu'un débiteur soit déclaré en faillite, de continuer à lui signifier des actes qu'on lui eût signifiés avant; tandis que, s'ils se conformaient exactement à ce qui est prescrit par les articles 69 du Code de procédure civile, n° 7, et 494 du Code de commerce, ils s'adresseraient aux agents et syndics de la faillite, et seulement dans le cas où il y aurait des actes conservatoires à faire.

Il est donc évident que tous les actes faits au failli après la déclaration de la faillite, sont nuls et frustratoires, et doivent être rejetés de la taxe, puisqu'ils ne peuvent produire aucun résultat avantageux pour le poursuivant. Dans tous les cas la masse des créanciers, ne pouvant supporter la conséquence de l'ignorance de l'huissier, ou de l'intérêt dans lequel il a agi, c'est à celui qui a chargé l'huissier de faire les actes, d'en payer les frais; ou ce dernier, si c'est de son chef ou par manque de connaissance qu'il l'a fait.

Cet abus doit être réprimé par MM. les syndics des faillites, qui, tout en soutenant les intérêts de tous les créanciers, sont chargés de surveiller également ceux du failli.

Témoins.

—

Cet article a une très-grande importance pour les débiteurs, car il occasionne de graves abus, surtout en ce que les frais de transport des témoins sont considérables.

Le tarif n'allouant rien aux huissiers pour le voyage des témoins, ils doivent s'en procurer dans les lieux où ils font leur exécution ; ou, s'ils les prennent dans leur résidence, c'est à eux à traiter à l'avance de gré à gré avec ces témoins dans l'intérêt des créanciers, puisque ces frais sont à la charge de ces derniers. Dans le cas où ils penseraient ne pouvoir en trouver dans la commune où doit se faire l'exécution, ils doivent s'entendre avec le créancier pour qu'il leur en procure.

Je ferai remarquer aussi qu'un clerc d'huissier à

gages ne peut servir de témoin à son patron, soit dans une saisie-exécution, soit pour faire un protêt ou une arrestation.

Enfin, un débiteur *ne doit jamais payer les frais de transport des témoins* (1).

---

(1) Dans quelques villes où des réclamations ont été faites à cet égard, le ministère public est intervenu pour faire réprimer cet abus, qui se commettait journellement par la plupart des huissiers.

Dans certaines villes, l'usage était de payer aux témoins *la moitié* des frais de voyage dus à l'huissier; dans d'autres, c'était une somme *de 2 ou 3 francs* par myriamètre, aller et retour. Cette manière de taxer, qu'aucune loi ni tarif n'a prévue, paraissait donc illégale; aussi l'a-t-on supprimée.

Du reste c'est l'opinion de presque tous les auteurs qui ont traité cette matière.

Exploits et Copies de Pièces

PRÉPARÉS.

Dans aucun cas les frais des exploits ou copies de pièces préparés ne doivent être à la charge du débiteur. Il ne doit payer que les actes *parfaits*, qui lui ont été *signifiés* et qui sont *enregistrés*.

Ceux *imparfaits* sont à la charge du créancier ou de l'huissier : du créancier, s'ils ont été préparés par son ordre ; de l'huissier, si celui-ci les a faits sans ordre et seulement pour avancer sa procédure : car, dans ce cas, un huissier indélicat ne pourrait-il pas toujours employer ce moyen pour se faire payer successivement deux ou trois actes de plus, dans chaque procédure ?...

Donc, lorsqu'un huissier se présente pour opérer une saisie, faire un protêt ou une arrestation, si le débiteur paie *à l'instant,* c'est-à-dire *lorsqu'il lui est fait sommation* ou *itératif commandement,* il n'a aucun frais à supporter pour l'acte qui serait préparé. Seulement, il devrait les frais de voyage de l'huissier, s'il s'agissait d'une arrestation dans une commune hors de sa résidence, et qui donnerait lieu à des frais de transport, parce qu'il n'aurait pas déposé les fonds àu domicile élu dans la commune où siège le tribunal qui a rendu le jugement. *(Voyez l'article* 780 *du Code de procédure civile.)*

Correspondances,

LIBELLES D'EXPLOITS, PORTS DE LETTRES, PAQUETS ET ENVOIS D'ARGENT.

Les honoraires que portent quelques huissiers, soit à la suite des exploits qu'ils signifient, soit dans leurs états de frais, pour droits de correspondance et de libelles d'exploits, ne doivent aucunement être à la charge des débiteurs; car le tarif ne leur en accorde pas : c'est donc à tort que fort souvent on leur en fait payer. S'ils prétendent qu'il leur soit dû quelque chose, ils doivent s'adresser pour cela aux créanciers.

Mais, pour les frais de ports de lettres et paquets occasionnés par une instance, il a été décidé, par la cour de cassation, qu'ils seraient supportés par la partie qui succombe; toutefois, pour ceux seulement timbrés à la poste.

Comme aussi les frais des sommes envoyées par la poste à un huissier pour les actes qu'il a signifiés dans un procès, ainsi que celles au paiement desquelles une partie a été condamnée, sont à sa charge; mais, pour ces dernières, dans le cas où le paiement ne devrait pas être fait à son domicile.

Mémoires de Frais.

———

Beaucoup d'huissiers ont l'habitude, lorsqu'ils donnent un état de frais, soit au créancier, soit au débiteur *(ce qui du reste arrive bien rarement)*, de porter la somme totale de chaque acte sans la détailler, et d'y comprendre, d'abord, les dépens liquidés par le jugement, puis, quand ils savent ne pas avoir à faire à une partie récalcitrante, ce qu'ils connaissent bien, ils portent encore, soit une sommation, assignation ou autres actes non compris dans les dépens liquidés, parce qu'ils étaient nuls, inutiles ou frustratoires; puis enfin, ajoutent à la fin du mémoire 5 ou 10 francs, pour démarches, soins, correspondance, etc., etc.

Cette manière d'agir, comme on le voit, est assez lucrative pour ceux qui l'emploient. Cependant les débiteurs devraient savoir 1° qu'ils ne doivent rien pour démarches, soins, correspondance, etc., sinon, pour ce dernier article, les frais de timbre payés à la poste pour les lettres et paquets absolument nécessaires à l'instance qui a eu lieu; 2° que l'on ne doit rien ajouter aux dépens liquidés, que les frais d'exécution à partir de la signification du jugement.

L'usage est également, chez certains huissiers, agréés devant les tribunaux de commerce, agents d'affaires ou fondés de pouvoir, de prendre 3 *ou* 5 *francs* pour la rédaction des bordereaux d'inscription; 2 *ou* 3 *francs* pour la vacation au bureau des hypothèques pour requérir l'inscription; et enfin, 2 *ou* 3 *francs* pour la vacation à la levée du jugement.

Aucune loi ni tarif ne leur allouant rien pour cela, le débiteur, ni le créancier, ne doivent rien payer à l'huissier qui réclamerait quelques honoraires. En tolérant un pareil abus, lorsqu'il se commet, et cela, je dois le dire, se fait presque toujours et partout, l'on paie souvent sur un mémoire de frais de 10 à 15 francs de plus qu'on ne le devrait. Dans le cas où il serait dû quelques émoluments à l'huissier, soit pour la rédaction des bordereaux, la vacation au bureau des hypothèques, ou pour lever le jugement (ce qui n'est pas), ce serait au créancier à les supporter, et non au débiteur.

Il devient donc indispensable, lorsque l'on solde

une créance en principal, intérêts et frais, *d'exiger de l'huissier un état détaillé de tous les actes de la procédure,* ou tout au moins la remise *de tous les actes et autres pièces,* avec le coût porté *article* par *article* sur chaque original ou pièce, afin de pouvoir vérifier si l'on a trop payé ou non. *Dans tous les cas,* l'huissier *ne doit et ne peut refuser une quittance* de la somme qu'il reçoit *en principal, intérêts et frais.*

Je sais que peu d'huissiers sont disposés à donner une quittance lorsqu'ils reçoivent des à comptes, ou que l'on solde entièrement une affaire ; mais on est en droit de la leur réclamer, indépendamment de la remise de toutes les pièces. Ne pas le faire, c'est s'exposer gravement, puisque souvent l'on n'aurait aucune preuve pour réclamer s'il y avait lieu. De même toute personne qui remettrait entre les mains d'un huissier, soit des titres d'une valeur de 150 fr., soit une somme excédant 150 francs, doit en exiger *un reçu motivé, pour constater l'emploi qu'il veut en faire;* car, sans cela, elle se trouverait à la discrétion de cet huissier, qui pourrait, s'il était de mauvaise foi, en abuser, puisque la preuve ne peut en être fournie par témoins, à moins d'un commencement de preuve par écrit. (Code civil, article 1341. — Arrêt de cassation.)

J'ajouterai encore ici, et cela est d'une très-grande importance pour les débiteurs, qu'ils ne doivent *rien payer pour les honoraires des avocats, agréés, ou fondés de pouvoirs* de leurs adversaires devant les tribunaux de commerce, les justices de paix, ou devant les conseils de prud'hommes. Ces frais sont à la charge des créanciers. Les débiteurs ne doivent, à la rigueur, supporter, avec les dépens, que l'enregistrement du pouvoir. Quant aux honoraires de leurs mandataires, lors même qu'ils auraient gain de cause, c'est à eux à les payer.

Taxe.

—

Ainsi que je l'ai expliqué bien souvent dans cet ouvrage, les débiteurs et même les créanciers doivent avoir le plus grand soin de conserver les *copies* *originaux* et enfin *toutes les pièces de procédure* qui leu. sont remises par les huissiers, pour ensuite, s'ils l. jugent convenable, les faire taxer.

Je leur ferai remarquer aussi que le délai pou: faire taxer les actes, ne se prescrit que par *trent. ans*, à partir de la date des actes ou de l'indue perception *des frais frustratoires, ou en contravention au. réglements.*

Que l'huissier soit *en fonctions ou non, il doit* re. *tituer toutes les sommes qu'il a illégalement perçues :* s'il est décédé, *ses héritiers en sont responsables.* De plus, *les intérêts sont dus depuis le jour que les sommes lui ont été payées par les débiteurs ou créanciers,* quan.

même ils auraient été réglés à l'amiable entre les parties et qu'un arrangement serait intervenu entr'elles. Cet arrangement serait nul, parce qu'il serait illégal.

Enfin l'on peut *en tout temps* faire taxer les frais, salaires, vacations et déboursés des huissiers ou de tous autres officiers ministériels, à vue de pièces justificatives.

OBSERVATIONS GÉNÉRALES

Très-importantes.

—

1° Lorsqu'un créancier ou débiteur se trouve dans le cas de porter plainte contre un huissier, il doit s'adresser au syndic, qui est tenu de faire droit à sa réclamation, aux termes de l'article 70 du décret du 14 juin 1813. S'il ne recevait point satisfaction suffisante, ou craignait de ne pas l'obtenir, il pourrait s'adresser, soit au procureur du roi, soit au procureur-général ou au ministre de la justice. Comme aussi, s'il le jugeait convenable, il aurait le droit de poursuivre lui-même.

Dans tous les cas, il doit exposer clairement tous les griefs qu'il a à reprocher à l'officier ministériel, et son inconduite à son égard. Par exemple, s'il se refusait à lui donner une quittance détaillée des sommes qu'il aurait reçues, soit par à comptes, soit pour solde, ainsi qu'un récépissé des pièces qui lui seraient confiées. Il est important que ce récépissé soit motivé, c'est-à-dire qu'il soit clairement expliqué à quel usage est destiné l'argent que l'on a versé, et l'emploi que l'on veut faire des pièces remises.

Le créancier ou débiteur peut encore, ainsi que je l'ai déjà dit, exiger un état détaillé des frais qu'il paie, en outre de la quittance.

2° L'usage de faire des sommations pour les affaires devant les justices de paix doit aussi être aboli. Les frais de cet acte sont la plupart du temps frustratoires et ne doivent jamais passer en taxe. Ils doivent rester à la charge du créancier ou de l'huissier.

3° La tolérance que l'on accorde aux huissiers, dans quelques villes, de délivrer les billets d'invitation, engendre de graves abus. Les uns les font payer 10 ou 15 centimes, les autres 25 centimes. — Il a été établi en outre que certains huissiers négligeaient souvent de les faire parvenir, afin de s'assurer des actes. Cette faute, lorsqu'elle se commet, mérite d'être sévèrement punie. — Lorsqu'on les envoie par la poste, cela occasionne un port de lettre au débiteur, qui augmente encore cette invitation de 10 centimes, et souvent celui-ci, n'ayant pas l'habitude de recevoir de lettres de la ville, les refuse. — En un mot, cet avis, qui devrait, aux termes de la loi sur les justices de paix et les instructions y relatives,

parvenir gratis, coûte quelquefois jusqu'à 35 centimes. Le but du législateur, qui a voulu éviter des
frais dans les affaires devant ces tribunaux, n'est donc
pas atteint (1).

4° Les honoraires des avocats, avoués, agréés, ou
fondés de pouvoir des créanciers, devant les tribunaux d'exception, tels que ceux de commerce, de
justice de paix et les conseils des prud'hommes, ne
doivent, dans aucun cas, être à la charge des débiteurs.

5° Dans beaucoup de villes *(celle de Troyes se trouve
dans ce nombre)*, quelques huissiers ont l'habitude de
prendre, pour le coût d'un protêt *avec intervention*,
les mêmes droits que pour un protêt *avec perquisition*. C'est un abus qu'il est important de réprimer,
et qui, dans tous les cas, rend ceux qui le commettent

---

(1) Dans beaucoup de villes des essais ont été faits et le
résultat le plus sûr et le plus avantageux que l'on a pu
obtenir, est celui de faire payer 10 ou 20 centimes au créancier pour affranchir le billet d'invitation, qui est donné
gratis par une personne choisie par MM. les juges de paix,
laquelle, de telle heure à telle heure, délivre ces billets d'invitation au tribunal de la justice de paix, les inscrits sur un
registre à ce destiné pour chaque canton, et les dépose lui-
même à la poste après les avoir affranchis avec les 10 ou
20 centimes qu'il perçoit, selon la distance où ils doivent être
envoyés. Cette personne reçoit un modique salaire mensuel
de chacun de MM. les juges de paix.

punissables des peines prévues par l'article 174 du Code pénal, car c'est une concussion.

De même, les sommes qu'ils perçoivent pour droit de course, et qu'ils font supporter aux débiteurs, constituent également un abus des plus blâmables et qu'il est indispensable d'abolir. Il tombe encore sous le poids de l'article 174 ci-dessus rappelé.

6° L'indemnité de voyage des témoins ne doit jamais être à la charge des débiteurs. Aucune loi ni tarif ne leur en accorde.

7° L'usage qu'ont adopté beaucoup d'huissiers, de porter les affaires au rôle devant les tribunaux de commerce et de justices de paix, ainsi que de commander ou de retirer les expéditions de jugements aux greffes de ces tribunaux, offre à certains d'entre eux une grande facilité pour commettre des abus. En effet, ils ont tellement d'intérêt à avoir promptement ces expéditions, qu'on en voit souvent ne pas attendre la fin de l'audience pour les commander aux greffiers, afin d'empêcher quelquefois qu'un arrangement n'intervienne entre le créancier et le débiteur, et n'arrête les poursuites. Cela se conçoit, si un délai était accordé, le débiteur pourrait, dans cet intervalle, se libérer, et alors la signification du jugement, les copies de pièces, le commandement et l'inscription surtout, seraient perdus pour l'huissier.

Combien de fois n'a-t-on pas vu des huissiers prendre inscription sur les débiteurs pour des sommes très-minimes, lors même qu'il leur était établi que ceux-ci ne possédaient aucune propriété!... C'est que cela leur procure 5 ou 6 francs d'honoraires ou faux-frais dans chaque affaire.

Ainsi que je l'ai expliqué à la page 114, le débiteur ne doit payer que les droits perçus par le conservateur du bureau des hypothèques, et le timbre des bordereaux : tout le surplus est à la charge du créancier, qui lui-même a le droit de faire diminuer ces faux-frais, s'il les trouve exagérés.

8° Dans quelques villes il y a des huissiers qui ne craignent pas de remplir le rôle de prêteurs d'argent, ou de courtiers à certains agents d'affaires ou usuriers qui désolent un grand nombre de villes, surtout celles où il existe beaucoup de petits commerçants. Dans d'autres, ils s'érigent en courtiers d'assurances et remplacements militaires. — Ceux qui se permettent de remplir de pareils emplois sont très-blâmables et mériteraient une punition exemplaire, qui du reste ne manquerait pas de les frapper, si de pareils faits étaient portés à la connaissance du ministère public (1).

9° L'on ne sera pas sans remarquer la grande

---

(1) Dans quelques départements, des procureurs généraux ayant été informés des faits signalés dans ce paragraphe, notamment en ce qui concerne les assurances et remplacements militaires, des mesures sévères ont été prises pour

quantité d'actes frustratoires que certains huissiers peuvent faire, afin d'augmenter le produit de leurs charges ; mais, il n'y a pas à se le dissimuler, parce que cela est de notoriété publique, ils peuvent encore en faire beaucoup d'autres que je n'ai pu désigner dans cet ouvrage, vu que le nombre en serait trop grand et que l'on ne peut tout prévoir. Mais il y a des hommes si étranges, qu'ils ne manqueront pas de suppléer à la lacune que je laisse.

Néanmoins, au moyen de ceux qui sont signalés, et en ayant soin de faire scrupuleusement taxer ou vérifier tous les actes de procédure, les créanciers et débiteurs sont persuadés de faire supprimer la majeure partie des abus et exactions que l'on pourrait commettre à leur préjudice.

---

empêcher que des huissiers prennent le titre d'agents et s'occupent de ces sortes d'opérations incompatibles avec les fonctions d'officier ministériel. Des punitions exemplaires ont même été infligées.

TARIF DES FRAIS.

(Décrets du 16 Février 1807.)

OBSERVATIONS.

Par suite des dispositions des trois décrets du 16 février 1807 (qui du reste n'auraient dû en former qu'un, puisqu'ils sont du même jour), relatives au tarif des frais et dépens, il est nécessaire de faire plusieurs divisions dans ce tarif, c'est-à-dire plusieurs classes.

En conséquence, le premier tarif, lettre A, formera la 1re classe. — C'est celui que devront suivre les villes de Paris, Lyon, Bordeaux, Rouen et Marseille.

Le deuxième tarif, lettre B, formera la 2e classe. — C'est celui que devront suivre toutes les villes où siège une cour royale, ou dont la population excède trente mille âmes.

Le troisième tarif, lettre C, n° 1, formera la 3e classe. — C'est celui que devront suivre toutes les villes où siège un tribunal de première instance.

L'on devra se conformer à ce tarif pour la ville de Troyes.

Le n° 2 de ce troisième tarif, formera la 4e classe. — C'est celui que devront suivre toutes les autres villes et cantons ruraux.

DES JUSTICES DE PAIX.

—

TAXE DES ACTES ET VACATIONS

DES JUGES DE PAIX.

La loi du 21 juin 1845, promulguée le 24 du même mois, portant suppression des Droits et Vacations accordés aux Juges de Paix, et fixation du Traitement de ces Magistrats et de leurs Greffiers, est ainsi conçue :

ART. 1er.

Les *droits et vacations* accordés aux Juges de Paix *sont supprimés.*

Il ne leur sera alloué d'indemnité de transport que quand ils se rendront *à plus de cinq kilomètres* du chef-lieu de canton.

ART. 4.

La présente loi sera exécutée à partir du 1er janvier 1846.

Avant cette époque, une ordonnance royale, portant réglement d'administration publique, déterminera le montant de l'indemnité de transport établie par l'article 1er.

ORDONNANCE DU ROI

Qui détermine le montant de l'indemnité de transport établie au profit des Juges de Paix par la loi du 21 juin 1845.

(6 Décembre 1845.)

Art. 1er.

L'indemnité établie au profit des Juges de Paix par l'article 1er de la loi du 21 juin 1845 est fixée :

En cas de transport *à plus de cinq kilomètres* du chef-lieu de canton, à . . . . 5f. 00 c.

En cas de transport *à plus d'un myria-mètre,* à 6 00

Si les opérations durent plus d'un jour, l'indemnité est fixée suivant la distance à 5 ou 6 francs par jour.

Nota. — Par suite des dispositions de la loi et de l'ordonnance précitées, les articles 1er, 2, 3, 4, 5, 6, 7 et 8 du tarif des frais se trouvent supprimés.

TAXE DES GREFFIERS DES JUGES DE PAIX.

TARIF : A.   B.   C.

N° 1.   N° 2.

ART. 9.

Il sera taxé aux greffiers des justices de paix, par chaque rôle d'expédition qu'ils délivreront, et qui contiendra vingt lignes à la page et dix syllabes à la ligne,

0 f. 50 c.   0 f. 45 c.   0 f. 40 c.   0 f. 40 c.

A Paris . . . .   0 f. 50 c.

Dans les villes où il y a tribunal de première instance 0 40

Dans les autres villes et cantons ruraux 0 40

ART. 10.

Pour l'expédition du procès-verbal qui constatera que les parties n'ont pu être conciliées, et qui ne doit contenir qu'une mention sommaire qu'elles n'ont pu s'accorder, il sera alloué

1 f. 00 c.   0 f. 90 c.   0 fr. 80 c.   0 f. 80 c.

A Paris . . . .   1 f. 00 c.

Dans les villes où il y a tribunal de première instance 0 80

Dans les autres villes et cantons ruraux 0 80

ART. 11.

La déclaration des parties qui demandent à être

10

jugées par le juge de paix, sera insérée dans le jugement, et il ne sera rien taxé au greffier pour l'avoir reçue, non plus que pour tout autre acte du greffe.

Art. 12.

Pour transport sur les lieux contentieux, quand il sera ordonné, il sera alloué au greffier les deux tiers de la taxe du juge de paix,

3 f. 33 c.   3 f. 00 c.   2 f. 50 c.   1 f. 67 c.

Art. 13.

Il n'est rien alloué pour la mention sur le registre du greffe et sur l'original ou la copie de la citation en conciliation, quand l'une des parties ne comparaît pas.

Art. 14.

Pour la transmission au procureur du roi de la récusation et de la réponse du juge, tous frais de port compris,

5 f. 00 c.   5 f. 00 c.   5 f. 00 c.   5 f. 00 c.

A Paris . . . . 5 f. 00 c.
Dans les villes où il y a tribunal de première instance 5   00
Dans les autres villes et cantons ruraux 5   00

Art. 15.

Il sera taxé au greffier du juge de paix qui aura assisté aux opérations des experts, et qui aura écrit la minute de leur rapport, dans le cas où tous, ou l'un d'eux, ne sauraient écrire, les deux tiers des vacations allouées à un expert,

1 f. 33 c.   1 f. 33 c.   1 f. 33 c.   1 f. 33 c.

ART. 16.

Il lui est alloué les deux tiers des vacations du juge de paix, pour assistance :

Aux conseils de famille,

3 f. 33 c.   3 f. 00 c.   2 f. 50 c.   1 f. 67 c.

Aux appositions de scellés,

3 f. 33 c.   3 f. 00 c.   2 f. 50 c.   1 f. 67 c.

Aux reconnaissances et levées des scellés,

3 f. 33 c.   3 f. 00 c.   2 f. 50 c.   1 f. 67 c.

Aux référés,

3 f. 33 c.   3 f. 00 c.   2 f. 50 c.   1 f. 67 c.

Aux actes de notoriété,

Première classe,

3 f. 33 c.   3 f. 00 c.   2 f. 50 c.   1 f. 67 c.

Deuxième classe,

0 f. 67 c.   0 f. 60 c.   0 f. 50 c.   0 f. 34 c.

Il est encore alloué au greffier les deux tiers des frais de transport dans les mêmes cas où ils sont alloués au juge de paix. (*Voyez l'ordonnance du roi du 6 décembre 1845, article 1er, page 128.*)

Les greffiers des juges de paix ne pourront délivrer d'expéditions entières des procès-verbaux d'apposition, reconnaissance et levée de scellés, qu'autant qu'ils en seront expressément requis par écrit.

Ils seront tenus de délivrer les extraits qui leur seront demandés, quoique l'expédition entière n'ait été ni demandée ni délivrée.

ART. 17.

Il sera taxé au greffier du juge de paix,

Pour sa vacation à l'effet de faire la déclaration de l'apposition des scellés sur le registre du greffe du tribunal de première instance, dans les villes où elle est prescrite, les deux tiers d'une vacation de juge de paix,

3 f. 33 c.   3 f. 00 c.   2 f. 50 c.   1 f. 67 c.

ART. 18.

Il lui sera alloué pour chaque opposition aux scellés qui sera formée par déclaration sur le procès-verbal des scellés,

0 f. 50 c.   0 f. 45 c.   0 f. 40 c.   0 f. 40 c.

A Paris . . . .   0 f. 50 c.

Dans les villes où il y a tribunal de première instance   0   40

Dans les autres villes ou cantons ruraux   0   40

ART. 19.

Il ne lui sera rien alloué pour les oppositions

Art. 20.

Il est alloué pour chaque extrait des oppositions aux scellés, à raison, par chaque opposition, de

0 f. 50 c.   0 f. 45 c.   0 f. 40 c.   0 f. 40 c.

A Paris . . . . 0 f. 50 c.
Dans les villes où il y a tribunal de
première instance 0   40
Dans les autres villes et cantons ruraux 0   40

TAXE DES HUISSIERS DES JUGES DE PAIX.

Tous les actes de cet article,
Original. . . 1 f. 50 c. 1 f. 35 c. 1 f. 25 c. 1 f. 25 c.
Copie . . . 0 37 1|2 0 34 0 31 0 31
Copies de pièces 0 25 0 22 1|2 0 20 0 20
(Par rôle)

Art. 21.
Pour l'original,
De chaque citation contenant demande,
A Paris . . . . 1 f. 50 c.
Dans les villes où il y a tribunal de
première instance 1   25
Dans les autres villes et cantons ru-
raux 1   25
De signification de jugement . . . 1   25

De sommation de fournir caution ou d'être présent à la réception et soumission de la caution ordonnée 1 25

D'opposition au jugement par défaut, contenant assignation à la prochaine audience. 1 50

De demande en garantie 1 50

De citation aux témoins 1 50

De citation aux gens de l'art experts. 1 50

De citation en conciliation. . . . 1 50

De citation aux membres qui doivent composer le conseil de famille . . . 1 50

De notification de l'avis du conseil de famille 1 50

D'opposition aux scellés 1 50

De sommation à la levée des scellés. 1 50

Et pour chaque copie des actes ci-dessus énoncés, le quart de l'original.

Art. 22.

Pour la copie des pièces qui pourra être donnée avec les actes, par chaque rôle d'expédition de vingt lignes à la page et de dix syllabes à la ligne,

A Paris . . . . 0 f. 25 c.

Dans les villes où il y a tribunal de première instance 0 20

Dans les autres villes et cantons ruraux 0 20

Art. 23.

Pour transport qui ne pourra être alloué qu'autant qu'il y aura plus d'un demi-myriamètre (une lieue ancienne) de distance entre la demeure de l'huissier et le lieu où l'exploit devra être posé, aller et retour, par myriamètre. . . . . 2f. 00 c.

Il ne sera rien alloué aux huissiers des juges de paix pour *visa* par le greffier de la justice de paix ou par les maires et adjoints des communes du canton, dans les différents cas prévus par le code de procédure.

TAXE DES TÉMOINS, EXPERTS

ET GARDIENS DES SCELLÉS.

Art. 24.

Il sera taxé au témoin entendu par le juge de paix, une somme équivalente à une journée de travail, même à une double journée, si le témoin a été obligé de se faire remplacer dans sa profession; ce qui est laissé à la prudence du juge.

Il sera taxé au témoin qui n'a pas de profession . . . . 2 f. 00 c.

2 f. 50 c.   2 f. 25 c.   2 f. 00 c.   1 f. 50 c.

Il ne sera point passé de frais de voyage, si le témoin est domicilié dans le canton où il est entendu.

S'il est domicilié hors du canton et à une distance de plus de deux myriamètres et demi du lieu où il fera sa déposition, il lui sera alloué autant de fois une somme double de journée de travail, ou une somme de 4 francs, qu'il y aura de fois cinq myriamètres de distance entre son domicile et le lieu où il aura déposé.

ART. 25.

La taxe des experts en justice sera la même que celle des témoins (2 fr.), et il ne leur sera alloué de frais de voyage que dans les mêmes cas.

ART. 26.

Les frais de garde seront taxés par chaque jour, pendant les douze premiers jours,

2 f. 50 c.   2 f. 25 c.   2 f. 00 c.   1 f. 50 c.

A Paris . . . . 2 f. 50 c.

Dans les villes où il y a tribunal de première instance 2   00

Dans les autres villes et cantons ruraux 1 50

Ensuite seulement à raison de,

1 f. 00 c.   0 f. 90 c.   0 f. 80 c.   0 f. 60 c.

A Paris . . . . 1 f. 00 c.

Dans les villes où il y a tribunal de
première instance . . . . ·0 80

Dans les autres villes et cantons ruraux 0 60

———————

DE LA TAXE DES FRAIS

DANS LES TRIBUNAUX INFÉRIEURS ET DANS LES COURS.

TAXE DES HUISSIERS ORDINAIRES.

Actes de première classe.

TARIF :	A.	B.	C.
Tous les actes suivants :			
Original. . .	2 f. 00 c.	1 f. 80 c.	1 f. 50 c.
Copie. . . .	0 50	0 45	0 38
Copies de pièces (par rôle).	0 25	0 22 1|2	0 20

ART. 27.

Pour l'original d'un exploit d'appel du jugement de la justice de paix,

D'un exploit d'ajournement (assignation), même

en cas de domicile inconnu en France, et d'affiche à la porte de l'auditoire,

A Paris. . . . . 2 f. 00 c.

Partout ailleurs (1) 1 50

Art. 28.

Pour les copies de pièces qui doivent être données avec l'exploit d'ajournement (assignation) et autres actes, par rôle contenant vingt lignes à la page et dix syllabes à la ligne, ou évalué sur ce pied,

A Paris. . . , ... 0 f. 25 c.

Partout ailleurs (1) 0 20

Le droit de copie de toute espèce de pièces et de jugements appartiendra à l'avoué, quand les copies de pièces seront faites par lui ; l'avoué sera tenu de signer les copies de pièces et de jugements, et sera garant de leur exactitude.

Les copies seront correctes et lisibles, à peine de rejet de la taxe.

Art. 29.

Pour l'original d'une sommation d'être présent à la prestation d'un serment ordonné,

D'une signification de jugement à domicile,

De signification d'un jugement de jonction par un huissier commis,

---

(1) Voyez les observations au commencement du tarif, notamment le troisième paragraphe, page 126.

De signification d'un jugement par défaut contre partie par un huissier commis,

D'opposition au jugement par défaut rendu contre partie,

De sommation aux experts et aux dépositaires de pièces de comparaison en vérification d'écriture,

De signification aux dépositaires, de l'ordonnance ou du jugement qui porte que la minute de la pièce sera apportée au greffe,

D'assignation aux témoins dans les enquêtes,

D'assignation à la partie contre laquelle se fait l'enquête,

De signification de l'ordonnance des juges-commissaires pour faire prêter serment aux experts,

De la signification de la requête et des ordonnances pour faire subir interrogatoire sur faits et articles,

De la signification du jugement rendu par défaut contre partie, sur demande en reprise d'instance ou en constitution de nouvel avoué, par un huissier commis,

De signification du désaveu,

De signification du jugement portant permission d'assigner en réglement de juges, contenant assignation,

Pour l'original d'une demande formée au tribunal de commerce,

D'une sommation de comparaître devant les

arbitres ou experts nommés par le tribunal de commerce,

De signification de jugement par défaut du tribunal de commerce, par un huissier commis,

Pour l'original d'opposition au jugement par défaut, rendu par le tribunal de commerce, contenant les moyens d'opposition et assignation,

De signification des jugements contradictoires,

De l'acte de présentation de caution, avec sommation à jour et heure fixes, de se présenter au greffe pour prendre communication des titres de la caution, et assignation à l'audience, en cas de contestation, pour y être statué,

Original d'un acte d'appel de jugements des tribunaux de première instance et de commerce, contenant assignation et constitution d'avoué,

De signification de jugement à des héritiers collectivement, au domicile du défunt,

D'une réquisition aux tribunaux de juger, en la personne du greffier,

De signification de la requête et du jugement qui admet une prise à partie,

De signification de la présentation de caution, avec copie de l'acte de dépôt au greffe, des titres de la solvabilité de la caution,

De signification de l'ordonnance du juge commis pour entendre un compte, et sommation de se trouver devant lui aux jour et heure indiqués, pour être présent à la présentation et affirmation,

D'un exploit de saisie-arrêt ou opposition, contenant énonciation de la somme pour laquelle elle est faite, des titres ou de l'ordonnance du juge,

De la dénonciation au saisi de la saisie-arrêt ou opposition, avec assignation en validité,

De la dénonciation au tiers-saisi de la demande en validité formée contre le débiteur saisi,

De l'assignation au tiers-saisi pour faire sa déclaration,

D'un commandement pour parvenir à une saisie-exécution,

De la notification de la saisie-exécution faite hors du domicile du saisi, et en son absence,

D'une assignation en référé à la requête du gardien qui demande sa décharge,

D'une sommation à la partie saisie, pour être présente au récolement des effets saisis, quand le gardien a obtenu sa décharge,

D'une opposition à vente, à la requête de celui qui se prétendra propriétaire des objets saisis, entre les mains du gardien,

De dénonciation de cette opposition au saisissant et au saisi, avec assignation libellée et l'énonciation des preuves de propriété,

Le gardien ne pourra être assigné,

D'une opposition sur le prix de la vente, qui en contiendra les causes,

D'une sommation au premier saisissant de faire vendre,

D'une sommation à la partie saisie, pour être présente à la vente qui ne serait pas faite au jour indiqué par le procès-verbal de saisie-exécution,

Pour l'original du commandement qui doit précéder la saisie-brandon,

De dénonciation de la saisie-brandon, au garde-champêtre, gardien de droit à ladite saisie, et qui ne sera pas présent au procès-verbal,

Pour l'original du commandement qui doit précéder la saisie de rentes constituées sur particuliers,

De dénonciation à la partie saisie de l'exploit de saisie de rentes constituées sur particuliers,

D'une sommation aux créanciers de produire dans les contributions, et à la partie saisie de prendre communication des pièces et de contredire, s'il y échet,

D'une sommation à la partie saisie qui n'a point d'avoué constitué, à la requête du propriétaire, de comparaître en référé devant le juge-commissaire, pour faire statuer préliminairement sur son privilège pour raison des loyers à lui dus,

De dénonciation à la partie saisie qui n'a point d'avoué constitué, de la clôture du procès-verbal du juge-commissaire, en contribution, avec sommation d'en prendre communication et de contredire sur le procès-verbal dans la quinzaine,

Pour l'original d'un commandement tendant à la saisie immobilière (1),

Pour l'original de l'assignation en référé,

De la demande en nullité de bail,

De l'acte d'opposition entre les mains des fermiers ou locataires, ou de la simple sommation aux mêmes,

De la signification aux créanciers inscrits de l'acte de la consignation faite par l'acquéreur, en cas d'aliénation, qui peut avoir lieu après la saisie immobilière, sous la condition de consigner,

De la sommation à la partie saisie et aux créanciers inscrits de prendre communication du cahier des charges,

De la signification du jugement d'adjudication,

De la demande en résolution qui doit être formée avant l'adjudication et notifiée au greffe,

De l'exploit d'ajournement,

De la demande en distraction de tout ou partie des objets saisis immobilièrement contre la partie qui n'a pas d'avoué en cause,

De l'acte d'appel qui doit être en même temps notifié au greffier du tribunal et visé par lui,

De la signification du bordereau de collocation avec commandement,

(1) D'après le nouveau tarif sur les ventes immobilières, la ville de Marseille devra suivre le premier tarif, lettre A.

De la signification des jour et heure de l'adjudication sur folle enchère,

De la sommation à faire à l'ancien et au nouveau propriétaire, et, s'il y a lieu, au créancier surenchérisseur,

De l'avertissement qui doit être donné au subrogé tuteur,

De la demande en partage,

De sommation aux créanciers inscrits de produire dans les ordres,

D'assignation en référé, dans le cas d'urgence, ou lorsqu'il s'agit de statuer sur les difficultés relatives à l'exécution d'un titre exécutoire ou d'un jugement,

De signification d'une ordonnance en référé,

D'une sommation d'être présent à la consignation de la somme offerte,

De dénonciation du procès-verbal de dépôt de la chose ou de la somme consignée au créancier qui n'était pas présent à la consignation,

De sommation au créancier d'enlever le corps certain, qui doit être livré au lieu où il se trouve,

D'un commandement à la requête des propriétaires et principaux locataires de maisons ou biens ruraux, à leurs locataires, sous-locataires et fermiers, pour paiement de loyers ou fermages échus,

De la notification aux créanciers inscrits de l'extrait du titre du nouveau propriétaire, de la transcription et du tableau prescrit par l'article **2183** du Code civil,

D'une assignation et sommation à un notaire et aux parties intéressées, s'il y a lieu, pour avoir expédition d'un acte parfait, non enregistré, ou resté imparfait,

Ou d'une seconde grosse,

D'une sommation à la requête de la femme à son mari de l'autoriser,

D'une demande à domicile, à fin de rectification d'un acte de l'état civil,

D'une demande en séparation de corps,

D'ajournement pour demander la réformation d'un avis de conseil de famille qui n'a pas été unanime,

De l'opposition formée, à la requête des membres d'un conseil de famille, à l'homologation de la délibération,

De sommation aux parties qui doivent être appelées à la vente des meubles dépendant d'une succession,

De sommation aux co-partageans de comparaître devant le juge-commissaire,

De sommation aux parties pour assister à la clôture du procès-verbal de partage chez le notaire,

De sommation, à la requête d'un créancier, à l'héritier bénéficiaire de donner caution,

De sommation aux arbitres de se réunir au tiers-arbitre pour vider le partage,

De tout exploit contenant sommation de faire une chose, ou opposition à ce qu'une chose soit faite, protestation de nullité, et généralement de tous actes simples du ministère des huissiers, non compris dans la seconde partie du présent tarif,

A Paris. . . . . 2 f. 00 c.

Partout ailleurs (1) 1 50

Pour chaque copie, le quart de l'original,

Indépendamment des copies de pièces qui n'auront pas été faites par les avoués, et qui seront taxées comme il a été dit ci-dessus à l'article 28.

Actes de seconde classe, et Procès-Verbaux.

ART. 30.

Pour l'original de la récusation du juge de paix, qui en contiendra les motifs, et qui sera signé par la partie ou son fondé de pouvoir, ainsi que la copie,

Original. .	3 f. 00 c.	2 f. 70 c. (1)	2 f. 25 c.
Copie .	0 65	0 68	0 57

A Paris. . . . . 3 f. 00 c.

Dans les villes où il y a tribunal de première instance 2 25

---

(1) Voyez les observations au commencement du tarif, notamment le troisième paragraphe, page 126.

Dans les autres villes et cantons ruraux 2 25
Et pour la copie, le quart.

ART. 31.

Pour un procès-verbal de saisie-exécution qui
durera trois heures, y compris le temps nécessaire
pour requérir, soit le juge de paix, soit le commissaire de police ôu les maires et adjoints, en cas de
refus d'ouverture de porte,

 8 f. 00 c.   7 f. 20 c. (1)   6 f. 00 c.

A Paris, y compris 1 fr. 50 c. pour chaque témoin . . . . 8 f. 00 c.

Dans les villes où il y a tribunal de
première instance, y compris 1 fr. pour
chaque témoin 6 00

Dans les autres villes et cantons ruraux, y compris 1 fr. pour chaque témoin. 6 00

Si la saisie dure plus de trois heures, par chacune
des vacations subséquentes aussi de trois heures,

 5 f. 00 c.   4 f. 50 c. (1)   3 f. 75 c.

A Paris, y compris 90 cent. pour chaque témoin . . . . 5 f. 00 c.

Dans les villes où il y a tribunal de
première instance, y compris 60 c. pour
chaque témoin 3 75

---

(1) Voyez le tarif B, page 126.

Dans les autres villes et cantons ruraux, y compris 60 cent. pour chaque
témoin. 3 75

Dans les taxes ci-dessus se trouvent comprises
les copies pour la partie saisie et pour le gardien.

Art. 32.

Vacation du commissaire de police qui aura été
requis pour être présent à l'ouverture des portes et
des meubles fermant à clef, ou aux maires et adjoints,
si ces derniers le requièrent,

5 f. 00 c.   4 f. 50 c. (1)   3 f. 75 c.   2 f. 50 c.

A Paris. . . . . 5 f. 00 c.

Dans les villes où il y a tribunal de
première instance 3 75

Dans les autres villes et cantons ruraux 2 50

Art. 33.

Vacation de l'huissier pour déposer au lieu établi
pour les consignations, ou entre les mains du dépositaire qui sera convenu, les deniers comptants qui
pourraient avoir été trouvés,

2 f. 00 c.   1 f. 80 c. (1)   1 f. 50 c.   1 f. 50 c.

A Paris. . . . . 2 f. 00 c.

Dans les villes où il y a tribunal de

---

(1) Voyez le tarif B, page 126.

première instance 1 50

Dans les autres villes et cantons ruraux 1 50

Art. 34.

Les frais de garde seront taxés par chaque jour,
pendant les douze premiers jours,

2 f. 50 c.　　2 f. 25 c. (1)　　2 f. 00 c.　　1 f. 50 c.

A Paris. . . . . 2 f. 50 c.

Dans les villes où il y a tribunal de
première instance 2 00

Dans les autres villes et cantons ruraux 1 50

Ensuite seulement à raison de

1 f. 00 c.　　0 f. 90 c. (1)　　0 f. 80 c.　　0 f. 60 c.

A Paris. . . . . 1 f. 00 c.

Dans les villes où il y a tribunal de
première instance 0 80

Dans les autres villes et cantons ruraux 0 60

Art. 35.

Pour un procès-verbal de récolement des effets
saisis, quand le gardien a obtenu sa décharge,

Original. 3 f. 00 c.　　2 f. 70 c. (1)　　2 f. 25 c.

Copie . 0　75　　0　68　　0　57

(1) Voyez le tarif B, page 126.

A Paris. . . . . 3 f. 00 c.

Dans les villes où il y a tribunal de

première instance 2 25

Dans les autres villes et cantons ru-

raux 2 25

Ce procès-verbal ne contiendra aucun détail, si ce n'est pour constater les effets qui pourraient se trouver en déficit; et l'huissier ne sera point assisté de témoins.

Il sera laissé copie du procès-verbal de récolement au gardien qui aura obtenu sa décharge; il remettra la copie de la saisie qu'il avait entre les mains au nouveau gardien, qui se chargera du contenu sur le procès-verbal de récolement.

Pour chacune des copies à donner du procès-verbal de récolement, le quart de l'original.

ART. 36.

Dans le cas de saisie antérieure et d'établissement de gardien, pour le procès-verbal de récolement sur le premier procès-verbal que le gardien sera tenu de représenter, et qui, sans entrer dans aucun détail, et contenant seulement la saisie des effets omis, et sommation au premier saisissant de vendre, témoins compris et deux copies, sera taxé

6 f. 00 c.   5 f. 40 c. (1)   4 f. 50 c.

(1) Voyez le tarif B, page 126.

A Paris. . . . . 6 f. 00 c.

Dans les villes où il y a tribunal de
première instance 4 50

Dans les autres villes et cantons ruraux 4 50

Et pour une troisième copie, s'il y a lieu, le quart
de l'original,

1 f. 50 c.   1 f. 35 c. (1)   1 f. 13 c.

Art. 37.

Pour le procès-verbal de récolement qui précé-
dera la vente, et qui ne contiendra aucune énonciation des effets saisis, mais seulement de ceux en
déficit, s'il y en a, compris les témoins,

6 f. 00 c.   5 f. 40 c. (1)   4 f. 50 c.

A Paris. . . . . 6 f. 00 c.

Dans les villes où il y a tribunal de
première instance 4 50

Dans les autres villes et cantons ruraux 4 50

Il n'en sera point donné de copie.

Art. 38.

S'il y a lieu au transport des effets saisis, l'huissier sera remboursé de ses frais sur les quittances
qu'il en représentera, ou sur sa simple déclaration,

(1) Voyez le tarif B, page 126.

si les voituriers et gens de peine ne savent pas écrire; ce qu'il constatera par son procès-verbal de vente.

Il sera alloué à l'huissier ou autre officier qui procédera à la vente, pour la rédaction de l'original du placard (ou affiche) qui doit être affiché,

1 f. 00 c.   1 f. 00 c.   1 f. 00 c.

A Paris. . . . . 1 f. 00 c.

Dans les villes où il y a tribunal de première instance 1   00

Dans les autres villes et cantons ruraux 1   00

Pour chacun des placards qui sont manuscrits, 0 f. 50 c.   0 f. 50 c.   0 f. 50 c.

A Paris. . . . . 0 f. 50 c.

Dans les villes où il y a tribunal de première instance 0   50

Dans les autres villes et cantons ruraux 0   50

Et, s'ils sont imprimés, l'officier qui procédera à la vente, en sera remboursé sur les quittances de l'imprimeur et de l'afficheur.

ART. 39.

Pour l'original de l'exploit qui constatera l'apposition des placards, dont il ne sera point donné de copie,

3 f. 00 c.   2 f. 70 c. (1)   2 f. 25 c.

A Paris. . . . . 3 f. 00 c.

Dans les villes où il y a tribunal de
première instance 2 25

Dans les autres villes et cantons ruraux 2 25

Il sera passé en outre la somme qui aura été
payée pour l'insertion de l'annonce de la vente
dans un journal, si la vente est faite dans une ville
où il s'en imprime.

Pour chaque vacation de trois heures à la vente,
le procès-verbal compris, il sera taxé aux huissiers
dans les lieux où ils sont autorisés à la faire,

8 f. 00 c.   7 f. 20 c. (1)   5 f. 00 c.   4 f. 00 c.

A Paris. . . . . 8 f. 00 c.

Dans les villes où il y a tribunal de
première instance 5 00

Dans les autres villes et cantons ruraux 4 00

Et à Paris, où les ventes sont faites par les commissaires-priseurs, il sera alloué à l'huissier, pour
requérir le commissaire-priseur, une vacation
de . . . . 2 f. 00 c.

ART. 40.

En cas d'absence de la partie saisie, son absence

---

(1) Voyez le tarif B, page 126.

sera constatée, et il ne sera nommé aucun officier pour la représenter.

ART. 41.

Dans le cas de publication sur les lieux où se trouvent les barques, chaloupes et autres bâtiments, prescrite par l'article 620 du Code, et dans le cas d'exposition de la vaisselle d'argent, bagues et joyaux, ordonnée par l'article 621, il sera alloué à l'huissier, pour chacune des deux premières publications ou expositions,

6 f. 00 c.   5 f. 40 c. (1)   4 f. 00 c.   3 f. 00 c.

A Paris. . . . . 6 f. 00 c.

Dans les villes où il y a tribunal de première instance 4   00

Dans les autres villes et cantons ruraux 3   00

La troisième publication ou exposition est comprise dans la vacation de vente.

A Paris, et dans les villes où il s'imprime des journaux, les vacations pour publications et expositions ne pourront être allouées aux huissiers, attendu qu'il peut y être suppléé par l'insertion dans un journal.

Si l'expédition du procès-verbal de vente est requise par l'une des parties, il sera alloué à l'huissier

(1) Voyez le tarif B, page 126.

ou autre officier qui aura procédé à la vente, par chaque rôle d'expédition contenant vingt-cinq lignes à la page et dix à douze syllabes à la ligne,

1 f. 00 c.   0 f. 90 c. (1)   0 f. 50 c.   0 f. 40 c.

A Paris . . . . 1 f. 00 c.

Dans les villes où il y a tribunal de première instance 0 50

Dans les autres villes et cantons ruraux 0 40

ART. 42.

Pour la vacation de l'huissier ou autre officier qui aura procédé à la vente, pour faire taxer ses frais par le juge sur la minute de son procès-verbal,

3 f. 00 c.   2 f. 70 c. (1)   2 f. 00 c.   1 f. 50 c.

A Paris . . . . 3 f. 00 c.

Dans les villes où il y a tribunal de première instance 2 00

Dans les autres villes et cantons ruraux 1 50

Et pour consigner les deniers provenant de la vente,

3 f. 00 c.   2 f. 70 c. (1)   2 f. 00 c.   1 f. 50 c.

A Paris . . . . 3 f. 00 c.

Dans les villes où il y a tribunal de première instance 2 00

---

(1) Voyez le tarif B, page 126.

Dans les autres villes et cantons ruraux 1 50

Pour un procès-verbal de saisie-brandon, contenant l'indication de chaque pièce, sa contenance et
sa situation, deux au moins de ses tenants et abou-
tissants, et la nature des fruits, quand il n'y sera pas
employé plus de trois heures,

Orig^{al}, 6 f. 00 c. 5 f. 40 c. (1) 5 f. 00 c. 4 f. 00 c.
Copie, 1 50   1 35   1 25   1 00
A Paris. 6 00
Dans les villes où il y a tribunal de
première instance 5 00
Dans les autres villes et cantons ru-
raux 4 00

Et quand il y sera employé plus de trois heures,
pour chacune des autres vacations aussi de trois
heures,

Orig^{al}, 5 f. 00 c. 4 f. 50 c. (1) 4 f. 00 c. 3 f. 00 c.
Copie, 1 25   1 12 1|2 1 00   0 75
A Paris. 5 00
Dans les villes où il y a tribunal de
première instance 4 00
Dans les autres villes et cantons ru-
raux 3 00

L'huissier ne sera point assisté de témoins.

_____

(1) Voyez le tarif B, page 126.

ART. 44.

Pour les copies à délivrer à la partie saisie, au maire de la commune et au garde-champêtre ou autre gardien, pour chacune, le quart de l'original.

NOTA. — Le surplus des actes sera taxé comme en saisie-exécution.

(Voyez l'article 38 et suivants.)

ART. 45.

Il sera alloué pour frais de garde, soit au garde-champêtre, soit à tout autre gardien qui pourrait être établi aux termes de l'article 628, par chaque jour, savoir :

Au garde-champêtre,

0 f. 75 c.   0 f. 75 c.   0 f. 75 c.

A Paris.	0 f. 75 c.
Dans les villes où il y a tribunal de première instance	0 75
Dans les autres villes et cantons ruraux	0 75

Et à tout autre que le garde-champêtre,

1 f. 25 c.   1 f. 25 c.   1 f. 25 c.

A Paris.	1 f. 25 c.
Dans les villes où il y a tribunal de première instance	1 25

Dans les autres villes et cantons ruraux 1 25

ART. 46.

Pour un exploit de saisie du fonds d'une rente
constituée sur particulier, contenant assignation au
tiers-saisi en déclaration affirmative devant le tribunal,

Original . 4 f. 00 c. 3 f. 60 c. (1) 3 f. 00 c.
Copie . . 1 00   0 90   0 75
A Paris. . . . . 4 f. 00 c.
Dans les villes où il y a tribunal de
première instance 3 00
Dans les autres villes et cantons ru-
raux 3 00
Pour la copie, le quart.

Nota. — La dénonciation des placards et tous
les autres actes seront taxés comme en saisie immobilière.

ART. 47.

Pour un procès-verbal de saisie immobilière auquel il n'aura été employé que trois heures,

Original. . 6 f. 00 c. 5 f. 40 c. (1) 5 f. 00 c.
A Paris. . . . . 6 f. 00 c.
Dans les villes où il y a tribunal de
première instance 5 00

---

(1) Voyez le tarif B, page 126.

Dans les autres villes et cantons ruraux 5 00

Et cette somme sera augmentée, par chacune des vacations subséquentes qui auront pu être employées, de :

Original.   5 f. 00 c.   4 f. 50 c. (1)   4 f. 00 c.

A Paris. . . . . 5 f. 00 c.

. Dans les villes où il y a tribunal de première instance 4 00

Dans les autres villes et cantons ruraux 4 00

L'huissier ne se fera pas assister de témoins.

Art 48.

Cet article a été abrogé par la loi du 2 juin 1841.

Art. 49.

Pour la dénonciation de la saisie immobilière à la partie saisie,

Original.   2 f. 50 c.   2 f. 25 c. (1)   2 f. 00 c.

Copie . .   0 63   0 56   0 50

A Paris. . . . . 2 f. 50 c.

Dans les villes où il y a tribunal de première instance 2 00

Dans les autres villes et cantons ruraux 2 00

Pour la copie de ladite dénonciation, le quart.

---

(1) Voyez le tarif B, page 126.

Art. 50.

Pour le procès-verbal d'apposition de placards dans toutes les ventes judiciaires, y compris le salaire de l'afficheur,

8 f. 00 c. 7 f. 20 c. (1) 6 f. 00 c.

A Paris. . . . . 8 f. 00 c.

Dans les villes où il y a tribunal de première instance 6 00

Dans les autres villes et cantons ruraux 6 00

Art. 51.

Pour l'original de la signification du jugement qui prononce la contrainte par corps, avec commandement,

Orig^{al}, 3 f. 00 c. 2 f. 70 c. (1) 2 f. 00 c. 1 f. 25 c.

Copie, 0 75 0 68 0 50 0 32

A Paris. 3 00

Dans les villes où il y a tribunal de première instance 2 00

Dans les autres villes et cantons ruraux 1 25

Et pour la copie, le quart.

Art. 52.

Vacation pour obtenir l'ordonnance du juge de paix, à l'effet, par ce dernier, de se transporter

(1) Voyez le tarif B, page 126.

dans le lieu où se trouve le débiteur condamné par corps, et requérir son transport,

2 f. 50 c.   2 f. 25 c. (1)   2 f. 00 c.

A Paris. . . . . 2 f. 50 c.

Dans les villes où il y a tribunal de première instance 2 00

Dans les autres villes et cantons ruraux 2 00

ART. 53.

Pour le procès-verbal d'emprisonnement d'un débiteur, y compris l'assistance de deux recors et l'écrou,

60 f. 25 c. (2) 54 f. 23 c. (1) 40 f. 00 c. 30 f. 00 c.

A Paris . . . . 60 f. 25 c.

Dans les villes où il y a tribunal de première instance 40 00

Dans les autres villes et cantons ruraux 30 00

Il ne pourra être passé aucun procès-verbal de perquisition, pour lequel l'huissier n'aura point de recours, même contre sa partie, la somme ci-dessus lui étant allouée en considération de toutes démarches qu'il pourrait faire.

---

(1) Voyez le tarif B, page 126.
(2) Voyez la note n° 1, page 100.

Art. 54.

Vacation de l'huissier en référé, si le débiteur arrêté le requiert,

8 f. 00 c. (2)   7 f. 20 c. (1)   6 f. 00 c.

A Paris. . . . . 8 f. 00 c.

Dans les villes où il y a tribunal de première instance 6 00

Dans les autres villes et cantons ruraux 6 00

Art. 55.

Pour la copie du procès-verbal d'emprisonnement et de l'écrou; le tout ensemble,

3 f. 00 c.   2 f. 70 c. (1)   2 f. 25 c.

A Paris . . . . 3 f. 00 c.

Dans les villes où il y a tribunal de première instance 2 25

Dans les autres villes et cantons ruraux 2 25

Art. 56.

Il sera taxé au gardien ou geôlier qui transcrira sur son registre le jugement portant contrainte par corps, par chaque rôle d'expédition,

0 f. 25 c.   0 f. 22 c. 1|2 (1)   0 f. 20 c.

(1) Voyez le tarif B, page 126.
(2) Voyez la note n° 1, page 100.

A Paris . . . . 0 f. 25 c.

Dans les villes où il y a tribunal de première instance 0 20

Dans les autres villes et cantons ruraux 0 20

Art. 57.

Pour un acte de recommandation d'un débiteur
emprisonné sans assistance de recors,

Original,　4 f. 00 c.　3 f. 60 c. (1)　3 f. 00 c.

Copie,　1 00　0 90　0 75

A Paris . . . . 4 f. 00 c.

Dans les villes où il y a tribunal de première instance . . . . , . . . 3 00

Dans les autres villes et cantons ruraux 3 00

Pour chaque copie à donner au débiteur et geôlier,
le quart.

Art. 58.

Pour la signification du jugement qui déclare un
emprisonnement nul et la mise en liberté du débiteur,

Original,　4 f. 00 c.　3 f. 60 c. (1)　3 f. 00 c.

Copie,　1 00　0 90　0 75

A Paris . . . . 4 f. 00 c.

(1) Voyez le tarif B, page 126.

Dans les villes où il y a tribunal de première instance 3 00

Dans les autres villes et cantons ruraux 3 00

Pour la copie à laisser au gardien ou geôlier, le quart.

Art. 59.

Pour l'original d'un procès-verbal d'offres, contenant le refus ou l'acceptation du créancier,

Original,   3 f. 00 c.   2 f. 70 c. (1)   2 f. 25 c.

Copie,   0 75   0 68   0 57

A Paris . . . . 3 f. 00

Dans les villes où il y a tribunal de première instance 2 25

Dans les autres villes et cantons ruraux 2 25

Pour la copie, le quart.

Art. 60.

D'un procès-verbal de consignation de la somme ou de la chose offerte,

Original,   5 f. 00 c.   4 f. 50 c. (1)   4 f. 00 c.

Copie,   1 25   1 13   1 00

A Paris . . . . 5 f. 00 c.

Dans les villes où il y a tribunal de première instance 4 00

(1) Voyez le tarif B, page 126.

Dans les autres villes et cantons ruraux 4 00

. Pour chaque copie à laisser au créancier, s'il est
présent, et au dépositaire, le quart.

Art. 61.

Les procès-verbaux de saisie-gagerie sur locataires
et fermiers,

Et ceux de saisie des effets du débiteur forain,

Seront taxés comme ceux de saisie-exécution, ainsi
que tout le reste de la poursuite. *(Voyez l'article* 31
et suivants.)

Art. 62.

Pour un procès-verbal tendant à saisie-revendication, s'il y a refus de portes, ou opposition à la saisie, contenant assignation en référé devant le juge, y
compris les témoins,

Original, 5 f. 00 c. 4 f. 50 c. (1) 4 f. 00 c.

Copie, 1 25 1 13 1 00

A Paris . . . . 5 f. 00 c.

Dans les villes où il y a tribunal de première instance 4 00

Dans les autres villes et cantons ruraux 4 00

Pour la copie, le quart.

---

(1) Voyez le tarif B, page 126.

Le procès-verbal de saisie-revendication sera taxé comme celui de saisie-exécution. *(Voyez l'article 31.)*

ART. 63.

Pour l'original de l'acte contenant réquisition d'un créancier inscrit, à fin de mises aux enchères et adjudication publique de l'immeuble aliéné par son débiteur,

Original, 5 f. 00 c. 4 f. 50 c.(1) 4 f. 00 c.

Copie, 1 25   1 13   1 00

A Paris. . . . . 5 f. 00 c.

Dans les villes où il y a tribunal de première instance 4 00

Dans les autres villes et cantons ruraux 4 00

Pour la copie, le quart.

NOTA. — Par suite des dispositions de l'article 541 de la loi du 28 mai 1838 sur les faillites, les débiteurs commerçants n'étant plus recevables à demander leur admission au bénéfice de cession de biens, *les articles* 64 *et* 65 (ce dernier, en ce qui les concerne seulement) *sont abrogés.*

§ 3 DE L'ART. 65.

Par chaque original de protêt, intervention à pro-

(1) Voyez le tarif B, page 126.

têt et sommation d'intervenir, assistants et copie compris,

  2 f. 00 c.   1 f. 80 c. (1)   1 f. 50 c.

A Paris . . . . 2 f. 00 c.

Dans les villes où il y a tribunal de première instance 1   50

Dans les autres villes et cantons ruraux 1   50

Pour l'original d'un protêt avec perquisition, assistants et copie compris,

  5 f. 00 c.   4 f. 50 c. (1)   4 f. 00 c.

A Paris . . . . 5 f. 00 c.

Dans les villes où il y a tribunal de première instance 4   00

Dans les autres villes et cantons ruraux 4   00

DISPOSITIONS GÉNÉRALES

RELATIVES AUX HUISSIERS.

Art. 66.

*Il ne sera rien alloué aux huissiers pour transport
jusqu'à un demi-myriamètre.*

Il leur sera alloué *au-delà d'un demi-myriamètre,*

---

(1) Voyez le tarif B, page 126.

pour frais de voyage, qui ne pourra excéder une
journée de cinq myriamètres (dix lieues anciennes),
savoir : au-delà d'un demi-myriamètre, et jusqu'à un
myriamètre, pour aller et retour,

  4 f. 00 c. 4 f. 00 c. 4 f. 00 c.

Partout. . . . . 4 f. 00 c.

Au-delà d'un myriamètre, il sera alloué pour chaque demi-myriamètre, sans distinction,

Partout . . . . 2 f. 00 c.

Il sera taxé pour *visa* de chacun des actes qui y
sont assujétis,

  1 f. 00 c. 0 f. 90 c. (1) 0 f. 75 c. ·

A Paris. . . . . 1 f. 00 c.
Dans les villes où il y a tribunal de pre-
mière instance 0 75
Dans les autres villes et cantons ruraux. 0 75

En cas de refus de la part du fonctionnaire public
qui doit donner le *visa*, et dans le cas où l'huissier
sera obligé, à raison de ce refus, de requérir le *visa*
du procureur du roi, le droit sera double.

Les huissiers qui seront commis pour donner des
ajournements (assignations), faire des significations
de jugements, et tous autres actes, ou procéder à
des opérations, *ne pourront prendre de plus forts droits
que ceux énoncés au présent tarif*, à peine de restitu-

---

(1) Voyez le tarif B, page 126.

tion et d'interdiction, quels que soient la cour ou le tribunal auxquels ils sont attachés.

Les huissiers *qui auront omis* de mettre au bas de l'original et de chaque copie des actes de leur ministère la mention du coût d'icelui, pourront, indépendamment de l'amende portée par l'article 67 du Code de procédure, être interdits de leurs fonctions sur la réquisition d'office des procureurs-généraux et du roi.

DES EXPERTS, DES DÉPOSITAIRES DE PIÈCES,

ET DES TÉMOINS.

ART. 1er.

Il sera taxé aux experts, par chaque vacation de trois heures, quand ils opéreront dans les lieux où ils sont domiciliés ou dans la distance de deux myriamètres, savoir :

Dans le département de la Seine,

Pour les artisans et laboureurs. . . 4 f. 00 c.
Pour les architectes et autres artistes. 8   00

Dans les autres départements,

Aux artisans et laboureurs. . . . 3   00
Aux architectes et aux autres artistes. 6   00

Art. 2.

Au-delà de deux myriamètres, il sera alloué pour chaque myriamètre, pour frais de voyage et nourriture, aux architectes et autres artistes, soit pour aller, soit pour revenir, savoir :

A ceux de Paris . . . . 6 f. 00 c.

A ceux des départements 4 50

Art. 3.

Il leur sera alloué pendant leur séjour, à la charge de faire quatre vacations par jour,

A ceux de Paris. . . . . 32 f. 00 c.

A ceux des départements. . . . 24 00

Nota. — La taxe sera réduite dans le cas où le nombre de quatre vacations n'aurait pas été employé.

S'il y a lieu à transport d'un laboureur au-delà de deux myriamètres, il sera alloué 3 francs par myriamètre, pour aller, et autant pour le retour, sans néanmoins qu'il puisse rien être alloué au-delà de cinq myriamètres.

Art. 4.

Il sera encore alloué aux experts deux vacations, l'une pour leur prestation de serment, l'autre pour le dépôt de leur rapport, indépendamment de leurs frais de transport; s'ils sont domiciliés à plus de deux myriamètres de distance du lieu où siège le tribunal, il leur sera accordé par myriamètre, en ce cas, le cinquième de leur journée de campagne.

Au moyen de cette taxe, les experts ne pourront rien réclamer ni pour frais de voyage et de nourriture, ni pour s'être fait aider par des écrivains ou par des toiseurs et portes-chaînes, ni sous quelque autre prétexte que ce soit ; ces frais, s'ils ont eu lieu, restant à leur charge.

Le président, en procédant à la taxe de leurs vacations, en réduira le nombre, s'il lui paraît excessif.

Art. 5.

Il sera taxé aux experts en vérification d'écriture et en cas d'inscription de faux incidents, par chaque vacation de trois heures, indépendamment de leurs frais de voyage, s'il y a lieu,

8 f. 00 c.   7 f. 20 c. (1)   6 f. 00 c.

A Paris. . . . . 8 f. 00 c.
Dans les tribunaux du ressort . . . 6   00

Art. 6.

Il ne leur sera rien alloué pour prestation de serment, ni pour dépôt de leur procès-verbal, attendu qu'ils doivent opérer en présence du juge ou du greffier, et que le tout est compris dans leurs vacations.

Art. 7.

Il leur sera alloué pour frais de voyage, s'ils sont

---

(1) Voyez le tarif B, page 126.

domiciliés à plus de deux myriamètres du lieu où se fait la vérification,

32 f. 00 c.   28 f. 80 c. (1)   24 f. 00 c.

A Paris . . . . 32 f. 00 c.

Dans les tribunaux du ressort. . . 24   00

A raison de cinq myriamètres par journée, et, au moyen de cette taxe, ils ne pourront rien réclamer pour frais de transport et de nourriture.

Art. 8.

Il sera taxé aux dépositaires qui devront représenter les pièces de comparaison en vérification d'écritures, ou arguées de faux, en inscription de faux incident, indépendamment de leurs frais de voyage, par chaque vacation de trois heures devant le juge-commissaire ou le greffier ; savoir :

1° Aux greffiers,

    1° Des cours d'appel. . . . . . 12 f. 00 c.

    2° De justice criminelle. . . . 12   00

    3° Des tribunaux de première instance 10   00

2° Aux notaires,

    1° De Paris 9   00

    2° Des départements. 6   75

3° Aux avoués,

    1° Des cours d'appel 8   00

    2° Des tribunaux de première instance. 6   00

(1) Voyez le tarif B, page 126.

4° Aux huissiers,

1° De Paris 5 00

2° Des départements 4 00

5° Aux autres fonctionnaires publics
ou autres particuliers s'ils le requièrent. 6 00

Art. 9.

Il sera taxé au témoin, à raison de son état et de sa profession, une journée pour sa déposition; et, s'il n'a pas été entendu le premier jour pour lequel il aura été cité, dans le cas prévu par l'article 267, il lui sera passé deux journées indépendamment des frais de voyage, si le témoin est domicilié à plus de deux myriamètres du lieu où se fait l'enquête.

Le *maximum* de la taxe du témoin sera de dix francs, et le *minimum* de deux francs.

Les frais de voyage sont fixés à trois francs par myriamètre pour l'aller et le retour.

CODE DE L'ENREGISTREMENT.

ARTICLES

CONCERNANT

L'ENREGISTREMENT DES ACTES DES HUISSIERS.

Des délais pour l'enregistrement des actes.

ART. 20.

Les délais pour faire enregistrer les actes publics sont :

De *quatre jours,* pour ceux des huissiers et autres ayant pouvoir de faire des exploits et procès-verbaux. (*Loi du 22 frimaire an* VII— 12 *décembre* 1798.)

ART. 25.

Dans les délais fixés par l'article précédent, pour l'enregistrement des actes, le jour de la date de l'acte ne sera point compté.

Si le dernier jour du délai se trouve être un décadi (*dimanche*) ou un jour de fête nationale (*ou fête légale*), ou s'il tombe dans les jours complémentaires, ces jours-là ne seront point comptés non plus.

NOTA. — D'après la loi du 6 prairial an VII (25

mai 1799), et l'article 77 de la loi du 28 avril 1816, **MM.** les receveurs de l'enregistrement perçoivent, en outre des droits ci-après mentionnés, un décime par franc : ce qui porte l'enregistrement de l'acte d'un franc cinquante centimes à un franc soixante-cinq centimes ; — celui de deux francs, à deux francs vingt centimes ; — celui de trois francs, à trois francs trente centimes ; — celui de cinq francs, à cinq francs cinquante centimes, — et celui de dix francs, à onze francs.

ACTES SUJETS A UN DROIT FIXE DE UN FRANC CINQUANTE CENTIMES (1).

Art. 68.

Les exploits de citations et de significations pour les affaires devant les justices de paix,

Et aussi les exploits, significations et tous autres actes extra-judiciaires, faits pour le recouvrement des contributions directes et indirectes, et toutes autres sommes dues à la nation, même des contributions locales, mais seulement lorsque la somme principale excède vingt-cinq francs (*actuellement cent francs, d'après l'article 6 de la loi du 16 juin 1824*),

Il sera dû un droit pour chaque demandeur ou dé-

---

(1) La loi du 22 frimaire an VII (12 décembre 1798) ne portait le droit d'enregistrement des actes devant les justices de paix qu'à 1 franc ; mais la loi du 19 juillet 1845 a augmenté ce droit de 50 centimes.

fendeur, en quelque nombre qu'ils soïent, dans le
même acte, excepté les co-propriétaires et co-héri-
tiers, les parents réunis, les co-intéressés, les débiteurs ou créanciers associés ou solidaires, les séquestres, les experts et les témoins qui ne seront
comptés que pour une seule et même personne, soit
en demandant, soit en défendant, dans le même original d'acte, lorsque leurs qualités y seront exprimées.
(*Lois des* 22 *frimaire an* VII — 12 *décembre* 1798, *et*
28 *avril* 1816, *art.* 43.)

ACTES SUJETS A UN DROIT FIXE DE DEUX FRANCS.

ART. 43.

Les exploits et autres actes du ministère des huissiers, qui ne peuvent donner lieu au droit proportionnel.

Sont exceptés les exploits relatifs aux procédures
devant les juges de paix, les prud'hommes, les cours
royales, la cour de cassation et les conseils de Sa Ma-
jesté, jusques et y compris les significations des jugements et arrêts définitifs; les déclarations d'appel
ou de recours en cassation; les significations d'avoué
à avoué, et les exploits ayant pour objet le recouvrement des contributions directes et indirectes, publiques ou locales. (*Loi du* 28 *avril* 1816.)

Les inventaires de meubles, objets mobiliers, titres et papiers. (*Loi du 22 frimaire an* VII, *art.* 68.)

Il est dû un droit pour chaque vacation.

Les jugements des juges de paix portant renvoi ou décharge de demande, débouté d'opposition, validité de congé, expulsion, condamnation à réparation d'injures personnelles, et généralement tous ceux qui, contenant des dispositions définitives, ne donnent pas ouverture au droit proportionnel. (*Loi du 22 frimaire an* VII, *art.* 68.)

ACTES SUJETS A UN DROIT FIXE DE TROIS FRANCS.

ART. 44.

Les exploits et autres actes du ministère des huissiers, relatifs aux procédures devant les cours royales, jusques et y compris la signification des arrêts définitifs.

Sont exceptées les déclarations d'appel et les significations d'avoué à avoué.

Les ordonnances sur requêtes, des juges des tribunaux de première instance, de commerce et d'arbitrage. (*Loi du 28 avril* 1816.)

ACTES SUJETS A UN DROIT FIXE DE CINQ FRANCS.

ART. 68.

Les déclarations et significations d'appel des jugements des juges de paix aux tribunaux civils. (*Loi du 22 frimaire an* VII — **12** *décembre* 1798.)

ACTES SUJETS A UN DROIT FIXE DE DIX FRANCS.

Les déclarations et significations d'appel des jugements des tribunaux civils, de commerce et d'arbitrage.

ARTICLES

DES

Codes Civil, de Procédure Civile, de Commerce,
d'Instruction Criminelle, Pénal,
Décrets et Circulaires,

Mentionnés dans cet Ouvrage, ou qui y sont relatifs.

—

CODE CIVIL.

ART. 538.

Les chemins, routes et rues à la charge de l'État, les fleuves et rivières navigables ou flottables, les rivages, lais et relais de la mer, les ports, les havres, les rades, et généralement toutes les portions du territoire français qui ne sont pas susceptibles d'une propriété privée, sont considérées comme des dépendances du domaine public.

Art. 877.

Les titres exécutoires contre le défunt sont pareillement exécutoires contre l'héritier personnellement; et, néanmoins, les créanciers ne pourront en poursuivre l'exécution que huit jours après la signification de ces titres à la personne ou au domicile de l'héritier.

Art. 1341.

Il doit être passé acte devant notaires ou sous signature privée, de toutes choses excédant la somme ou valeur de 150 francs, même pour dépôts volontaires; et il n'est reçu aucune preuve par témoins contre et outre le contenu aux actes, ni sur ce qui serait allégué avoir été dit avant, lors ou depuis les actes, encore qu'il s'agisse d'une somme ou valeur moindre de 150 francs.

Le tout sans préjudice de ce qui est prescrit dans les lois relatives au commerce.

Art. 1342.

La règle ci-dessus s'applique au cas où l'action contient, outre la demande du capital, une demande d'intérêts qui, réunis au capital, excèdent la somme de 150 francs.

CODE DE PROCÉDURE CIVILE.

Art. 20.

La partie condamnée par défaut pourra former opposition *dans les trois jours de la signification* faite par l'huissier du juge de paix, ou autre qu'il aura commis.

L'opposition contiendra *sommairement les moyens de la partie* et *assignation au prochain jour d'audience,* en observant toutefois les délais prescrits pour les citations : elle indiquera les jour et heure de la comparution, et sera notifiée ainsi qu'il est dit ci-dessus.

Art. 62.

Dans le cas du transport d'un huissier, il ne lui sera payé pour *tous frais de déplacement qu'une journée au plus.*

Art. 67.

Les huissiers seront tenus de mettre *à la fin de l'original et de la copie de l'exploit le coût d'icelui,* à peine de cinq francs d'amende payables à l'instant de l'enregistrement.

Art. 68.

Tous exploits seront faits à personne ou domicile ; mais si l'huissier ne trouve au domicile ni la partie, ni aucun de ses parents ou serviteurs, il remettra de suite la copie à un voisin qui signera l'original ; si ce voisin ne peut ou ne veut signer, l'huissier remettra la copie au maire ou adjoint de la commune, lequel visera l'original sans frais. L'huissier fera mention du tout, tant sur l'original que sur la copie.

ART. 69.

Seront assignés,

N° 5. Les communes, en la personne ou au domicile du maire, et à Paris, en la personne ou au domicile du préfet.

Dans ce cas, l'original sera visé de celui à qui la copie de l'exploit sera laissé ; en cas d'absence ou refus, le visa sera donné, soit par le juge de paix, soit par le procureur du roi près le tribunal de première instance, auquel, en ce cas, la copie sera laissée.

N° 6. Les sociétés de commerce, tant qu'elles existent, en leur maison sociale, et, s'il n'y en a pas, en la personne ou au domicile de l'un des associés.

N° 7. Les unions et directions de créanciers, en la personne ou au domicile de l'un des syndics ou directeurs.

N° 8. Ceux qui n'ont aucun domicile connu en France, au lieu de résidence actuelle : si le lieu n'est pas connu, *l'exploit sera affiché à la principale porte de l'auditoire du tribunal où la demande est portée ;* une seconde *copie sera donnée au procureur du roi,* lequel visera l'original.

Art. 70.

Ce qui est prescrit par les deux articles précédents sera observé, *à peine de nullité*.

Art. 71.

Si un exploit est déclaré nul *par le fait* de l'huissier, il pourra être condamné *aux frais de l'exploit et de la procédure annulée,* sans préjudice *des dommages et intérêts de la partie,* suivant les circonstances.

Art. 123.

Le délai court du jour du jugement, s'il est contradictoire, et du jour de la signification, s'il est par défaut.

Art. 124.

Le débiteur ne pourra obtenir un délai, ni jouir du délai qui lui aura été accordé, si ses biens sont vendus à la requête d'autres créanciers, s'il est en état de faillite, de contumace, ou s'il est constitué prisonnier, ni enfin lorsque par son fait il aura diminué les sûretés qu'il avait données par le contrat à son créancier.

Art. 125.

Les actes conservatoires seront valables nonobstant le délai accordé.

Art. 132.

Les avoués et *huissiers* qui auront *excédé* les bornes de leur ministère, les tuteurs, curateurs, héritiers bénéficiaires ou autres administrateurs qui auront compromis les intérêts de leur administration, pourront être condamnés aux dépens, en leur nom et sans répétition, même aux dommages et intérêts, s'il y a lieu, sans préjudice *de l'interdiction* contre les avoués et *huissiers,* et de la destitution contre les tuteurs et autres, suivant la gravité des circonstances.

Art. 135.

L'exécution provisoire sans caution sera ordonnée s'il y a titre authentique, promesse reconnue, ou condamnation précédente par jugement dont il n'y ait point d'appel.

L'exécution provisoire pourra être ordonnée avec ou sans caution lorsqu'il s'agira :

1° D'apposition ou levée de scellés, ou confection d'inventaire ;

2° De réparations urgentes ;

3° D'expulsions des lieux lorsqu'il n'y a pas de bail, ou que le bail est expiré ;

4° De séquestres, commissaires et gardiens ;

5° De réception de caution et certificateurs ;

6° De nomination de tuteurs, curateurs et autres administrateurs, et de reddition de compte ;

7° De pensions ou provisions alimentaires.

Art. 155.

Les jugements ne seront pas exécutés avant l'échéance de la huitaine de la signification à avoué, s'il y a eu constitution d'avoué, et de la signification à personne ou domicile, s'il n'y a pas eu constitution d'avoué ; à moins qu'en cas d'urgence, l'exécution n'en ait été ordonnée avant l'expiration de ce délai, dans les cas prévus par l'article 135.

Pourront aussi les juges, dans le cas seulement où il y aurait péril en la demeure, ordonner l'exécution nonobstant l'opposition, avec ou sans caution ; ce qui ne pourra se faire que par le même jugement.

Art. 156.

Tous jugements par défaut contre une partie qui n'a pas constitué d'avoué, seront signifiés par un huissier commis, soit par le tribunal, soit par le juge du domicile du défaillant que le tribunal aura désigné ; ils seront exécutés dans les six mois de leur obtention, sinon seront réputés non avenus.

Art. 157.

Si le jugement est rendu contre une partie ayant un avoué, l'opposition ne sera recevable que pendant huitaine, à compter du jour de la signification à avoué.

Art. 158.

Si le jugement est rendu contre une partie qui n'a pas d'avoué, l'opposition sera recevable *jusqu'à l'exécution* dudit jugement.

Art. 159.

Le jugement est réputé exécuté lorsque les meubles

saisis ont été vendus, ou que le condamné a été emprisonné ou recommandé, ou que la saisie d'un ou de plusieurs de ses immeubles lui a été notifiée, ou que les frais ont été payés, ou enfin lorsqu'il y a quelque acte duquel il résulte nécessairement que l'exécution du jugement a été connue de la partie défaillante : l'opposition formée dans les délais ci-dessus et dans les formes ci-après prescrites, suspend l'exécution, si elle n'a pas été ordonnée nonobstant opposition.

Art. 160.

Lorsque le jugement aura été rendu contre une partie ayant un avoué, l'opposition ne sera recevable qu'autant qu'elle aura été formée par requête d'avoué à avoué.

Art. 161.

La requête contiendra les moyens d'opposition, à moins que des moyens de défense n'aient été signifiés avant le jugement, auquel cas il suffira de déclarer qu'on les emploie comme moyens d'opposition. L'opposition qui ne sera pas signifiée dans cette forme n'arrêtera pas l'exécution; elle sera rejetée sur un simple acte, et sans qu'il soit besoin d'aucune autre instruction.

Art. 162.

Lorsque le jugement aura été rendu contre une partie n'ayant pas d'avoué, l'opposition pourra être formée, soit par acte extra-judiciaire, soit par déclaration sur les commandements, procès-verbaux de saisie ou d'emprisonnement, ou tout autre acte d'exécution, à charge par l'opposant de la réitérer avec constitution d'avoué, par requête, dans la huitaine; passé lequel temps elle ne sera plus recevable, et l'exécution sera continuée, sans qu'il soit besoin de le faire ordonner.

. Si l'avoué de la partie qui a obtenu le jugement est décédé, ou ne peut plus postuler, elle fera notifier une nouvelle constitution d'avoué au défaillant, lequel sera tenu, dans les délais ci-dessus, à compter de la signification, de réitérer son opposition par requête avec constitution d'avoué.

Dans aucun cas, les moyens d'opposition fournis postérieurement à la requête n'entreront en taxe.

Art. 435.

Aucun jugement par défaut ne pourra être signifié que par un huissier commis à cet effet par le tribunal : la signification contiendra, *à peine de nullité,* élection de domicile dans la commune où elle se fait, si le demandeur n'y est domicilié.

Art. 436.

L'opposition ne sera plus recevable après la huitaine du jour de la signification.

Art. 437.

L'opposition contiendra les moyens de l'opposant,

t assignation dans le délai de la loi; elle sera signi-
iée au domicile élu.

Art. 438.

L'opposition faite à l'instant de l'exécution, par
léclaration sur le procès-verbal de l'huissier, arrê-
era l'exécution, à la charge, par l'opposant, de la
·éitérer dans les trois jours par exploit contenant
issignation; passé lequel délai, elle sera censée non
ivenue.

Art. 596.

Si la partie saisie offre un gardien solvable et qui
·e charge volontairement et sur-le-champ, il sera
établi par l'huissier.

Art. 597.

Si le saisi ne présente gardien solvable et de la qua-
ité requise, il en sera établi un par l'huissier.

Art. 598.

Ne pourront être établis gardiens, le saisissant,
son conjoint, ses parents ou alliés, jusqu'au degré de
cousin issu de germain inclusivement, et ses domestiques; mais le saisi, son conjoint, ses parents ou
alliés et domestiques pourront être établis gardiens,
de leur consentement et de celui du saisissant.

Art. 617.

La vente sera faite au plus prochain marché public, aux jour et heure ordinaires des marchés, ou

un jour de dimanche. Pourra néanmoins, le tribunal, permettre de vendre les effets en un autre lieu plus avantageux. Dans tous les cas, elle sera annoncée un jour auparavant par quatre placards au moins, affichés, l'un au lieu où sont les effets, l'autre à la porte de la maison commune, le troisième au marché du lieu, et, s'il n'y en a pas, au marché voisin, le quatrième à la porte de l'auditoire de la justice de paix; et si la vente se fait dans un lieu autre que le marché ou le lieu où sont les effets, un cinquième placard sera apposé au lieu où se fera la vente. La vente sera, en outre, annoncée par la voie des journaux, dans les villes où il y en a.

Art. 625.

Les commissaires-priseurs et huissiers seront personnellement responsables du prix des adjudications, et feront mention, dans leurs procès-verbaux, des noms et domiciles des adjudicataires : *ils ne pourront recevoir d'eux aucune somme au-dessus de l'enchère, à peine de concussion.*

Art. 780.

Aucune contrainte par corps ne pourra être mise à exécution qu'un jour après la signification, avec commandement, du jugement qui l'a prononcée.

Cette signification sera faite par un huissier commis par ledit jugement, ou par le président du tribunal de première instance du lieu où se trouve le débiteur.

La signification contiendra aussi élection de domicile dans la commune où siége le tribunal qui a rendu ce jugement, si le créancier n'y demeure pas.

Art. 784.

S'il s'est écoulé une année entière depuis le commandement, il sera fait un nouveau commandement par un huissier commis à cet effet.

Art. 1031.

Les procédures et les actes nuls ou frustratoires, et les actes qui auront donné lieu à une condamnation d'amende, seront à la charge des officiers ministériels qui les auront faits, lesquels, suivant l'exigence des cas, seront, en outre, passibles des dommages-intérêts de la partie, et pourront même être suspendus de leurs fonctions.

Art. 1037.

Aucune signification ni exécution ne pourra être faite depuis le 1ᵉʳ octobre jusqu'au 31 mars, *avant six heures du matin* et *après six heures du soir;* et, depuis le 1ᵉʳ avril jusqu'au 30 septembre, *avant quatre heures du matin* et *après neuf heures du soir;* non plus *que les jours de fête légale,* si ce n'est en vertu de permission du juge, *dans le cas où il y aurait péril en la demeure.*

CODE DE COMMERCE.

ART. 173.

Les protêts faute d'acceptation ou de paiement sont faits par *deux notaires*, ou par *un notaire et deux témoins*, ou par *un huissier et deux témoins*.

Le protêt doit être fait *au domicile* de celui sur qui la lettre de change était payable, ou à son dernier domicile connu ; au domicile des personnes indiquées par la lettre de change pour la payer au besoin ; au domicile du tiers qui a accepté par intervention : *le tout par un seul et même acte*.

En cas de fausse indication de domicile, le protêt est précédé d'un acte de perquisition.

NOTA. — Toutes les dispositions relatives aux lettres de change et concernant l'échéance, l'endossement, la solidarité, l'aval, le paiement, le paiement par intervention, le protêt, les droits et devoirs du porteur, le rechange ou les intérêts, sont applicables aux billets à ordre.

ART. 176.

Les notaires et les huissiers sont tenus, à peine de destitution, dépens, dommages-intérêts envers les parties, *de laisser copie exacte des protêts*, et de les inscrire en entier, jour par jour et par ordre de dates, dans un registre particulier, coté, paraphé et tenu dans les formes prescrites pour les répertoires.

Art. 494.

A compter de l'entrée en fonctions des agents, et ensuite des syndics, toute action civile intentée, avant la faillite, contre la personne et les biens mobiliers du failli, par un créancier privé, ne pourra être suivie que contre les agents et les syndics ; et toute action qui serait intentée après la faillite ne pourra l'être que contre les agents et les syndics.

—

CODE D'INSTRUCTION CRIMINELLE.

Art. 150.

La personne condamnée par défaut ne sera plus recevable à s'opposer à l'exécution du jugement, si elle ne se présente à l'audience indiquée par l'article suivant : sauf ce qui sera ci-après réglé sur l'appel et le recours en cassation.

Art. 151.

L'opposition au jugement par défaut pourra être faite par déclaration en réponse au bas de l'acte de signification, ou par acte notifié dans les trois jours de la signification, outre un jour par trois myriamètres.

L'opposition emportera de droit citation à la première audience après l'expiration des délais, et sera réputée non avenue si l'opposant ne comparaît pas.

ART. 187.

La condamnation par défaut sera comme non-avenue si, dans les cinq jours de la signification qui en aura été faite au prévenu ou à son domicile, outre un jour par cinq myriamètres, celui-ci forme opposition à l'exécution du jugement, et notifie son opposition tant au ministère public qu'à la partie civile.

ART. 188.

L'opposition emportera de droit citation à la première audience ; elle sera non-avenue si l'opposant n'y comparaît pas, et le jugement que le tribunal aura rendu sur l'opposition ne pourra être attaqué par la partie qui l'aura formée, si ce n'est par appel, ainsi qu'il sera dit ci-après.

Le tribunal pourra, s'il y échet, accorder une provision, et cette disposition sera exécutoire nonobstant l'appel.

CODE PÉNAL.

Art. 145.

Tout fonctionnaire *ou officier public* qui, dans l'exercice de ses fonctions, aura commis un faux, soit par fausses signatures, *soit par altération des actes, écritures* ou signatures, soit par supposition de personnes, soit par *des écritures faites ou intercalées sur des registres ou d'autres actes publics, depuis leur confection ou clôture,* sera puni des travaux forcés à perpétuité (1).

Art. 146.

Sera puni des travaux forcés à perpétuité tout fonctionnaire *ou officier public* qui, en rédigeant *des actes de son ministère,* en aura frauduleusement dénaturé la substance ou les circonstances, soit en écrivant des conventions autres que celles qui auraient été tracées

---

(1) L'on voit fort souvent certains huissiers, lorsqu'une assignation a été signifiée et même enregistrée, changer plusieurs fois le jour de la comparution par un renvoi sur l'original et la copie de l'exploit, afin de reculer la comparution devant le tribunal. C'est un abus qui peut les compromettre gravement, car il les rend passibles des peines portées en l'article 145 dont s'agit. Quelquefois leur but est fort louable; mais cependant une fois l'acte enregistré par le receveur, qui a dû approuver tous les renvois, il n'est plus permis d'y faire aucun changement.

ou dictées par les parties, soit en constatant comme vrais des faits faux, ou comme avoués des faits qui ne l'étaient pas.

Art. 174.

Tous fonctionnaires, *tous officiers publics*, leurs commis ou préposés, tous percepteurs des droits, taxes, contributions, deniers, revenus publics et communaux, et leurs commis ou préposés, qui se seront rendus coupables du crime de concussion, *en ordonnant de percevoir, ou en exigeant, ou en recevant ce qu'ils savaient n'être pas dû, ou excéder ce qui était dû pour droits, taxes*, contributions, deniers ou revenus, ou pour *salaires* ou traitements, seront punis, savoir : les fonctionnaires ou les *officiers publics*, de la peine de la réclusion, et leurs commis ou préposés, d'un emprisonnement de deux ans au moins et de cinq ans au plus (1).

Art. 175.

Tout fonctionnaire, *tout officier public*, tout agent du gouvernement qui, soit ouvertement, soit par actes simulés, soit par interposition de personnes, aura pris ou reçu quelqu'intérêt que ce soit, dans les actes, adjudications, entreprises ou régies dont il

---

(1) Les *huissiers* étant des *officiers publics*, ils se rendent coupables de *concussion*, lorsqu'ils *exigent* ou *reçoivent* ce qu'ils savent ne pas leur être dû ou excède ce qui leur est dû pour *taxe* ou *salaire*, surtout s'ils se refusent d'en donner quittance. (Arrêts de cassation.)

a, ou avait, au temps de l'acte, en tout ou partie, *l'administration ou la surveillance*, sera puni d'un emprisonnement de six mois au moins et de deux ans au plus, et sera condamné à une amende qui ne pourra excéder le quart des restitutions et des indemnités, ni être au-dessous du douzième.

Il sera, de plus, déclaré à jamais incapable d'exercer aucune fonction publique.

La présente disposition est applicable à tout fonctionnaire ou agent du gouvernement qui aura pris un intérêt quelconque dans une affaire dont il était chargé d'ordonnancer le paiement ou de faire la liquidation.

Art. 412.

Ceux qui, dans les adjudications de la propriété, de l'usufruit ou de la location des choses mobilières ou immobilières, d'une entreprise, d'une fourniture, d'une exploitation ou d'un service quelconque, auront entravé ou troublé la liberté des enchères ou des soumissions, par voies de fait, violences ou menaces, soit avant, soit pendant les enchères ou les soumissions, seront punis d'un emprisonnement de quinze jours au moins, de trois mois au plus, et d'une amende de cent francs au moins et de cinq mille francs au plus.

La même peine aura lieu contre ceux qui, par dons ou promesses, auront écarté les enchérisseurs.

EXTRAIT DE L'ARTICLE 151 DU TARIF DES AVOUÉS.

« Le tarif ne comprend que l'émolument net des
» avoués *et autres officiers ;* les déboursés seront payés
» en outre. Les officiers *ne pourront exiger de plus*
» *forts droits que ceux énoncés au présent tarif,* à peine
» de restitution, dommages et intérêts, et d'interdic-
» tion, s'il y a lieu, etc. »

(Cet article est appliquable aux huissiers.)

DÉCRET DU 18 JUIN 1811.

Art. 85.

Tout huissier qui se refusera d'instrumenter, etc.
(voyez l'art. 42 du décret du 14 juin 1813, page 201),
et qui, après injonction à lui faite par l'officier compétent, persistera dans son refus, sera destitué, sans
préjudice de tous dommages-intérêts et des autres
peines qu'il aura encourues.

Art. 86 et 64 combinés.

Nous défendons très-expressément aux huissiers
d'exiger d'autres ou plus forts droits que ceux qui
leur sont attribués par notre présent décret, soit

comme gratification, ni pour quelque cause, ni sous quelque prétexte que ce soit.

En cas de contravention, nous voulons qu'ils soient destitués de leurs emplois, et condamnés à une amende qui ne pourra être moindre de 500 francs, ni excéder 6000 francs, sans préjudice toutefois, suivant la gravité des cas, de l'application des dispositions de l'article 174 du Code pénal.

Ordonnons à nos procureurs-généraux et du roi de dénoncer d'office ou de poursuivre, sur la plainte des parties intéressées, les abus qui viendraient à leur connaissance.

DÉCRET DU 14 JUIN 1813.

Art. 35.

« Dans tous les cas où les règlements accordent » aux huissiers une indemnité pour frais de voyage, » il ne sera alloué qu'un seul droit de transport pour » la totalité des actes que l'huissier aura faits dans » une même course et dans le même lieu. — Ce » droit sera partagé en autant de portions égales » entre elles, qu'il y aura d'originaux d'actes; et à » chacun de ces actes, l'huissier appliquera l'une » desdites portions : le tout à peine de rejet de la

» taxe, ou de restitution envers la partie, et d'une
» amende qui ne pourra excéder cent francs ni être
» moindre de vingt francs.

Art. 36.

« Tout huissier qui chargera un huissier d'une
» autre résidence d'instrumenter pour lui, à l'effet de
» se procurer un droit de transport qui ne lui aurait
» pas été alloué s'il eût instrumenté lui-même, sera
» puni d'une amende de cent francs. L'huissier qui
» aura prêté sa signature, sera puni de la même
» peine. — En cas de récidive, l'amende sera double,
» et l'huissier sera destitué. — Dans tous les cas,
» le droit de transport indûment alloué ou perçu
» sera rejeté de la taxe, ou restitué à la partie.

Art. 38.

Les huissiers ne pourront, *ni directement ni indirectement, se rendre adjudicataires des objets mobiliers qu'ils seront chargés de vendre.* Toute contravention à cette disposition sera punie de la suspension de l'huissier pendant trois mois, et d'une amende de cent francs pour chaque article par lui acheté, sans préjudice de plus fortes peines dans les cas prévus par le Code pénal. — La récidive, dans quelque cas que ce soit, entraînera toujours la destitution.

Art. 39.

Les huissiers *sont tenus de se renfermer dans les*

bornes de leur ministère, sous les peines portées par l'article 132 du Code de procédure civile.

Art. 42.

Les huissiers sont tenus d'exercer leur ministère *toutes les fois qu'ils en sont requis et sans acception de personne,* sauf les prohibitions pour cause de parenté ou d'alliance portées par les articles 4 et 66 du Code de procédure civile. — L'article 85 de notre décret du 18 juin 1811 sera exécuté à l'égard de tout huissier qui, *sans cause valable, refuserait d'instrumenter à la requête d'un particulier.*

Art. 45.

Tout huissier qui ne *remettra pas lui-même à personne ou domicile l'exploit et les copies de pièces qu'il aura été chargé de signifier,* sera condamné, par voie de police correctionnelle, à une suspension de trois mois, à une amende qui ne pourra être moindre de deux cents francs, ni excéder deux mille francs, et aux dommages et intérêts des parties. — Si néanmoins il résulte de l'instruction *qu'il a agi frauduleusement,* il sera poursuivi criminellement, et puni d'après l'article 146 du Code pénal.

Art. 48.

Pour faciliter la taxe des frais, les huissiers, *outre* la mention qu'ils doivent faire au *bas de l'original et de la copie de chaque acte* du montant de leurs droits,

seront tenus d'indiquer *en marge de l'original* le *nombre de rôles des copies de pièces,* et d'y marquer de même le *détail de tous les articles de frais formant le coût de l'acte.*

Art. 70.

La chambre de discipline est chargée :

1° De veiller au maintien de l'ordre et de la discipline parmi tous les huissiers de l'arrondissement, et à l'exécution des lois et réglements qui concernent les huissiers ;

2° De prévenir ou concilier tous différends qui peuvent s'élever entre les huissiers relativement à leurs droits, fonctions et devoirs, et, en cas de non conciliation, de donner son avis comme tiers sur ces différends ;

3° De s'expliquer également, par forme d'avis, sur les plaintes ou réclamations de tiers contre des huissiers, à raison de leurs fonctions, et sur les réparations civiles qui pourraient résulter de ces plaintes ou réclamations ;

4° De donner son avis comme tiers sur les difficultés qui peuvent s'élever au sujet de la taxe de tous les frais et dépens réclamés par des huissiers.

Lorsque la chambre ne sera point assemblée, cet avis pourra être donné par un de ses membres, à moins que l'objet de la contestation ne soit d'une importance majeure ; auquel cas, la chambre s'expliquera elle-même à la prochaine séance, ou, si le cas est urgent, dans une séance extraordinaire ;

5° D'appliquer elle-même les peines de discipline établies par l'article suivant, et de dénoncer au procureur du roi les faits qui donneraient lieu à des peines de discipline excédant la compétence de la chambre, ou à d'autres peines plus graves ;

6° De délivrer, s'il y a lieu, tous certificats de moralité, de bonne conduite et de capacité, à ceux qui se présenteront pour être huissiers ;

7° De s'expliquer également sur la conduite et la moralité des huissiers en exercice toutes les fois qu'elle en sera requise par les cours et tribunaux, ou par les officiers du ministère public ;

8° Enfin, de représenter tous les huissiers pour le rapport de leurs droits et intérêts communs.

Art. 71.

Les peines de discipline que la chambre peut infliger elle-même, sont :

1° Le rappel à l'ordre ;

2° La censure simple par la décision même ;

3° La censure avec réprimande par le syndic à l'huissier en personne, dans la chambre assemblée ;

4° L'interdiction de l'entrée de la chambre pendant six mois au plus.

Art. 72.

L'application, par la chambre des huissiers, des

peines de discipline spécifiées dans l'article précédent, ne préjudiciera point *à l'action des parties intéressées ni à celle du* ministère public.

———

DÉCRET DU 29 AOUT 1813,

Relatif aux Copies à signifier par les Huissiers.

Napoléon, etc..... Vu l'article 8 de la loi du 12 brumaire an VII, l'article 43 du décret du 14 juin 1813.....

ART. 1ᵉʳ.

Les copies d'actes, de jugements, d'arrêts et de toutes autres pièces, qui seront faites par les huissiers, *doivent être correctes et lisibles,* à peine de rejet de la taxe, ainsi qu'il a déjà été ordonné par l'article 28 du décret du 16 février 1807, pour les copies des pièces faites par les avoués. — Les papiers employés à ces copies ne pourront contenir plus de trente-cinq lignes par page de petit papier; — plus de quarante lignes par page de moyen papier; — et plus de cinquante lignes par page de grand papier, à peine de l'amende de vingt-cinq francs prononcée, pour les expéditions, par l'article 26 de la loi du 13 brumaire an VII.

Art. 2.

L'huissier qui aura signifié une copie de citation ou d'exploit de jugement ou d'arrêt, *qui serait illible,* sera condamné à l'amende de vingt-cinq francs, sur la seule provocation du ministère public, et par la cour ou le tribunal devant lequel cette copie aura été produite. — Si la copie a été faite et signée par un avoué, *l'huissier qui l'aura signifiée* sera également condamné à l'amende, sauf son recours contre l'avoué, ainsi qu'il avisera.

Art. 3.

Les articles 43 et 57 de notre décret du 14 juin 1813 sont rapportés.

CIRCULAIRE DE M. LE GARDE-DES-SCEAUX,

Sur la nécessité de fournir aux parties des copies lisibles.

(8 mars 1824.)

Monsieur le Procureur général,

Des plaintes réitérées ont signalé l'inobservation du décret du 29 août 1813, inséré au bulletin des lois, sous le n° 9570, 2ᵉ sémestre, page 190. Son objet, vous ne l'ignorez pas, est d'obliger les officiers ministériels à faire *nettes, correctes et lisibles* les copies d'actes, de jugements et d'arrêts, sous peine d'encourir les amendes prononcées par les articles 1 et 2.

J'ai remarqué qu'entre toutes les copies, *celles des jugements* laissent apercevoir plus fréquemment encore l'inexactitude des officiers ministériels à se conformer à ces dispositions; de même que leur habitude à frustrer le fisc, en insérant par page un nombre de lignes plus considérable que celui autorisé par le décret, au point de rendre, par la finesse de l'écriture et l'entassement des mots les uns sur les autres, ces copies absolument *illisibles*.

La nécessité de détruire *cet abus général* se fait assez sentir d'elle-même pour me borner à vous l'indiquer, en vous rappelant, toutefois, que le ministère public trouvera, d'ailleurs, dans la stricte application des articles précités et de l'article 102 du réglement du 30 mars 1808, le moyen le plus efficace de l'atteindre.

En conséquence, je vous invite à faire part de cette instruction à chacun de vos substituts, en lui recommandant de s'entendre, pour son exécution, avec MM. les juges-taxateurs.

Vous m'informerez exactement des résultats que vous aurez obtenus.

Recevez, etc.

_____

(1) Voyez l'extrait du décret du 30 mars 1808, page 207.

EXTRAIT DU DÉCRET

**Contenant Réglement pour la Police et la Discipline
des Cours et des Tribunaux.**

(30 mars 1808.)

TITRE VI.

Dispositions générales.

Art. 102.

Les officiers ministériels qui seraient en contravention aux lois et réglements pourront, suivant la gravité des circonstances, être punis par des injonctions d'être plus exacts ou circonspects, par des défenses de récidiver, par des condamnations de dépens en leur nom personnel, par des suspensions à temps; l'impression et même l'affiche des jugements à leurs frais pourront aussi être ordonnées, et leur destitution pourra être provoquée s'il y a lieu.

Art. 103.

Dans les cours et dans les tribunaux de première instance, chaque chambre connaîtra des fautes de discipline qui auraient été commises ou découvertes à son audience.

Les mesures de discipline à prendre sur les plaintes des particuliers ou sur les réquisitoires du ministère public, pour cause de faits qui ne se seraient point passés, ou qui n'auraient pas été découverts à l'audience, seront arrêtées en assemblée générale, à la chambre du conseil, après avoir appelé l'individu inculpé. Ces mesures ne seront point sujettes à appel, ni au recours en cassation, sauf le cas où la suspension serait l'effet d'une condamnation prononcée en jugement.

Notre procureur général rendra compte de tous les actes de discipline à notre ministre de la justice, en lui transmettant les arrêtés, avec ses observations, afin qu'il puisse être statué sur les réclamations, ou que la destitution soit prononcée, s'il il y a lieu.

Art. 104.

Notre procureur royal, en chaque tribunal de première instance, sera tenu de rendre, sans délai, un pareil compte à notre procureur général en la cour du ressort, afin que ce dernier l'adresse à notre ministre de la justice, avec ses observations.

POIDS ET MESURES.

LOI DU 4 JUILLET 1837.

ART. 1er.

Le décret du 12 février 1812, concernant les poids et mesures, est et demeure abrogé.

ART. 2.

Néanmoins l'usage des instruments de pesage et de mesurage, confectionnés en exécution des articles 2 et 3 du décret précité, sera permis jusqu'au 1er janvier 1840.

ART. 3.

A partir du 1er janvier 1840, tous poids et mesures établis par les lois des 18 germinal an 3 et 19

15

frimaire an 8, constitutives du système métrique dé-
cimal, seront interdits, sous les peines portées par
l'article 479 du Code pénal.

Art. 4.

Ceux qui auront des poids et mesures autres que
les poids et mesures ci-dessus reconnus, dans leurs
magasins, boutiques, ateliers ou maisons de commerce, ou dans les halles, foires ou marchés, seront
punis, comme ceux qui les emploieront, conformément à l'article 479 du Code pénal.

Art. 5.

A compter de la même époque, toutes dénominations de poids et mesures autres que celles portées
dans le tableau annexé à la présente loi, et établies
par la loi du 18 germinal an 3, sont interdites dans
les actes publics, ainsi que dans les affiches et annonces.

·Elles sont également interdites dans les actes sous
seing-privé, les registres de commerce et autres écritures privées produites en justice.

Les officiers publics contrevenants seront passibles d'une amende de vingt francs, qui sera recou-
vrée sur contrainte comme en matière d'enregistrement.

L'amende sera de dix francs pour les autres contrevenants; elle sera perçue par chaque acte ou écri-

ture sous signature privée; quant aux registres de commerce, ils ne donneront lieu qu'à une seule amende pour chaque contestation dans laquelle ils seront produits.

Art. 6.

Il est défendu aux juges et arbitres de rendre aucun jugement ou décision en faveur des particuliers sur des actes, registres ou écrits dans lesquels les dénominations interdites par l'article précédent auraient été insérées, avant que les amendes encourues, aux termes dudit article, aient été payées.

Art. 7.

Les vérificateurs des poids et mesures constasteront les contraventions prévues par les lois et réglements concernant le système métrique des poids et mesures.

Ils pourront procéder à la saisie des instruments de pesage et de mesurage dont l'usage est interdit par lesdits lois et réglements.

Leurs procès-verbaux feront foi en justice, jusqu'à preuve contraire.

Les vérificateurs prêteront serment devant le tribunal d'arrondissement.

Art. 8.

Une ordonnance royale réglera la manière dont

s'effectuera la vérification des poids et mesures.

La présente loi, discutée, délibérée et adoptée par la chambre des pairs et par celle des députés, et sanctionnée par nous cejourd'hui, sera exécutée comme loi de l'état.

Donnons en mandement à nos cours et tribunaux, préfets, corps administratifs et tous autres, que les présentes ils gardent et maintiennent, fassent garder, observer et maintenir, et pour les rendre plus notoires à tous, ils les fassent publier et enregistrer partout où besoin sera; et, afin que ce soit chose ferme et stable à toujours, nous y avons fait mettre notre sceau.

Fait au palais des Tuileries, le quatrième jour du mois de juillet, l'an 1837. Signé Louis-Philippe.

TABLEAU DES MESURES LÉGALES.

(Loi du 18 germinal an III.)

NOMS SYSTÉMATIQUES.	VALEUR.
Mesures de Longueur.	
Myriamètre	Dix mille mètres.
Kilomètre	Mille mètres.
Hectomètre	Cent mètres.
Décamètre. . . .	Dix mètres.
MÈTRE	Unité fondamentale des poids et mesures (dix-millionième partie du méridien terrestre).
Mesures Agraires.	
Hectare	Cent ares, ou dix mille mètres carrés.
ARE	Cent mètres carrés, carré de dix mètres de côté.
Centiare.	Centième de l'are, ou mètre carré.
Mesures de Capacité pour les Liquides et les Matières sèches.	
Kilolitre	Mille litres.
Hectolitre	Cent litres.
Décalitre	Dix litres.
LITRE.	Décimètre cube.
Décilitre.	Dixième du litre.
Mesures de Solidité.	
Décastère	Dix stères.
STÈRE.	Mètre cube.
Décistère	Dixième du stère.

NOMS SYSTÉMATIQUES.	VALEUR.
Poids.	
. . . .	Mille kilogrammes, poids du mètre cube d'eau et du tonneau de mer.
. . . .	Cent kilogrammes, quintal métrique.
Kilogramme. . .	Mille grammes (poids dans le vide d'un décimètre cube d'eau distillée à la température de quatre degrés centigrades).
Hectogramme. . .	Cent grammes.
Décagramme . .	Dix grammes.
GRAMME	Poids d'un centimètre cube d'eau à quatre degrés centigrades.
Décigramme. . .	Dixième du gramme.
Centigramme . .	Centième du gramme.
Milligramme. . .	Millième du gramme.
Monnaie.	
FRANC	Cinq grammes d'argent au titre de neuf dixième de fin.
Décime	Dixième du franc.
Centime	Centième du franc.

Conformément à la disposition de la loi du 18 germinal an III, concernant les poids et mesures de capacité, chacune des mesures décimales de ces deux genres a son double et sa moitié.

VÉRIFICATION DES POIDS ET MESURES.

Des vérifications des poids et mesures; de quelle manière elles doivent s'effectuer.

Des Vérificateurs.

La vérification des poids et mesures destinés et servant au commerce, est faite sous la surveillance des préfets et sous-préfets, par des agents nommés par le ministre du commerce.

Un vérificateur est nommé par chaque arrondissement. Son bureau est établi, autant que possible, au chef-lieu.

Nul ne peut exercer l'emploi de vérificateur s'il n'est âgé de vingt-cinq ans accomplis, et s'il n'a subi des examens spéciaux, d'après un programme arrêté par le ministre du commerce.

Les vérificateurs, avant d'entrer en fonctions, doivent prêter serment devant le tribunal de première instance de l'arrondissement pour lequel ils sont commissionnés.

Chaque bureau de vérification sera pourvu de l'assortiment nécessaire d'étalons vérifiés et poinçonnés au dépôt des prototypes, établis près du ministère du commerce. Ces étalons doivent être vérifiés de nouveau, au même dépôt, au moins une fois tous les dix ans.

De la Vérification.

Les poids et mesures nouvellement fabriqués ou rajustés seront présentés au bureau du vérificateur, vérifiés et poinçonnés avant d'être livrés au commerce.

Aucun poids ou aucune mesure ne peut être soumis à la vérification, mis en vente ou employé dans le commerce, s'il ne porte, d'une manière distincte et lisible, le nom qui lui est affecté par le système métrique.

La forme des poids et mesures servant à peser ou à mesurer les matières de commerce, sera déterminée par des réglements d'administration publique, ainsi que les matières avec lesquelles les poids et mesures seront fabriqués.

Indépendamment de la vérification primitive dont il est question dans l'article 10, les poids et mesures dont les commerçants compris dans le tableau de l'article 15 indiqué font usage ou qu'ils ont en leur possession, sont soumis à une vérification périodique, pour reconnaître si la conformité avec les étalons n'a pas été altérée.

Chacune de ces vérifications est constatée par l'apposition d'un poinçon nouveau.

Les fabricants et marchands de poids et mesures ne sont assujettis à la vérification périodique que pour ceux dont ils font usage dans leur commerce.

Les poids, mesures et instruments de pesage et mesurage neufs ou rajustés, qu'ils destinent à être vendus, doivent seulement être marqués du poinçon de la vérification primitive.

Les préfets dressent, pour chaque département, le tableau des professions qui doivent être assujetties à la vérification.

Le tableau indique l'assortiment des poids et mesures dont chaque profession est tenue de se pourvoir.

L'assujetti qui se livre à plusieurs genres de commerce doit être pourvu de l'assortiment de poids et mesures fixé pour chacun d'eux, à moins que l'assortiment pour l'une des branches de son commerce ne se trouve déjà compris dans l'une des autres branches des industries qu'il exerce.

L'assujetti qui, dans une même ville, ouvre au public plusieurs magasins, boutiques ou ateliers distincts et placés dans des maisons différentes et non contiguës, doit pourvoir chacun de ses magasins, boutiques ou ateliers, de l'assortiment exigé par la profession qu'il exerce.

La vérification périodique se fait tous les ans dans les chefs-lieux d'arrondissement et dans les communes désignées par le préfet, et tous les deux ans dans les autres lieux. Toutefois, en 1840, elle aura lieu dans toutes les communes indistinctement.

Le préfet règle l'ordre dans lequel les diverses communes du département sont vérifiées.

Le vérificateur vérifie et poinçonne les poids, mesures et instruments qui lui sont exhibés, tant ceux qui composent l'assortiment obligatoire ou minimum, que ceux que le commerçant possédait de surplus.

Les vérificateurs peuvent toujours faire, soit d'office, soit sur la réquisition des maires ou du procureur du roi, soit sur l'ordre des préfets et sous-préfets, des visites extraordinaires et inopinées chez les assujettis.

Les marchands ambulants qui font usage de poids et mesures sont tenus de les présenter, dans les trois premiers mois de chaque année, ou de l'exercice de leur profession, à l'un des bureaux de vérification dans le ressort desquels ils colportent leurs marchandises.

Les balances, romaines ou autres instruments de pesage sont soumis à la vérification primitive, et poinçonnés avant d'être exposés en vente ou livrés au public.

Elles sont, en outre, inspectées dans leur usage et soumises sur place à la vérification périodique.

Les membrures du stère et double stère, destinées au commerce du bois de chauffage, sont, avant qu'il en soit fait usage, vérifiées et poinçonnées dans les chantiers où elles doivent être employées.

Elles sont également soumises à la vérification périodique.

Les visites et exercices que les vérificateurs sont

autorisés à faire chez les assujettis, ne peuvent avoir lieu que pendant le jour.

Néanmoins ils peuvent avoir lieu chez les marchands et débitants pendant tout le temps que les lieux de vente sont ouverts au public.

Les préfets fixent, par des arrêtés pour chaque commune, l'époque où la vérification de l'année commence, et celle où elle doit être terminée.

A l'expiration du dernier délai ci-dessus, et après que la vérification aura eu lieu dans la commune, il est interdit aux commerçants, entrepreneurs et industriels, d'employer et de garder en leur possession des poids, mesures et instruments de pesage qui n'auraient pas été soumis à la vérification périodique et au poinçon de l'année.

De l'inspection sur le débit des marchandises qui se vendent au poids et à la mesure.

L'inspection du débit des marchandises qui se vendent au poids et à la mesure est confiée spécialement à la vigilance et à l'autorité des préfets, sous-préfets, maires, adjoints et commissaires de police.

Les maires, adjoints, commissaires de police, feront dans leurs arrondissements respectifs, et plusieurs fois dans l'année, des visites dans les boutiques et magasins, dans les places publiques, foires et marchés, à l'effet de s'assurer de l'exactitude et du fidèle usage des poids et mesures.

Ils surveilleront les bureaux publics de pesage et mesurage dépendant de l'administration municipale.

Ils visiteront fréquemment les romaines, les balances et autres instruments de pesage; ils s'assureront de leur justesse et de la liberté de leurs mouvements, et constateront les infractions.

Les maires et officiers de police veilleront à la fidélité dans le débit des marchandises qui, étant fabriquées au moule ou à la forme, se vendent à la pièce ou au paquet, comme correspondant à un poids déterminé; néanmoins, les formes ou moules propres aux fabrications de ce genre ne seront jamais réputés instruments de pesage ni assujettis à la vérification.

Les vases ou futailles servant de récipient aux boissons, liquides ou autres matières, ne seront pas réputés mesures de capacité ou de pesanteur.

Il sera pourvu à ce que, dans le débit en détail, les boissons et autres liquides ne soient pas vendus à raison d'une certaine mesure présumée, sans avoir été mesurés effectivement.

Des infractions et du mode de les constater.

Indépendamment du droit conféré aux officiers de police judiciaire, par le Code d'instruction criminelle, les vérificateurs constatent les contraventions prévues par les lois et réglements concernant les poids et mesures, dans l'étendue de l'arrondissement pour lequel ils sont commissionnés et assermentés.

Ils sont tenus de justifier de leur commission aux assujettis qui le requièrent.

Leurs procès-verbaux font foi en justice jusqu'à preuve contraire, conformément à l'article 7 de la loi du 4 juillet 1837.

Les vérificateurs saisissent tous les poids et mesures autres que ceux maintenus par la loi du 4 juillet 1837.

Ils saisissent également tous les poids, mesures, instruments de pesage et mesurage altérés ou défectueux, ou qui ne seraient pas revêtus des marques légales de la vérification.

Ils déposent à la mairie les objets saisis toutes les fois que cela est possible.

S'ils trouvent des mesures qui, par leur état d'oxidation, puissent nuire à la santé des citoyens, ils en donnent avis aux maires et aux commissaires de police.

Les assujettis sont tenus d'ouvrir leurs magasins, boutiques et ateliers, et de ne pas quitter leur domicile après que, par un ban publié dans la forme ordinaire, le maire aura fait connaître, au moins deux jours à l'avance, le jour de la vérification.

Ils sont tenus de se prêter aux exercices toutes les fois qu'ont lieu les visites prévues par les articles 19 et 20.

Dans le cas de refus d'exercice, et toutes les fois

que les vérificateurs procèdent chez les débitants, avant le lever et après le coucher du soleil, aux visites autorisées, ils ne peuvent s'introduire dans les maisons, bâtiments ou magasins qu'en présence, soit du juge de paix ou de son suppléant, soit du maire, de l'adjoint ou du commissaire de police.

Si des affiches ou annonces contiennent des dénominations de poids et mesures autres que celles portées dans le tableau annexé à la loi du 4 juillet 1837, les maires, adjoints, commissaires de police, sont tenus de constater cette contravention, et d'envoyer immédiatement leurs procès-verbaux aux receveurs de l'enregistrement.

Droit de vérification.

La vérification première des poids, mesures et instruments de pesage est faite gratuitement.

Il en est de même pour les poids, mesures et instruments de pesage rajustés qui sont soumis à une nouvelle vérification.

Les droits de la vérification périodique seront provisoirement perçus conformément au tarif annexé à l'ordonnance du 18 décembre 1825, modifiée par celles du 21 décembre 1832 et du 18 mai 1838.

La vérification périodique des poids, mesures et instruments de pesage appartenant aux établissements publics, est faite gratuitement.

Il en est de même pour les poids, mesures et instruments de pesage présentés volontairement à la vérification par des individus non assujettis.

Les droits de la vérification périodique sont payés pour les poids et mesures formant l'assortiment obligatoire de chaque assujetti, et pour les instruments de pesage sujets à la vérification.

Les poids et mesures excédant l'assortiment obligatoire sont vérifiés et poinçonnés gratuitement.

Les états-matrices des rôles sont dressés par les vérificateurs des poids et mesures, d'après le résultat des opérations qui doivent être consommées avant le 1er août.

Les états sont remis aux directeurs des contributions directes, à mesure que les opérations sont terminées dans les communes dépendant de la même perception, et au plus tard le 1er août de chaque année.

La perception des droits de vérification est faite par les agents du trésor public.

Le montant intégral des rôles est exigible dans la quinzaine de leur publication.

Dispositions générales.

Les contraventions aux arrêtés des préfets, à ceux des maires et à la présente ordonnance, sont poursuivis conformément aux lois.

VICES RÉDHIBITOIRES.

ANIMAUX DOMESTIQUES.

—

LOI DU 20 MAI 1838,

CONCERNANT LES

VICES RÉDHIBITOIRES DANS LES VENTES ET ÉCHANGES D'ANIMAUX DOMESTIQUES.

ART. 1er.

Sont réputés vices rédhibitoires et donneront seuls ouverture à l'action résultant de l'article 1641 du Code civil, dans les ventes ou échanges des animaux domestiques ci-dessous dénommés, sans distinction des localités où les ventes et échanges auront eu lieu, les maladies ou défauts ci-après, savoir :

Pour le Cheval, l'Ane ou le Mulet :

La fluxion périodique des yeux, — l'épilepsie ou le mal caduc, — la morve, — le farcin, — les maladies anciennes de poitrine ou vieilles courbatures, — l'immobilité, — la pousse, — le cornage chronique, — le tic sans usure des dents, — la boiterie intermittente pour cause de vieux mal.

Pour l'espèce Bovine :

La phthisie pulmonaire ou pommelière, — l'épilepsie ou mal caduc, — les suites de la non-délivrance, — le renversement du vagin ou de l'utérus après le port chez le vendeur.

Pour l'espèce Ovine :

La clavelée : cette maladie reconnue chez un seul animal entraînera la rédhibition de tout le troupeau ; la rédhibition n'aura lieu que si le troupeau porte la marque du vendeur ; — le sang de rate : cette maladie n'entraîne la rédhibition du troupeau qu'autant que, dans le délai de la garantie, sa perte constatée s'élèvera au quinzième au moins des animaux achetés. Dans ce dernier cas, la rédhibition n'aura lieu également que si le troupeau porte la marque du vendeur.

Art. 2.

L'action en réduction du prix, autorisée par l'article 1644 du Code civil, ne pourra être exercée dans les ventes et les échanges d'animaux énoncés dans l'article premier ci-dessus.

Art. 3.

Le délai pour intenter l'action rédhibitoire sera, non compris le jour fixé pour la livraison, de trente jours pour le cas de fluxion périodique des yeux et l'épilepsie ou mal caduc; de neuf jours pour les autres cas.

Art. 4.

Si la livraison de l'animal a été effectuée, ou s'il a été conduit, dans les délais ci-dessus, hors du lieu du domicile du vendeur, les délais seront augmentés d'un jour par cinq myriamètres de distance du domicile du vendeur au lieu où l'animal se trouve.

Art. 5.

Dans tous les cas, l'acheteur, à peine d'être non recevable, sera tenu de provoquer, dans les délais de l'article 3, la nomination d'experts chargés de dresser procès-verbal; la requête sera présentée au juge de paix du lieu où se trouve l'animal. — Le juge nommera immédiatement, suivant l'exigence des cas, un ou trois experts qui devront opérer dans le plus bref délai.

Art. 6.

La demande sera dispensée du préliminaire de conciliation, et l'affaire introduite et jugée comme en matière sommaire.

Art. 7.

Si, pendant la durée des délais fixés par l'article 3, l'animal vient à périr, le vendeur ne sera pas tenu de la garantie, à moins que l'acheteur ne prouve que la perte de l'animal provient de l'une des maladies spécifiées dans l'article 1er.

Art. 8.

Le vendeur sera dispensé de la garantie résultant de la morve et du farcin pour le cheval, l'âne et le mulet, et de la clavelée pour l'espèce bovine, s'il prouve que l'animal, depuis la livraison, a été mis en contact avec des animaux atteints de ces maladies.

JUSTICES DE PAIX.

—

LOI DU 25 MAI 1838.

ART. 1ᵉʳ.

Les juges de paix connaissent de toutes actions purement personnelles ou mobilières, *en dernier ressort*, jusqu'à la valeur de *cent francs*, et *à charge d'appel*, jusqu'à la valeur de *deux cents francs*.

ART. 2.

Les juges de paix prononcent, *sans appel*, jusqu'à la valeur de *cent francs*, et, *à charge d'appel*, *jusqu'au taux de la compétence en dernier ressort des tribunaux de première instance :*

Sur les contestations entre les hôteliers, aubergistes ou logeurs, et les voyageurs ou locataires en garni, pour dépense d'hôtellerie et perte ou avarie d'effets déposés dans l'auberge ou dans l'hôtel ;

Entre les voyageurs et les voituriers ou bateliers, pour retards, frais de route et perte ou avarie d'effets accompagnant les voyageurs ;

Entre les voyageurs et les carrossiers ou autres ouvriers, pour fournitures, salaires et réparations faites aux voitures de voyage.

Art. 3.

Les juges de paix connaissent, *sans appel*, jusqu'à la valeur de *cent francs*, et, *à charge d'appel, à quelque valeur que la demande puisse s'élever :*

Des actions en paiement de loyers ou fermages, des congés, des demandes en résiliation de baux, fondées sur le seul défaut de paiement des loyers ou fermages, des expulsions de lieux et des demandes en validité de saisie-gagerie : le tout lorsque les locations verbales ou par écrit n'excèdent pas annuellement, *à Paris, quatre cents francs, et deux cents francs partout ailleurs.*

Si le prix principal du bail consiste en denrées ou prestations en nature, appréciables d'après les mercuriales, l'évaluation sera faite sur celle du jour de l'échéance, lorsqu'il s'agira du paiement des fermages; dans les autres cas, elle aura lieu suivant les mercuriales du mois qui aura précédé la demande. Si le prix principal du bail consiste en prestations non appréciables d'après les mercuriales, ou s'il s'agit de baux à colons partiaires, le juge de paix déterminera la compétence en prenant pour base

du revenu de la propriété le principal de la contribution foncière de l'année courante, multiplié par
cinq.

Art. 4.

Les juges de paix connaissent, *sans appel*, jusqu'à
la valeur de *cent francs*, et, *à charge d'appel, jusqu'au
taux de la compétence en dernier ressort des tribunaux
de première instance* :

1° Des indemnités réclamées par le locataire ou
fermier, pour non jouissance provenant du fait du
propriétaire, lorsque le droit à une indemnité n'est
pas contesté ;

2°· Des dégradations et pertes, dans les cas prévus par les articles 1732 (1) et 1735 (2) du Code
civil.

Néanmoins le juge de paix ne connaît des pertes
causées par incendie ou inondation que dans les limites posées par l'article 1er de la présente loi.

Art. 5.

Les juges de paix connaissent, *sans appel,* jusqu'à

---

(1) Le preneur répond des dégradations ou des pertes qui
arrivent pendant sa jouissance, à moins qu'il ne prouve
qu'elles ont eu lieu sans sa faute.

(2) Le preneur est tenu des dégradations qui arrivent par
le fait des personnes de sa maison ou de ses sous-locataires.

la valeur de *cent francs*, et, *à charge d'appel, à quel-que valeur que la demande puisse s'élever :*

1° Des actions pour dommages faits aux champs, fruits et récoltes, soit par l'homme, soit par les animaux, et de celles relatives à l'élagage des arbres ou haies, et au curage soit des fossés, soit des canaux servant à l'irrigation des propriétés ou au mouvement des usines, lorsque les droits de propriété ou de servitude ne sont pas contestés;

2° Des réparations locatives des maisons ou fermes mises par la loi à la charge du locataire;

3° Des contestations relatives aux engagements respectifs des gens de travail au jour, au mois et à l'année, et de ceux qui les emploient; des maîtres et domestiques, ou gens de service à gages; des maîtres et de leurs ouvriers ou apprentis, sans néanmoins qu'il soit dérogé aux lois et réglements relatifs à la juridiction des prudhommes;

4° Des contestations relatives au paiement des nourrices, sauf ce qui est prescrit par les lois et réglements d'administration publique à l'égard des bureaux de nourrices de la ville de Paris et de toutes les autres villes;

5° Des actions civiles pour diffamation verbale et pour injures publiques ou non publiques, verbales ou par écrit, autrement que par la voie de la presse; des mêmes actions pour rixe ou voies de fait; le tout lorsque les parties ne se sont pas pourvues par la voie criminelle.

Art. 6.

Les juges de paix connaissent, en outre, *à charge d'appel* :

1° Des entreprises commises, dans l'année, sur les cours d'eaux servant à l'irrigation des propriétés et au mouvement des usines et moulins, sans préjudice des attributions de l'autorité administrative dans les cas déterminés par les lois et par les réglements; des dénonciations de nouvel œuvre, complaintes, actions en réintégrande et autres actions possessoires fondées sur des faits également commis dans l'année;

2° Des actions en bornage et de celles relatives à la distance prescrite par la loi, les réglements particuliers à l'usage des lieux, pour les plantations d'arbres ou de haies, lorsque la propriété ou les titres qui l'établissent ne sont pas contestés;

3° Des actions relatives aux constructions et travaux énoncés dans l'article 674 (1) du Code civil,

---

(1) Celui qui fait creuser un puits ou une fausse d'aisance près d'un mur mitoyen ou non; celui qui veut y construire cheminée ou âtre, forge ou fourneau; y adosser une étable, ou établir contre ce mur un magasin de sel ou amas de matières corrosives, est obligé à laisser la distance prescrite par les réglements et usages particuliers sur ces objets, ou à faire les ouvrages prescrits par les mêmes réglements en usage, pour éviter de nuire au voisin.

lorsque la propriété ou la mitoyenneté du mur ne sont pas contestées;

4° Des demandes en pension alimentaire n'excédant pas cent cinquante francs par an, et seulement lorsqu'elles seront formées en vertu des articles 205 (1), 206 (2) et 207 (3) du Code civil.

ART. 7.

Les juges de paix connaissent de toutes les demandes reconventionnelles ou en compensation, qui, par leur nature ou leur valeur, sont dans les limites de leur compétence, alors même que, dans les cas prévus par l'article 1er, ces demandes, réunies à la demande principale, s'éleveraient *au-dessus de deux cents francs*. Ils connaissent, en outre, *à quelques sommes qu'elles puissent monter,* des demandes reconventionnelles en dommages-intérêts, fondées exclusivement sur la demande principale elle-même.

---

(1) Les enfants doivent les aliments à leurs père et mère et autres ascendants qui sont dans le besoin.

(2) Les gendres et belles-filles doivent également, et dans les mêmes circonstances, des aliments à leurs beau-père et belle-mère; mais cette obligation cesse : 1° lorsque la belle-mère a convolé en secondes noces; 2° lorsque celui des époux qui produisait l'affinité, et les enfants issus de son union avec l'autre époux, sont décédés.

(3) Les obligations résultant de ces dispositions sont réciproques.

Art. 8.

Lorsque chacune des demandes principales, reconventionnelles ou en compensation, sera dans les limites de la compétence du juge de paix en dernier ressort, il prononcera *sans qu'il y ait lieu à appel.* Si l'une de ces demandes n'est susceptible d'être jugée *qu'à charge d'appel,* le juge de paix ne prononcera sur toutes *qu'en premier ressort.* Si la demande reconventionnelle ou en compensation excède les limites de sa compétence, il pourra, soit retenir le jugement de la demande principale, soit renvoyer, sur le tout, les parties à se pourvoir devant le tribunal de première instance, sans préliminaire de conciliation.

Art. 9.

Lorsque plusieurs demandes, formées par la même partie, seront réunies dans une même instance, le juge de paix ne prononcera *qu'en premier ressort,* si la valeur totale s'élève *au-dessus de deux cents francs,* lors même que quelqu'une de ces demandes serait inférieure à cette somme. Il sera incompétent sur le tout, si ces demandes excèdent, par leur réunion, *les limites de sa juridiction.*

Art. 10.

Dans les cas où la saisie-gagerie ne peut avoir lieu qu'en vertu de permission de justice, cette permission sera accordée par le juge de paix du lieu où la saisie devra être faite, *toutes les fois que les causes rentreront dans sa compétence.* S'il y a opposition de la part des tiers, pour des causes et pour des sommes qui, réunies, *excéderaient cette compétence,* le jugement en sera déféré aux tribunaux de première instance.

Art. 11.

L'exécution provisoire des jugements sera ordonnée dans tous les cas où il y aura *titre authentique, promesse reconnue, ou condamnation précédente dont il n'y a point eu appel.* Dans tous les autres cas, le juge pourra ordonner l'exécution provisoire, nonobstant appel, sans caution, lorsqu'il s'agira *de pension alimentaire,* ou lorsque la somme n'excédera pas *trois cents francs,* et, avec caution, au-dessus de cette somme. La caution sera reçue par le juge de paix.

Art. 12.

S'il y a péril en la demeure, l'exécution provisoire pourra être ordonnée sur la minute du jugement, avec ou sans caution, conformément aux dispositions de l'article précédent.

Art. 13.

L'appel des jugements des juges de paix ne sera recevable ni avant les trois jours qui suivront celui de la prononciation des jugements, à moins qu'il n'y ait lieu à exécution provisoire; ni après les trente jours qui suivront la signification, à l'égard des personnes domiciliées dans le canton. Les personnes domiciliées hors du canton auront, pour interjeter appel, outre le délai de trente jours, le délai réglé par les articles 73 et 1033 (1) du Code de procédure civile.

Art. 14.

Ne sera pas recevable l'appel des jugements mal-à-propos qualifiés en premier ressort, ou qui, étant en dernier ressort, n'auraient point été qualifiés. Seront sujets à l'appel les jugements qualifiés en dernier ressort, s'ils ont statué soit sur des questions de compétence, soit sur des matières dont le juge de paix ne pouvait connaître qu'en premier ressort. Néanmoins, si le juge de paix s'est déclaré compétent, l'appel ne pourra être interjeté qu'après le jugement définitif.

Art. 15.

Les jugements rendus par les juges de paix ne pourront être attaqués par la voie du recours en cassation que *pour excès de pouvoir*.

---

(1) Le jour de la signification ni celui de l'échéance ne sont jamais comptés pour le délai général fixé pour les ajournements, les citations, sommations et autres actes faits à personne ou domicile : ce délai sera augmenté d'un jour à raison de trois myriamètres de distance; et, quand il y aura lieu à voyage ou renvoi et retour, l'augmentation sera du double.

Art. 16.

Tous les huissiers d'un même canton auront le droit de donner toutes les citations et de faire tous les actes devant la justice de paix. Dans les villes où il y a plusieurs justices de paix, *les huissiers exploitent concurremment* dans le ressort de la juridiction assignée à leur résidence. Tous les huissiers du même canton seront tenus de faire le service des audiences et d'assister le juge de paix toutes les fois qu'ils en seront requis; les juges de paix choisiront leurs huissiers audienciers.

Art. 17.

Dans toutes les causes, excepté celles où il y aurait péril en la demeure et celles dans lesquelles le défendeur serait domicilié hors du canton ou des cantons de la même ville, le juge de paix pourra interdire aux huissiers de sa résidence de donner aucune citation en justice, sans qu'au préalable il n'ait appelé, *sans frais,* les parties devant lui (1).

---

(1) Dans beaucoup de villes, MM. les juges de paix ont décidé qu'aucune citation ne serait donnée sans que les parties aient été prévenues par un avertissement sans frais émanant de leur part, à moins qu'il y ait tout-à-fait urgence ou péril en la demeure. Cette mesure, essentiellement avantageuse aux créanciers et débiteurs, a produit d'heureux résultats.

Art. 18.

Dans les causes portées devant la justice de paix, *aucun huissier ne pourra ni assister comme conseil, ni représenter les parties en qualité de procureur fondé*, à peine d'une amende de vingt-cinq à cinquante francs, qui sera prononcée sans appel par le juge de paix. Ces dispositions ne sont pas applicables aux huissiers qui se trouveront dans l'un des cas prévus par l'article 86 (1) du Code de procédure civile.

Art. 19.

En cas d'infraction aux dispositions des articles 16, 17 et 18, le juge de paix pourra défendre aux huissiers du canton de citer devant lui, pendant un délai de quinze jours à trois mois, sans appel et sans préjudice de l'action disciplinaire des tribunaux et des dommages-intérêts des parties, s'il y a lieu (2).

Art. 20.

Les actions concernant les brevets d'invention

---

(1) C'est-à-dire qu'ils peuvent plaider leurs causes personnelles et celles de leurs femmes, parents ou alliés en ligne directe, et de leurs pupilles.

(2) Toutes les parties ont un intérêt majeur à exiger strictement l'exécution des articles 16, 17 et 18 de la loi.

seront portées, s'il s'agit de nullité ou de déchéance des brevets, devant les tribunaux civils de première instance ; s'il s'agit de contrefaçon, devant les tribunaux correctionnels.

Art. 21.

Toutes les dispositions des lois antérieures, contraires à la présente loi, sont abrogées.

Art. 22.

Les dispositions de la présente loi ne s'appliqueront pas aux demandes introduites avant sa promulgation.

PÊCHE FLUVIALE.

—

LOI DU 15 AVRIL 1829.

TITRE PREMIER.

Du droit de Pêche.

ART. 1er.

Le droit de pêche sera exercé au profit de l'état :
1° dans tous les fleuves, rivières, canaux et contre-fossés navigables ou flottables avec bateaux, trains ou radeaux, et dont l'entretien est à la charge de l'état ou de ses ayant-cause ; 2° dans les bras, noues, boires et fossés qui tirent leurs eaux des fleuves et rivières navigables ou flottables dans lesquels on peut en tout temps passer ou pénétrer librement en bateau de pêcheur, et dont l'entretien est également

à la charge de l'état (1). Sont toutefois exceptés les canaux et fossés existants, ou qui seraient creusés dans les propriétés particulières et entretenus aux frais des propriétaires.

Art. 2.

Dans toutes les rivières et canaux autres que ceux qui sont désignés dans l'article précédent, les propriétaires riverains auront, chacun de son côté, le droit de pêche jusqu'au milieu du cours de l'eau, sans préjudice des droits contraires établis par possessions ou titres.

Art. 3.

Des ordonnances royales, insérées au Bulletin des Lois, détermineront, après une enquête de *commodo et incommodo*, quelles sont les parties des fleuves et rivières, et quels sont les canaux désignés dans les deux premiers paragraphes de l'article 1er où le droit de pêche sera exercé au profit de l'Etat. — De semblables ordonnances fixeront des limites entre la pêche fluviale et la pêche maritime dans les fleuves et rivières affluant à la mer. Ces limites seront les mêmes que celles de l'inscription maritime; mais la pêche qui se fera au-dessus du point où les eaux cesseront d'être salées, sera soumise aux

---

(1) Voyez l'article 538 du Code civil, pour savoir quels sont les fleuves et rivières qui sont considérés comme des dépendances du domaine public.

règles de police et de conservation établies pour la pêche fluviale. — Dans le cas où des cours d'eau seraient rendus ou déclarés navigables ou flottables, les propriétaires qui seront privés du droit de pêche auront droit à une indemnité préalable, qui sera réglée selon les formes prescrites par les articles 16, 17 et 18 de la loi du 8 mars 1810, compensation faite des avantages qu'ils pourraient retirer de la disposition prescrite par le gouvernement.

Art. 4.

Les contestations entre l'administration et les adjudicataires, relatives à l'interprétation et à l'exécution des conditions des baux et adjudications, et toutes celles qui s'élèveraient entre l'administration ou ses ayant-cause et des tiers intéressés à raison de leurs droits ou de leurs propriétés, seront portées devant les tribunaux.

Art. 5.

Tout individu qui se livrera à la pêche sur les fleuves et rivières navigables ou flottables, canaux, ruisseaux ou cours d'eau quelconques, sans la permission de celui à qui le droit de pêche appartient, sera condamné à une amende de 20 fr. au moins, et de 100 fr. au plus, indépendamment des dommages-intérêts. — Il y aura lieu, en outre, à la restitution du prix du poisson qui aura été pêché en délit, et la confiscation des filets et engins de pêche pourra être prononcée. — Néanmoins il est permis à tout individu de pêcher à la ligne flottante tenue à la main, dans les fleuves, rivières et canaux désignés dans les deux premiers paragraphes de l'article 1er de la présente loi, le temps du frai excepté (1).

TITRE II.

De l'Administration et de la Régie de la Pêche.

Art. 6.

« Nul ne peut exercer l'emploi de garde-champêtre s'il n'est âgé de vingt-cinq ans accomplis. »

Art. 7.

« Les préposés chargés de la surveillance de la pêche ne pourront entrer en fonctions qu'après avoir prêté serment devant le tribunal de première instance de leur résidence, et avoir fait enregistrer leur commission et l'acte de prestation de leur serment au greffe des tribunaux dans le ressort desquels ils devront exercer leurs fonctions. — Dans le cas d'un changement de résidence qui les placerait dans un autre ressort en la même qualité,

---

(1) L'on entend par ligne flottante celle qui ne va pas au fond, c'est-à-dire qui est soutenue sur l'eau par une plume ou un liége. Il faut en outre la tenir à la main, car si elle était fixée en terre, elle donnerait lieu à contravention.

il n'y aura pas lieu à une nouvelle prestation de serment. »

ART. 8.

Les gardes-pêche pourront être déclarés responsables des délits commis dans leurs cantonnements, et passibles des amendes et indemnités encourues par les délinquants lorsqu'ils n'auront pas dûment constaté les délits.

ART. 9.

L'empreinte des fers dont les gardes-pêche font usage pour la marque des filets sera déposée au greffe des tribunaux de première instance.

TITRE III.

Des Adjudications des Cantonnements de Pêche.

ART. 10.

La pêche au profit de l'Etat sera exploitée, soit par voie d'adjudication publique, soit par concession de licences à prix d'argent. — Le mode de concessions par licences ne sera employé que lorsque l'adjudication aura été tentée sans succès. — Toutes les fois que l'adjudication d'un cantonnement de pêche n'aura pu avoir lieu, il sera fait mention dans le procès-verbal de la séance, des mesures qui auront été prises pour donner toute la publicité possible à la mise en adjudication, et des circonstances qui se sont opposées à la location.

Art. 11.

L'adjudication publique devra être annoncée au moins quinze jours à l'avance par des affiches apposées dans le chef-lieu du département, dans les communes riveraines du cantonnement et dans les communes environnantes.

Art. 12.

« Toute *location* faite autrement que par adjudication publique sera considérée comme clandestine et déclarée nulle. Les fonctionnaires et agents qui l'auraient ordonnée ou effectuée seront condamnés solidairement à une amende *égale au double* du fermage annuel du cantonnement de pêche. » — Sont exceptées les concessions par voie de licence.

Art. 13.

« Sera de même annulée toute adjudication qui n'aura point été précédée de publications et affiches prescrites par l'article 11, ou qui aura été effectuée dans d'autres lieux, à d'autres jour et heure que ceux qui auront été indiqués par les affiches ou les procès-verbaux de remise en location. Les fonctionnaires ou agents qui auraient contrevenu à ces dispositions seront condamnés solidairement à une amende égale à la valeur annuelle du cantonnement de pêche, et une amende pareille sera prononcée contre les adjudicataires en cas de complicité. »

ART. 14.

« Toutes les contestations qui pourront s'élever, pendant les opérations d'adjudication, soit sur la validité desdites opérations, soit sur la solvabilité de ceux qui auront fait des offres et de leurs cautions, seront décidées immédiatement par le fonctionnaire qui présidera la séance d'adjudication. »

ART. 15.

« Ne pourront prendre part aux adjudications, ni par eux-mêmes, ni par personnes interposées, directement ou indirectement, soit comme parties principales, soit comme associés ou cautions : 1° les agents et gardes-forestiers et les gardes-pêche, dans toute l'étendue du royaume ; les fonctionnaires chargés de présider ou de concourir aux adjudications, et les receveurs du produit de la pêche, dans toute l'étendue du territoire où ils exercent leurs fonctions ; — en cas de contravention, ils seront punis d'une amende qui ne pourra excéder le quart ni être moindre du douzième du montant de l'adjudication ; et ils seront, en outre, passibles de l'emprisonnement et de l'interdiction qui sont prononcés par l'article 175 du Code pénal ; — 2° les parents et alliés en ligne directe, les frères et beaux-frères, oncles et neveux des agents et gardes-forestiers et gardes-pêche, dans toute l'étendue du territoire pour lequel ces agents ou gardes sont commissionnés; — en cas de contravention, ils seront punis d'une amende égale à celle qui est prononcée par le paragraphe précédent; — 3° les conseillers de préfecture, les juges, officiers du ministère public et greffiers des tribunaux de première instance, dans tout l'arrondissement de leur ressort; — en cas de contravention, ils seront passibles de tous dommages-intérêts, s'il y a lieu. — Toute adjudication qui serait faite en contravention aux dispositions du présent article sera déclarée nulle.»

Art. 16.

« Toute association secrète, toute manœuvre entre les pêcheurs ou autres, tendant à nuire aux adjudications, à les troubler ou obtenir *les cantonnements de pêche* à plus bas prix, donnera lieu à l'application des peines portées par l'article 412 du Code pénal, indépendamment de tous dommages-intérêts; et si l'adjudication a été faite au profit de l'association secrète ou des auteurs desdites manœuvres, elle sera déclarée nulle. »

Art. 17.

«Aucune déclaration de commande ne sera admise, si elle n'est faite immédiatement après l'adjudication et séance tenante. »

Art. 18.

« Faute par l'adjudicataire de fournir les cautions

exigées par le cahier des charges dans le délai prescrit, il sera déclaré déchu de l'adjudication par un arrêté du préfet, et il sera procédé dans les formes ci-dessus prescrites à une nouvelle adjudication du cantonnement de pêche, à la folle enchère. — L'adjudicataire déchu sera tenu, par corps, de la différence entre son prix et celui de la nouvelle adjudication, sans pouvoir réclamer l'excédant s'il y en a. »

Art. 19.

Toute adjudication sera définitive du moment où elle sera prononcée, sans que, dans aucun cas, il puisse y avoir lieu à surenchère.

Art. 20.

Les divers modes d'adjudication seront déterminés par une ordonnance royale.

Les adjudications auront toujours lieu avec publicité et concurrence.

Art. 21.

« Les adjudicataires seront tenus d'élire domicile dans le lieu où l'adjudication aura été faite ; à défaut de quoi, tous actes postérieurs leur seront valablement signifiés au secrétariat de la sous-préfecture. »

Art. 22.

« Tout procès-verbal d'adjudication emporte exécution parée et contrainte par corps contre les adjudicataires, leurs associés et cautions, tant pour le paiement du prix principal de l'adjudication, que pour accessoires et frais. — Les cautions sont en outre contraignables solidairement et par les mêmes voies au paiement des dommages, restitutions et amendes qu'aurait encourus l'adjudicataire. «

TITRE IV.

Conservation et Police de la Pêche.

ART. 23.

Nul ne pourra exercer le droit de pêche dans les fleuves et rivières navigables ou flottables, les canaux, ruisseaux ou cours d'eau quelconques, qu'en se conformant aux dispositions suivantes :

ART. 24.

Il est interdit de placer dans les rivières navigables ou flottables, canaux et ruisseaux, aucun barrage, appareil ou établissement quelconque de pêcherie, ayant pour objet d'empêcher entièrement le passage du poisson. — Les délinquants seront condamnés à une amende de 30 fr. à 500 fr., et en outre aux dommages-intérêts, et les appareils ou établissements de pêche seront saisis et détruits.

ART. 25.

Quiconque aura jeté dans les eaux des drogues

et appâts qui sont de nature à enivrer le poisson ou à le détruire, sera puni d'une amende de 30 fr. à 300 fr., et d'un emprisonnement d'un mois à trois mois.

Art. 26.

Des ordonnances royales détermineront : 1° les temps, saisons et heures pendant lesquels la pêche sera interdite dans les rivières et cours d'eau quelconques ; 2° les procédés et modes de pêche qui, étant de nature à nuire au repeuplement des rivières, devront être prohibés ; 3° les filets, engins et instruments de pêche qui seront défendus comme étant aussi de nature à nuire au repeuplement des rivières; 4° les dimensions de ceux dont l'usage sera permis dans les divers départements, pour la pêche des différentes espèces de poissons; 5° les dimensions au-dessous desquelles les poissons de certaines espèces qui seront désignées ne pourront être pêchés, et devront être rejetés en rivière; 6° les espèces de poissons avec lesquelles il sera défendu d'appâter les hameçons, nasses, filets ou autres engins.

Art. 27.

Quiconque se livrera à la pêche pendant les temps, saisons et heures prohibés par les ordonnances, sera puni d'une amende de 30 fr. à 200 fr.

Art. 28.

Une amende de 30 fr. à 100 fr. sera prononcée

contre ceux qui feront usage, en quelque temps et en quelque fleuve, rivière, canal ou ruisseau que ce soit, de l'un des procédés ou modes de pêche, ou de l'un des instruments ou engins de pêche prohibés par les ordonnances. — Si le délit a eu lieu pendant le moment du frai, l'amende sera de 60 fr. à 200 fr.

ART. 29.

Les mêmes peines seront prononcées contre ceux qui se serviront, pour une autre pêche, de filets permis seulement pour celle du poisson de petite espèce. — Ceux qui seront trouvés porteurs ou munis, hors de leur domicile, d'engins ou instruments de pêche prohibés, pourront être condamnés à une amende qui n'excédera pas 20 fr., et à la confiscation des engins ou instruments de pêche, à moins que ces engins ou instruments ne soient destinés à la pêche dans des étangs ou réservoirs.

ART. 30.

Quiconque pêchera, colportera ou débitera des poissons qui n'auront point les dimensions déterminées par les ordonnances, sera puni d'une amende de 20 à 25 fr., et de la confiscation desdits poissons. Sont néanmoins exceptées de cette disposition les ventes de poisson provenant des étangs ou réservoirs. — Sont considérés comme des étangs ou réservoirs les fossés et canaux appartenant à des particuliers, dès que les eaux cessent naturellement de communiquer avec les rivières.

Art. 31.

La même peine sera prononcée contre les pêcheurs qui appâteront leurs hameçons, nasses, filets ou autres engins, avec des poissons des espèces prohibées qui seront désignées par les ordonnances.

Art. 32.

Les fermiers de la pêche et porteurs de licences, leurs associés, compagnons et gens à gages, ne pourront faire usage d'aucun filet ou engin quelconque qu'après qu'il aura été plombé ou marqué par les agents de l'administration de la police de la pêche. — La même obligation s'étendra à tous autres pêcheurs compris dans les limites de l'inscription maritime, pour les engins et filets dont ils feront usage dans les cours d'eau désignés par les paragraphes 1 et 2 de l'art. 1er de la présente loi. — Les délinquants seront punis d'une amende de 20 fr. pour chaque filet ou engin non plombé ou marqué.

Art. 33.

Les contre-maîtres, les employés du balisage et les mariniers qui fréquentent les fleuves, rivières et canaux navigables ou flottables, ne pourront avoir dans leurs bateaux ou équipages aucun filet ou engin de pêche, même non prohibé, sous peine d'une amende de 50 fr. et de la confiscation des filets. — A cet effet, ils seront tenus de souffrir la visite, sur leurs bateaux et équipages, des agents chargés de la police de la pêche, aux lieux où ils aborderont. La même amende sera prononcée contre ceux qui s'opposeront à cette visite.

Art. 34.

Les fermiers de la pêche et les porteurs de licences, et tous les pêcheurs en général, dans les rivières et canaux désignés par les deux premiers paragraphes de l'article 1ᵉʳ de la présente loi, seront tenus d'amener leurs bateaux et de faire l'ouverture de leurs loges et hangars, bannetons, huches et autres réservoirs ou boutiques à poisson, sur leurs cantonnements, à toute réquisition des agents et préposés de l'administration de la pêche, à l'effet de constater les contraventions qui pourraient être par eux commises aux dispositions de la présente loi.— Ceux qui s'opposeront à la visite ou refuseront l'ouverture de leurs boutiques à poisson seront, pour ce seul fait, punis d'une amende de 50 fr.

Art. 35.

Les fermiers et porteurs de licences ne pourront user, sur les fleuves, rivières et canaux navigables, que du chemin de halage; sur les rivières et cours d'eau flottables, que du marche-pied. Ils traiteront de gré à gré avec les propriétaires riverains pour

l'usage des terrains dont ils auront besoin pour
retirer et assener leurs filets.

TITRE V.

Des Poursuites en réparation de délit.

SECTION PREMIÈRE.

Des Poursuites exercées au nom de l'Administration.

ART. 36.

Le gouvernement exerce la surveillance et la police de la pêche dans l'intérêt général. — En conséquence, les agents spéciaux par lui institués à cet
effet, les gardes-champêtres, éclusiers des canaux
et autres officiers de police judiciaire, sont tenus de
constater les délits qui sont spécifiés au titre 4 de
la présente loi, en quelques lieux qu'ils soient commis; et lesdits agents spéciaux exerceront, conjoin-
tement avec les officiers du ministère public, toutes
les poursuites et actions en réparation de ces délits.
— Les mêmes agents et gardes de l'administration,
les gardes-champêtres, les éclusiers, les officiers de
la police judiciaire, pourront constater également
le délit spécifié en l'article 5, et ils transmettront
leurs procès-verbaux au procureur du roi.

ART. 37.

Les gardes-pêche nommés par l'administration
sont assimilés aux gardes forestiers royaux.

Art. 38.

Ils recherchent et constatent par procès-verbaux les délits dans l'arrondissement du tribunal près duquel ils sont assermentés.

Art. 39.

« Ils sont autorisés à saisir *les filets et autres instruments de pêche prohibés, ainsi que le poisson péché en délit.* »

Art. 40.

Les gardes-pêche ne pourront, sous aucun prétexte, s'introduire dans les maisons et enclos y attenant, pour la recherche des filets prohibés.

Art. 41.

Les filets et engins de pêche qui auront été saisis comme prohibés, ne pourront, dans aucun cas, être remis sous caution; ils seront déposés au greffe, et y demeureront jusqu'après le jugement, pour être ensuite détruits. — Les filets non prohibés, dont la confiscation aurait été prononcée en exécution de l'art. 5, seront vendus au profit du trésor. — En cas de refus de la part des délinquants, de remettre immédiatement le filet déclaré prohibé, après la sommation du garde-pêche, ils seront condamnés à une amende de 50 fr.

Art. 42.

Quant au poisson saisi pour cause de délit, il

sera vendu sans délai dans la commune la plus voisine du lieu de la saisie, à son de trompe et aux enchères publiques, en vertu d'ordonnance du juge de paix ou de ses suppléants, si la vente a lieu dans un chef-lieu de canton, ou, dans le cas contraire, d'après l'autorisation du maire de la commune; ces ordonnances ou autorisations seront délivrées sur la requête des agents ou gardes qui auront opéré la saisie, et sur la présentation du procès-verbal, régulièrement dressé et affirmé par eux. — Dans tous les cas, la vente aura lieu en présence du receveur des domaines, et, à défaut, du maire ou adjoint de la commune, ou du commissaire de police.

Art. 43.

Les gardes-pêche ont le droit de requérir directement la force publique pour la répression des délits *en matière de pêche,* ainsi que pour la saisie des filets prohibés et du poisson *pêché en délit.*

Art. 44.

« Ils écriront eux-mêmes leurs procès-verbaux; ils les signeront et les affirmeront, au plus tard le lendemain de la clôture desdits procès-verbaux, par-devant le juge de paix du canton ou l'un de ses suppléants, ou par-devant le maire ou l'adjoint, soit de la commune de leur résidence, soit de celle où le délit a été commis ou constaté; le tout sous peine de nullité. — Toutefois, si, par suite d'un empêchement quelconque, le procès-verbal est seulement signé par le garde-pêche, mais non écrit en entier de sa main, l'officier public qui en recevra l'affirmation devra lui en donner préalablement lecture, et faire ensuite mention de cette formalité; le tout sous peine de nullité du procès-verbal. »

Art. 45.

« Les procès-verbaux dressés par les agents forestiers, les gardes généraux et les gardes à cheval, soit isolément, soit avec le concours des gardes-pêche royaux et des gardes-champêtres, ne seront point soumis à l'affirmation. »

Art. 46.

« Dans le cas où le procès-verbal portera saisie, il en sera fait une expédition qui sera déposée dans les vingt-quatre heures au greffe de la justice de paix, pour qu'il en puisse être donné communication à ceux qui réclameraient les objets saisis. — Le délai ne courra que du moment de l'affirmation pour les procès-verbaux qui sont soumis à cette formalité. »

Art. 47.

« Les procès-verbaux seront, sous peine de nullité, enregistrés dans les quatre jours qui suivront celui de l'affirmation, ou celui de la clôture du procès-verbal, s'il n'est pas sujet à l'affirmation. — L'enregistrement s'en fera en débet. »

Art 48.

Toutes poursuites exercées en réparation de délits pour fait de pêche, seront portées devant les tribunaux correctionnels.

Art. 49.

« L'acte de citation doit, à peine de nullité, contenir la copie, du procès-verbal et de l'acte d'affirmation. »

Art. 50.

« Les gardes de l'administration, *chargés de la surveillance de la pêche,* pourront, dans les actions et poursuites exercées en son nom, faire toutes citations et significations d'exploits, sans pouvoir procéder aux saisies-exécutions. — Leurs rétributions pour les actes de ce genre seront taxées comme pour les actes faits par les huissiers des juges de paix. »

Art. 51.

« Les agents de cette administration ont le droit d'exposer l'affaire devant le tribunal, et sont entendus à l'appui de leurs conclusions. »

Art. 52.

Les délits en matière de pêche seront prouvés, soit par procès-verbaux, soit par témoins à défaut de procès-verbaux ou en cas d'insuffisance de ces actes.

Art. 53.

Les procès-verbaux revêtus de toutes les formalités prescrites par les articles 44 et 47 ci-dessus, et qui sont dressés et signés par deux agents ou gardes-pêche, font preuve, jusqu'à inscription de faux, des faits matériels relatifs aux délits qu'ils constatent, quelles que soient les condamnations auxquelles ces délits peuvent donner lieu. — Il ne sera, en conséquence, admis aucune preuve outre ou contre le contenu de ces procès-verbaux, à moins qu'il n'existe une cause légale de récusation contre l'un des signataires.

ART. 54.

Les procès-verbaux revêtus de toutes les formalités prescrites, mais qui ne seront dressés et signés que par un seul agent ou *garde-pêche,* feront de même preuve suffisante jusqu'à inscription de faux, mais seulement lorsque le délit n'entraînera pas une condamnation de plus de 50 francs, tant pour amende que pour dommages-intérêts.

ART. 55.

« Les procès-verbaux qui, d'après les dispositions qui précèdent, ne font point foi et preuve suffisante jusqu'à inscription de faux, peuvent être corroborés et combattus par toutes les preuves légales, conformément à l'article 154 du Code d'instruction criminelle. »

ART. 56.

Le prévenu qui voudra s'inscrire en faux contre le procès-verbal, sera tenu d'en faire, par écrit et en personne, ou par fondé de pouvoir spécial par acte notarié, la déclaration au greffe du tribunal avant l'audience indiquée par la citation. — Cette déclaration sera reçue par le greffier du tribunal; elle sera signée par le prévenu ou son fondé de pouvoir; et dans le cas où il ne saurait ou ne pourrait signer, il en sera fait mention expresse. — Au jour indiqué pour l'audience, le tribunal donnera acte de la déclaration, et fixera un délai de huit jours au moins et de quinze jours au plus, pendant lequel le prévenu sera tenu de faire au greffe le dépôt des moyens de faux, et des noms, qualités et demeures des témoins qu'il voudra faire entendre. — A l'expiration de ce délai, et sans qu'il soit besoin d'une citation nouvelle, le tribunal admettra les moyens de faux, s'ils sont de nature à détruire l'effet du procès-verbal, et il sera procédé sur le faux conformément aux lois. — Dans le cas contraire, et faute par le prévenu d'avoir rempli toutes les formalités ci-dessus prescrites, le tribunal déclarera qu'il n'y a lieu à admettre les moyens de faux, et ordonnera qu'il soit passé outre au jugement.

Art. 57.

« Le prévenu contre lequel aura été rendu un jugement par défaut, sera encore admissible à faire sa déclaration d'inscription de faux pendant le délai qui lui est accordé par la loi pour se présenter à l'audience sur l'opposition par lui formée.»

Art 58.

Lorsqu'un procès-verbal sera rédigé contre plusieurs prévenus, et qu'un ou quelques-uns d'entre eux seulement s'inscrivent en faux, le procès-verbal continuera de faire foi à l'égard des autres, à moins que le fait sur lequel portera l'inscription de faux ne soit indivisible et commun aux autres prévenus. »

Art. 59.

Si, dans une instance en réparation de délit, le prévenu excipe d'un droit de propriété ou tout autre droit réel, le tribunal saisi de la plainte statuera sur l'incident. — L'exception préjudicielle ne sera admise qu'autant qu'elle sera fondée, soit sur un titre apparent, soit sur des faits de possession équivalents, articulés avec précision, et si le titre produit ou les faits articulés sont de nature, dans le cas où ils seraient reconnus par l'autorité compétente, à ôter au fait qui sert de base aux poursuites tout caractère de délit. — *Dans le cas de renvois à fins civiles,* le jugement fixera un bref délai dans lequel la partie qui aura levé la question préjudicielle devra saisir les juges compétents de la compétence du litige et justifier de ses diligences; sinon, il sera passé outre. Toutefois, en cas de condamnation, il sera sursis à l'exécution du jugement sous le rapport de l'emprisonnement, s'il était prononcé, et le montant des amendes, restitutions et dommages-intérêts, sera versé à la caisse des dépôts et consignations pour être remis à qui il sera ordonné par le tribunal, qui statuera sur le fond de droit.

Art. 60.

« Les agents de l'administration, *chargés de la surveillance de la pêche,* peuvent, en son nom, interjeter appel des jugements, et se pourvoir contre les arrêts et jugements en dernier ressort; mais ils ne peuvent se désister de leurs appels sans son autorisation spéciale. »

Art. 61.

« Le droit attribué à l'administration et à ses agents de se pourvoir contre les jugements et arrêts par appel ou par recours en cassation est indépendant de la même faculté qui est accordée par la loi au ministère public; lequel peut toujours en user, même lorsque l'administration ou ses agens auraient acquiescé aux jugements et arrêts. »

Art. 62.

Les actions en réparation de délits en matière de pêche se prescrivent par un mois à compter du jour où les délits ont été constatés, lorsque les prévenus sont désignés dans les procès-verbaux. Dans le cas contraire, le délai de prescription est de trois mois à compter du même jour.

Art. 63.

Les dispositions de l'article précédent ne sont pas applicables aux délits et malversations commis par les agents, préposés ou gardes de l'administration dans l'exercice de leurs fonctions : les délais de prescription à l'égard de ces préposés et de leurs complices seront les mêmes que ceux qui sont déterminés par le Code d'instruction criminelle.

ART. 64.

Les dispositions du Code d'instruction criminelle sur les poursuites des délits, sur défauts, oppositions, jugements, appels et recours en cassation, sont et demeurent applicables à la poursuite des délits spécifiés par la présente loi, sauf les modifications qui résultent du présent titre.

SECTION II.

Des poursuites exercées au nom et dans l'intérêt des fermiers de la pêche et des particuliers.

ART. 65.

Les délits qui portent préjudice aux fermiers de la pêche, aux porteurs de licences et aux propriétaires riverains, seront constatés par leurs gardes, lesquels sont assimilés aux gardes-bois des particuliers.

ART. 66.

« Les procès-verbaux dressés par ces gardes feront foi jusqu'à preuve contraire. »

ART. 67.

Les poursuites et actions seront exercées au nom et à la diligence des parties intéressées.

Art. 68.

Les dispositions contenues aux articles 38, 39, 40, 41, 42, 43, 44, 45, 46, 47, § 1, 49, 52, 59, 62 et 64 de la présente loi, sont applicables aux poursuites exercées au nom et dans l'intérêt des particuliers et des fermiers de la pêche, pour les délits commis à leur préjudice.

TITRE VI.

Des Peines et Condamnations.

Art. 69.

Dans le cas de récidive, la peine sera toujours doublée. — Il y a récidive lorsque, dans les douze mois précédents, il a été rendu contre le délinquant un premier jugement pour délit en matière de pêche.

Art. 70.

Les peines seront également doublées lorsque les délits auront été commis la nuit.

Art. 71.

Dans tous les cas où il y aura lieu à adjuger des dommages-intérêts, ils ne pourront être inférieurs à l'amende simple prononcée par le jugement.

Art. 72.

Dans les cas prévus par la présente loi, si le préjudice causé n'excède pas vingt-cinq francs, et si les circonstances paraissent atténuantes, les tribunaux sont autorisés à réduire l'emprisonnement même au-dessous de six jours, et l'amende même au-dessous de seize francs. Ils pourront aussi prononcer séparément l'une ou l'autre de ces peines, sans qu'en aucun cas elle puisse être au-dessous des peines de simple police.

Art. 73.

Les restitutions et dommages-intérêts appartiennent aux fermiers, porteurs de licences et propriétaires riverains, si le délit est à leur préjudice; mais, lorsque le délit a été commis par eux-mêmes au détriment de l'intérêt général, ces dommages-intérêts appartiennent à l'état. — Appartiennent également à l'état toutes les amendes et confiscations. »

Art. 74.

Les maris, pères, mères, tuteurs, fermiers et porteurs de licences, ainsi que tous propriétaires, maîtres et commettants, seront civilement responsables des délits en matière de pêche commis par leurs femmes, enfants mineurs, pupilles, bateliers et compagnons, et tous autres subordonnés, sauf tout recours de droit. — Cette responsabilité sera réglée conformément à l'article 1384 du Code civil.

TITRE VII.

De l'exécution des Jugements.

SECTION PREMIÈRE.

De l'exécution des Jugements rendus à la requête de l'Administration ou du Ministère public.

ART. 75.

« Les jugements rendus à la requête de l'administration chargée de la police de la pêche, ou sur la poursuite du ministère public, seront signifiés par simple extrait, qui contiendra le nom des parties et le dispositif du jugement. — Cette signification fera courir les délais de l'opposition et de l'appel des jugements par défaut. »

ART. 76.

Le recouvrement de toutes les amendes pour délits de pêche est confié aux receveurs de l'enregistrement et des domaines. Ces receveurs sont également chargés du recouvrement des restitutions, frais et dommages-intérêts résultant des jugements rendus en matière *de pêche.*

ART. 77.

« Les jugements portant condamnation à des amendes, restitutions, dommages-intérêts et frais, sont exécutoires par la voie de la contrainte par corps; et l'exécution pourra en être poursuivie cinq jours après un simple commandement fait aux condamnés. — En conséquence, et sur la demande du receveur de l'enregistrement et des domaines, le procureur du roi adressera les réquisitions nécessaires aux agents de la force publique chargés de l'exécution des mandements de justice. »

ART. 78.

« Les individus contre lesquels la contrainte par corps aura été prononcée pour raison des amendes et autres condamnations et réparations pécuniaires, subiront l'effet de cette contrainte jusqu'à ce qu'ils aient payé le montant desdites condamnations, ou fourni une caution admise par le receveur des domaines, ou, en cas de contestation de sa part, déclarée bonne et valable par le tribunal de l'arrondissement. »

ART. 79.

« Néanmoins, les condamnés qui justifieront de leur insolvabilité, suivant le mode prescrit par l'article 120 du Code d'instruction criminelle, seront mis en liberté après avoir subi quinze jours de détention, lorsque l'amende et les autres condamnations pécuniaires n'excèderont pas quinze francs. — La détention ne cessera qu'au bout d'un mois, lorsque les condamnations s'élèveront ensemble de quinze à cinquante francs. — Elle ne durera que deux mois, quelle que soit la quotité desdites condamnations.— En cas de récidive, la durée de la détention sera double de ce qu'elle eût été sans cette circonstance. »

ART. 80.

« Dans tous les cas, la détention employée comme moyen de contrainte est indépendante de la peine d'emprisonnement prononcée contre les condamnés pour tous les cas où la loi l'inflige. »

SECTION II.

De l'exécution des Jugements rendus dans l'intérêt des Fermiers de la pêche et des Particuliers.

ART. 81.

Les jugements contenant des condamnations en faveur des fermiers de la pêche, des porteurs de licences et des particuliers, pour réparation des délits commis *à leur préjudice*, seront, à leur diligence, signifiés et exécutés suivant les mêmes formes et voies de contrainte que les jugements rendus à la requête de l'administration chargée de la surveillance de la pêche. — Le recouvrement des amendes prononcées par les mêmes jugements, sera opéré par les receveurs de l'enregistrement et des domaines.

ART. 82.

La mise en liberté des condamnés, détenus par

voie de contrainte par corps, à la requête et dans l'intérêt des particuliers, ne pourra être accordée, en vertu des articles 78 et 79, qu'autant que la validité des cautions ou la solvabilité des condamnés aura été, en cas de contestation de la part desdits propriétaires, jugée contradictoirement entre eux.

TITRE VIII.

Dispositions générales.

Art. 83.

Sont et demeurent abrogés toutes lois, ordonnances, édits et déclarations, arrêts du conseil, arrêtés et décrets, et tous réglements intervenus, à quelque époque que ce soit, sur des matières réglées par la présente loi, en tout ce qui concerne la pêche. — Mais les droits acquis antérieurement à la présente loi seront jugés, en cas de contestation, d'après les lois existant avant sa promulgation.

Dispositions transitoires.

Art. 84.

Les prohibitions portées par les articles 6, 8 et 10, et la prohibition de pêcher à autres heures que depuis le lever du soleil jusqu'à son coucher, portée par l'article 5 du titre 31 de l'ordonnance de 1669, continueront à être exécutées jusqu'à la promulgation des ordonnances royales, qui, aux termes de l'article 26 de la présente loi, détermineront les temps où la pêche sera interdite dans tous les cours d'eau, ainsi que les filets et instruments de pêche dont l'usage sera prohibé. — Toutefois, les contraventions aux articles ci-dessus énoncés de l'ordonnance de 1669 seront punies conformément aux dispositions de la présente loi, ainsi que tous les délits qui y sont prévus, à dater de sa promulgation.

EXPROPRIATION

Pour cause d'utilité publique.

LOI DU 3 MAI 1841.

TITRE PREMIER.

Dispositions préliminaires.

ART. 1ᵉʳ.

L'expropriation pour cause d'utilité publique s'opère par autorité de justice.

ART. 2.

Les tribunaux ne peuvent prononcer l'expropriation qu'autant que l'utilité en a été constatée et déclarée dans les formes prescrites par la présente loi.

Ces formes consistent :

1° Dans la loi ou l'ordonnance royale qui autorise

l'exécution des travaux pour lesquels l'expropriation est requise;

2° Dans l'acte du préfet, qui désigne les localités ou territoires sur lesquels les travaux doivent avoir lieu, lorsque cette désignation ne résulte pas de la loi ou de l'ordonnance royale;

3° Dans l'arrêté ultérieur pour lequel le préfet détermine les propriétés particulières auxquelles l'expropriation est applicable.

Cette application ne peut être faite à aucune propriété particulière qu'après que les parties intéressées ont été mises en état d'y fournir leurs contredits, selon les règles exprimées au titre 2.

Art. 3.

Tous les grands travaux publics, routes royales, canaux, chemins de fer, canalisation des rivières, bassins et docks, entrepris par l'état, *les départements, les communes,* ou par des compagnies particulières, avec ou sans péage, avec ou sans subside du trésor, avec ou sans aliénation du domaine public, ne pourront être exécutés qu'en vertu d'une loi, qui ne sera rendue qu'après une enquête administrative.

Une ordonnance royale suffira pour autoriser l'exécution des routes *départementales,* celle des canaux et chemins de fer d'embranchement de moins de vingt mille mètres de longueur, des ponts, et de tous autres travaux de moindre importance.

Cette ordonnance devra être également précédée d'une enquête.

Ces enquêtes auront lieu dans des formes déterminées par un réglement d'administration publique.

TITRE II.

Des Mesures d'administration relatives à l'Expropriation.

ART. 4.

Les ingénieurs ou autres gens de l'art, chargés de l'exécution des travaux, lèvent, pour la partie qui s'étend sur chaque commune, le plan parcellaire des terrains ou des édifices dont la cession leur parait nécessaire.

ART. 5.

Le plan desdites propriétés particulières, indicatif des noms de chaque propriétaire, tels qu'ils sont inscrits sur la matrice des rôles, reste déposé, pendant huit jours, à la mairie de la commune où les propriétés sont situées, afin que chacun puisse en prendre connaissance.

ART. 6.

Le délai fixé à l'article précédent ne court qu'à dater de l'avertissement, qui est donné collectivement aux parties intéressées, de prendre communication du plan déposé à la mairie.

19

Cet avertissement est publié à son de trompe ou de caisse dans la commune, et affiché tant à la principale église du lieu qu'à celle de la maison commune.

Il est en outre inséré dans l'un des journaux publiés dans l'arrondissement, ou, s'il n'en existe aucun, dans l'un des journaux du département.

ART. 7.

Le maire certifie ces publications et affiches; il mentionne, sur un procès-verbal qu'il ouvre à cet effet et que les parties qui comparaissent sont requises de signer, les déclarations et réclamations qui lui ont été faites verbalement, et y annexe celles qui lui sont transmises par écrit.

ART. 8.

A l'expiration du délai de huitaine prescrit par l'article 5, une commission se réunit au chef-lieu de la sous-préfecture.— Cette commission, présidée par le sous-préfet de l'arrondissement, sera composée de quatre membres du conseil général du département ou du conseil de l'arrondissement, désignés par le préfet, du maire de la commune où les propriétés sont situées, et de l'un des ingénieurs chargés de l'exécution des travaux.

La commission ne peut délibérer valablement qu'autant que cinq de ses membres, au moins, sont présents. Dans le cas où le nombre des membres présents serait de six, et où il y aurait partage d'opinions, la voix du président sera prépondérante.

Les propriétaires qu'il s'agit d'exproprier ne peuvent être appelés à faire partie de la commission.

Art. 9.

La commission reçoit, pendant huit jours, les observations des propriétaires.

Elle les appelle toutes les fois qu'elle le juge convenable.

Elle donne son avis.

Ses opérations doivent être terminées dans le délai *de dix jours*, après quoi le procès-verbal est adressé immédiatement par le sous-préfet au préfet. — Dans le cas où lesdites opérations n'auraient pas été mises à fin dans le délai ci-dessus, le sous-préfet devra, dans les trois jours, transmettre au préfet son procès-verbal et les documents recueillis.

Art. 10.

Si la commission propose quelque changement au tracé indiqué par les ingénieurs, le sous-préfet devra, dans la forme indiquée par l'article 6, en donner immédiatement avis aux propriétaires que ces changements pourront intéresser. Pendant la huitaine, à dater de cet avertissement, le procès-verbal et les pièces resteront déposés à la sous-préfecture.

Les parties intéressées pourront en prendre communication sans déplacement et sans frais, et fournir leurs observations écrites.

Dans les trois jours suivants, le sous-préfet transmettra toutes les pièces à la préfecture.

Art. 11.

Sur le vu du procès-verbal et des documents y annexés, le préfet détermine, par un arrêté motivé, les propriétés qui doivent être cédées, et indique l'époque à laquelle il sera nécessaire d'en prendre possession. Toutefois, dans le cas où il résulterait de l'avis de la commission qu'il y aurait lieu de modifier le tracé des travaux ordonnés, le préfet surseoira jusqu'à ce qu'il ait été prononcé par l'administration supérieure.

L'administration supérieure pourra, suivant les circonstances, ou statuer définitivement, ou ordonner qu'il soit procédé de nouveau à tout ou partie des formalités prescrites par les articles précédents.

Art. 12.

Les dispositions des articles 8, 9 et 10, ne sont point applicables aux cas où l'expropriation serait demandée par une commune, et dans un intérêt purement communal, non plus qu'aux travaux d'ouverture ou de redressement des chemins vicinaux.

Dans ce cas, le procès-verbal prescrit par l'article 7 est transmis, avec l'avis du conseil municipal, par le maire au sous-préfet, qui l'adressera au préfet, avec ses observations.

Le préfet, en conseil de préfecture, sur le vu de ce procès-verbal, et, sauf l'approbation de l'administration supérieure, prononcera comme il est dit en l'article précédent.

TITRE III.

De l'Expropriation et de ses suites, quant aux Privilèges, Hypothèques et autres Droits réels.

ART. 13.

Si des biens de mineurs, d'interdits, d'absents ou autres incapables, sont compris dans les plans déposés en vertu de l'article 5, ou dans les modifications admises par l'administration supérieure, aux termes de l'article de la présente loi, les tuteurs, ceux qui ont été envoyés en possession provisoire, et tous représentants des incapables, peuvent, après autorisation du tribunal, donnée sur simple requête, en la chambre du conseil, le ministère public entendu, consentir amiablement à l'aliénation desdits biens.

Le tribunal ordonne les mesures de conservation ou de remploi qu'il juge nécessaires.

Ces dispositions sont applicables aux immeubles dotaux et aux majorats.

Les préfets pourront, dans le même cas, aliéner les biens des départements, s'ils y sont autorisés par

délibération du conseil général; les maires ou administrateurs pourront aliéner les biens des communes ou établissements publics, s'ils y sont autorisés par délibération du conseil municipal ou du
conseil d'administration, approuvée par le préfet
en conseil de préfecture.

Le Ministre des finances peut consentir à l'aliénation des biens de l'Etat, ou de ceux qui font partie
de la dotation de la Couronne, sur la proposition
de l'intendant de la Liste civile. A défaut des conventions amiables, soit avec les propriétaires de
terrains ou bâtiments dont la cession est reconnue
nécessaire, soit avec ceux qui les représentent, le
préfet transmet au procureur du roi, dans le ressort
duquel les biens sont situés, la loi ou l'ordonnance
qui autorise l'exécution des travaux, et l'arrêté men-
tionné en l'article 11.

ART. 14.

Dans les trois jours, et sur la reproduction des
pièces constatant que les formalités prescrites par
l'article 2 du titre Ier, et par le titre II de la présente
loi, ont été remplies, le procureur du roi requiert
et le tribunal prononce l'expropriation pour cause
d'utilité publique, des terrains ou bâtiments indiqués dans l'arrêté du préfet.

Si, dans l'année de l'arrêté du préfet, l'administration n'a pas poursuivi l'expropriation, tout propriétaire dont les terrains sont compris audit arrêté
peut présenter requête au tribunal. Cette requête

sera communiquée par le procureur du roi au préfet, qui devra, dans le plus bref délai, envoyer les pièces, et le tribunal statuera dans les trois jours.

Le même jugement commet un des membres du tribunal pour remplir les fonctions attribuées par le titre iv, chapitre 2, au magistrat directeur du jury chargé de fixer l'indemnité, et désigne un autre membre pour le remplacer au besoin.

En cas d'absence ou d'empêchement de ces deux magistrats, il sera pourvu à leur remplacement par une ordonnance sur requête du président du tribunal civil.

Dans le cas où les propriétaires à exproprier consentiraient à la cession, mais où il n'y aurait point accord sur le prix, le tribunal donnera acte du consentement, et désignera le magistrat directeur du jury, sans qu'il soit besoin de rendre le jugement d'expropriation, ni de s'assurer que les formalités prescrites par le titre ii ont été remplies.

ART. 15.

Le jugement est publié et affiché, par extrait, dans la commune de la situation des biens, de la manière indiquée en l'article 6. Il est en outre inséré dans l'un des journaux publiés dans l'arrondissement, ou, s'il n'en existe aucun, dans l'un de ceux du département.

Cet extrait, contenant les noms des propriétaires, les motifs et le dispositif du jugement, leur est no-

tifié au domicile qu'ils auront élu dans l'arrondissement de la situation des biens, par une déclaration
faite à la mairie de la commune où les biens sont
situés ; et, dans le cas où cette élection de domicile
n'aurait pas eu lieu, la notification de l'extrait sera
fait en double copie au maire et au fermier, locataire,
gardien ou régisseur de la propriété.

Toutes les autres notifications prescrites par la
présente loi seront faites dans la forme ci-dessus
indiquée.

Art. 16.

Le jugement sera, immédiatement *après l'accomplissement des formalités prescrites par l'article* 15 *de
la présente loi,* transcrit au bureau de la conservation des hypothèques de l'arrondissement, conformément à l'article 2181 du Code civil.

Art. 17.

Dans la quinzaine de la transcription, les priviléges et les hypothèques conventionnelles, judiciaires ou légales, seront inscrits.

A défaut d'inscription dans ce délai, l'immeuble
exproprié sera affranchi de tous priviléges et hypothèques, de quelque nature qu'ils soient, *sans préjudice des droits des femmes, mineurs et interdits, sur
le montant de l'indemnité, tant qu'elle n'a pas été payée
ou que l'ordre n'a pas été réglé définitivement entre les
créanciers.*

Les créanciers inscrits n'auront, dans aucun cas,

la faculté de surenchérir, mais ils pourront exiger que l'indemnité soit fixée conformément au titre IV.

ART. 18.

Les actions en résolution, en revendication, et toutes autres actions réelles, ne pourront arrêter l'expropriation, ni empêcher l'effet. Le droit des réclamants sera transporté sur le prix, et l'immeuble en demeurera affranchi.

ART. 19.

Les règles posées dans le § 1ᵉʳ de l'article 15, et dans les articles 16, 17 et 18, seront applicables dans le cas de conventions amiables passées entre l'administration et les propriétaires.

Cependant l'administration peut, sauf les droits des tiers, et sans accomplir les formalités ci-dessus tracées, payer le prix des acquisitions dont la valeur ne s'élèverait pas au-dessus de 500 francs.

Le défaut d'accomplissement des formalités de la purge des hypothèques n'empêche pas l'expropriation d'avoir son cours; sauf, pour les parties intéressées, à faire valoir leurs droits ultérieurement, dans les formes déterminées par le titre IV de la présente loi.

ART. 20.

Le jugement ne pourra être attaqué que par la voie du recours en cassation, et seulement pour incompétence, excès de pouvoir ou vice de forme du jugement. — Le pourvoi aura lieu, *au plus tard,* dans les trois jours, à dater de la notification du jugement, par déclaration au greffe du tribunal. Il sera notifié dans la huitaine, soit à la partie, au domicile indiqué par l'article 15, soit au préfet ou au maire, suivant la nature des travaux; *le tout à peine de déchéance*. Dans la quinzaine de la notification du pourvoi, les pièces seront adressées à la chambre civile de la cour de cassation, qui statuera dans le mois suivant.

L'arrêté, s'il est rendu par défaut, à l'expiration de ce délai, ne sera pas susceptible d'opposition.

TITRE IV.

Du Réglement des Indemnités.

CHAPITRE PREMIER.

Mesures préparatoires.

Art. 21.

Dans la huitaine qui suit la notification prescrite par l'article 15, le propriétaire est tenu d'appeler et de faire connaître *à l'administration* les fermiers, locataires, ceux qui ont des droits d'usufruit, d'habitation ou d'usage, tels qu'ils sont réglés par le Code civil, et ceux qui peuvent réclamer des servitudes résultant des titres mêmes du propriétaire ou d'autres actes dans lesquels il serait intervenu; sinon, il restera seul chargé envers eux des indemnités que ces derniers pourront réclamer.

Les autres intéressés seront en demeure de faire valoir leurs droits par avertissement énoncé en l'article 6, et tenus de se faire connaître *à l'administration* dans le même délai de huitaine, à défaut de quoi ils seront déchus de tous droits à l'indemnité.

ART. 22.

Les dispositions de la présente loi, relatives aux propriétaires et à leurs créanciers, sont applicables à l'usufruitier et à ses créanciers.

ART. 23.

L'administration notifie aux propriétaires et à tous autres intéressés qui auront été désignés ou qui seront intervenus dans le délai fixé par l'article 21, les sommes qu'elle offre pour indemnité.

Ces offres sont, en outre, affichées et publiées conformément à l'article 6 de la présente loi.

ART. 24.

Dans la quinzaine suivante, les propriétaires et autres intéressés sont tenus de déclarer leur acceptation, ou, s'ils n'acceptent pas les offres qui leur sont faites, d'indiquer le montant de leurs prétentions.

ART. 25.

Les femmes mariées sous le régime dotal, assistées de leurs maris, les tuteurs, ceux qui ont été envoyés en possession provisoire des biens d'un absent, et autres personnes qui représentent les incapables, peuvent valablement accepter les offres énoncées en l'article 23, s'ils y sont autorisés dans les formes prescrites par l'article 13.

Art. 26.

Le ministre des finances, les préfets, maires ou administrateurs, peuvent accepter les offres d'indemnités pour expropriation des biens appartenant à l'Etat, à la Couronne, aux départements, communes ou établissements publics, dans les formes et avec les autorisations prescrites par l'article 13.

Art. 27.

Le délai de quinzaine, fixé par l'article 24, sera d'un mois dans les cas prévus par les articles 25 et 26.

Art. 28.

Si les offres de l'administration ne sont pas acceptées dans les délais prescrits par les articles 24 et 27, l'administration citera devant le jury, qui sera convoqué à cet effet, les propriétaires et tous autres intéressés qui auront été désignés, ou qui seront intervenus, pour qu'il soit procédé au réglement des indemnités de la manière indiquée au chapitre suivant. La citation contiendra l'énonciation des offres qui auront été refusées.

CHAPITRE II.

Du Jury spécial chargé de régler les Indemnités.

Art. 29.

Dans sa session annuelle, le conseil général du département désigne, pour chaque arrondissement de sous-préfecture, tant sur la liste des électeurs que sur la seconde partie de la liste du jury, trente-six personnes au moins, et soixante-douze au plus, qui ont leur domicile réel dans l'arrondissement, parmi lesquelles sont choisis, jusqu'à la session suivante ordinaire du conseil général, les membres du jury spécial appelés, le cas échéant, à régler les indemnités dues par suite d'expropriation pour cause d'utilité publique.

Le nombre des jurés désignés pour le département de la Seine sera de six cents.

Art. 30.

Toutes les fois qu'il y a lieu de recourir à un jury spécial, *la première chambre* de la cour royale, dans les départements qui sont le siége d'une cour royale, et, dans les autres départements, *la première chambre* du tribunal du chef-lieu judiciaire, choisit en la chambre du conseil, sur la liste dressée en vertu de l'article précédent, pour l'arrondissement dans lequel ont lieu les expropriations, seize personnes qui formeront le jury spécial chargé de fixer définitivement le montant de l'indemnité, et, en outre, quatre jurés supplémentaires. *Pendant les vacances, ce choix est déféré à la chambre de la cour ou du tribunal chargée du service des vacations. En cas d'abstention ou de récusation des membres du tribunal, le choix du jury est déféré à la cour royale.*

Ne peuvent être choisis :

1° Les propriétaires, fermiers, locataires des terrains et bâtiments désignés en l'arrêté du préfet, pris en vertu de l'article 11, et qui restent à acquérir;

2° Les créanciers ayant inscription sur lesdits immeubles;

3° Tous autres intéressés désignés ou intervenants en vertu des articles 21 et 22.

Les septuagénaires seront dispensés, s'ils le requièrent, des fonctions de juré.

Art. 31.

La liste des seize jurés et des quatre jurés supplémentaires est transmise par le préfet au sous-préfet, qui, après s'être concerté avec le magistrat directeur du jury, convoque les jurés et les parties, en leur indiquant, au moins huit jours à l'avance, le lieu et le jour de la réunion. La notification aux parties leur fait connaître le nom des jurés.

Art. 32.

Tout juré qui, sans motifs légitimes, manque à l'une des séances, ou refuse de prendre part à la délibération, encourt une amende de 100 francs au moins, et de 300 francs au plus.

L'amende est prononcée par le magistrat directeur du jury.

Il statue en dernier ressort sur l'opposition qui serait formée par le juré condamné.

Il prononce également sur les causes d'empêchement que les jurés proposent, ainsi que sur les exclusions ou incompatibilités dont les causes ne seraient survenues ou n'auraient été connues que postérieurement à la désignation faite en vertu de l'article 30.

Art. 33.

Ceux des jurés qui se trouvent rayés de la liste par suite des empêchements, exclusions ou incompatibilités prévus à l'article précédent, sont immédiatement remplacés par les jurés supplémentaires, que le magistrat directeur jury appelle dans l'ordre de leur inscription.

En cas d'insuffisance, le magistrat directeur du jury choisit, sur la liste dressée en vertu de l'article 29, les personnes nécessaires pour compléter le nombre des seize jurés.

Art. 34.

Le magistrat directeur du jury est assisté, auprès du jury spécial, du greffier ou commis-greffier du tribunal, qui appelle successivement les causes sur lesquelles le jury doit statuer, et tient procès-verbal des opérations.

Lors de l'appel, l'administration a le droit d'exercer deux récusations péremptoires; la partie adverse a le même droit.

Dans le cas où plusieurs intéressés figurent dans la même affaire, ils s'entendent pour l'exercice du droit de récusation; sinon le sort désigne ceux qui doivent en user.

Si le droit de récusation n'est point exercé, ou s'il ne l'est que partiellement, le magistrat directeur du jury procède à la réduction des jurés au nombre de douze, en retranchant les derniers noms inscrits sur la liste.

Art. 35.

Le jury spécial n'est constitué que lorsque les douze jurés sont présents.

Les jurés ne peuvent délibérer valablement qu'au nombre de neuf au moins.

Art. 36.

Lorsque le jury est constitué, chaque juré prête serment de remplir ses fonctions avec impartialité.

Art. 37.

Le magistrat directeur met sous les yeux du jury :

1° Le tableau des offres et demandes notifiées en exécution des articles 23 et 24 ;

2° Les plans parcellaires et les titres ou autres documents produits par les parties à l'appui de leurs offres et demandes.

Les parties ou leurs fondés de pouvoir peuvent présenter sommairement leurs observations.

Le jury pourra entendre toutes les personnes qu'il croira pouvoir l'éclairer.

Il pourra également se transporter sur les lieux, ou déléguer à cet effet un ou plusieurs de ses membres.

La discussion est publique; elle peut être continuée à une autre séance.

Art. 38.

La clôture de l'instruction est prononcée par le magistrat directeur du jury.

Les jurés se retirent immédiatement dans leur chambre pour délibérer, sans désemparer, sous la présidence de l'un d'eux, qu'ils désignent à l'instant même.

La décision du jury fixe le montant de l'indemnité; elle est prise à la majorité des voix.

En cas de partage, la voix du président du jury est prépondérante.

Art. 39.

Le jury prononce des indemnités distinctes en faveur des parties qui les réclament, à des titres différents, comme propriétaires, fermiers, locataires, usagers et autres intéressés dont il est parlé dans l'article 21.

Dans le cas d'usufruit, une seule indemnité est fixée par le jury, eu égard à la valeur totale de

20

l'immeuble; le nu-propriétaire et l'usufruitier exercent leurs droits sur le montant de l'indemnité, au lieu de l'exercer sur la chose.

L'usufruitier est tenu de donner caution; les père et mère ayant l'usufruit légal des biens de leurs enfants en seront seuls dispensés.

Lorsqu'il y a litige sur le fond du droit ou sur la qualité des réclamants, et toutes les fois qu'il s'élève des difficultés étrangères à la fixation du montant de l'indemnité, le jury règle l'indemnité indépendamment de ces litiges et difficultés, sur lesquels les parties sont renvoyées à se pourvoir devant qui de droit.

L'indemnité allouée par le jury ne peut, en aucun cas, être inférieure aux offres de l'administration, ni supérieure à la demande de la partie intéressée.

Art. 40.

Si l'indemnité réglée par le jury ne dépasse pas l'offre de l'administration, les parties qui l'auront refusée seront condamnées aux dépens.

Si l'indemnité est égale à la demande des parties, l'administration sera condamnée aux dépens.

Si l'indemnité est à la fois supérieure à l'offre de l'administration et inférieure à la demande des parties, les dépens seront compensés de manière à être supportés par les parties et l'administration, dans les proportions de leur offre ou de leur demande avec la décision du jury.

Tout indemnitaire qui ne se trouvera pas dans le cas des articles 25 et 26, sera condamné aux dépens, quelle que soit l'estimation ultérieure du jury, s'il a omis de se conformer aux dispositions de l'article 24.

ART. 41.

La décision du jury, signée des membres qui y ont concouru, est remise par le président au magistrat directeur, qui la déclare exécutoire, statue sur les dépens, et envoie l'administration en possession de la propriété, à la charge par elle de se conformer aux dispositions des articles 53, 54 et suivants.

Ce magistrat taxe les dépens, dont le tarif est déterminé par un réglement d'administration publique.

La taxe ne comprendra que les actes faits postérieurement à l'offre de l'administration; les frais des actes antérieurs demeurent, dans tous les cas, à la charge de l'administration.

ART. 42.

La décision du jury *et l'ordonnance du magistrat directeur* ne peuvent être attaquées que par la voie du recours en cassation, et seulement pour violation du paragraphe 1er de l'article 30, de l'article 31, des paragraphes 2 et 4 de l'article 34, et des articles 35, 36, 37, 38, 39 et 40.

Le délai sera de quinze jours pour ce recours,

qui sera d'ailleurs formé, notifié et jugé, comme il est dit à l'article 20; il courra à partir du jour de la décision.

Art. 43.

Lorsqu'une décision du jury aura été cassée, l'affaire sera renvoyée devant un nouveau jury, choisi dans le même arrondissement.

Néanmoins la cour de cassation pourra, suivant les circonstances, renvoyer l'appréciation de l'indemnité à un jury choisi dans un des arrondissements voisins, quand même il appartiendrait à un autre département.

Il sera procédé, à cet effet, conformément à l'article 30.

Art. 44.

Le jury ne connaît que des affaires dont il a été saisi au moment de sa convocation, et statue successivement et sans interruption sur chacune de ces affaires; il ne peut se séparer qu'après avoir réglé toutes les indemnités dont la fixation lui a été ainsi déférée.

Art. 45.

Les opérations commencées par un jury, et qui ne sont pas encore terminées au moment du renouvellement annuel de la liste générale mentionnée en l'article 27, sont continuées, jusqu'à conclusion définitive, par le même jury.

ART. 46.

Après la clôture des opérations du jury, les minutes de ses décisions et les autres pièces qui se rattachent auxdites opérations sont déposées au greffe du tribunal civil de l'arrondissement.

ART. 47.

Les noms des jurés qui auront fait le service d'une session ne pourront être portés sur le tableau dressé par le conseil général pour l'année suivante.

CHAPITRE III.

Des Règles à suivre pour la fixation des Indemnités.

ART. 48.

Le jury est juge de la sincérité des titres et de l'effet des actes qui seraient de nature à modifier l'évaluation de l'indemnité.

ART. 49.

Dans le cas où l'administration contesterait au détenteur exproprié le droit à une indemnité, le jury, sans s'arrêter à la contestation, dont il renvoie le jugement devant qui de droit, fixe l'indemnité comme si elle était due, et le magistrat directeur du jury en ordonne la consignation, pour ladite indemnité rester déposée jusqu'à ce que les parties se soient entendues, ou que le litige soit vidé.

Art. 50.

Les bâtiments dont il est nécessaire d'acquérir une portion pour cause d'utilité publique, seront achetés en entier, si les propriétaires le requièrent par une déclaration formelle adressée au magistrat directeur du jury, dans les délais énoncés aux articles 24 et 27.

Il en sera de même de toute parcelle de terrain qui, par suite du morcellement, se trouvera réduite au quart de la contenance totale, si toutefois le propriétaire ne possède aucun terrain immédiatement contigu, et si la parcelle, ainsi réduite, est inférieure à dix ares.

Art. 51.

Si l'exécution des travaux doit procurer une augmentation de valeur immédiate et spéciale au restant de la propriété, cette augmentation *sera* prise en considération dans l'évaluation de l'indemnité.

Art. 52.

Les constructions, plantations et améliorations ne donneront lieu à aucune indemnité, lorsque, à raison de l'époque où elles auront été faites, ou de toutes autres circonstances dont l'appréciation lui est abandonnée, le jury acquiert la conviction qu'elles ont été faites dans la vue d'obtenir une indemnité plus élevée.

TITRE V.

Du Paiement des Indemnités.

ART. 53.

Les indemnités réglées par le jury séront, préalablement à la prise de possession, acquittées entre les mains des ayants-droit.

S'ils se refusent à les recevoir, la prise de possession aura lieu après offres réelles et consignation.

S'il s'agit de travaux exécutés par l'état ou les départements, les offres réelles pourront s'effectuer au moyen d'un mandat égal au montant de l'indemnité réglée par le jury; ce mandat, délivré par l'ordonnateur compétent, visé par le payeur, sera payable sur la caisse publique, qui s'y trouvera désignée.

Si les ayants-droit refusent de recevoir le mandat, la prise de possession aura lieu après consignation en espèces.

ART. 54.

Il ne sera pas fait d'offres réelles toutes les fois qu'il existera des inscriptions sur l'immeuble exproprié, ou d'autres obstacles au versement des deniers entre les mains des ayants-droit; dans ce cas, il suffira que les sommes dues par l'administration soient consignées, pour être ultérieurement distribuées ou remises selon les règles du droit commun.

ART. 55.

Si, dans les six mois du jugement de l'expropriation, l'administration ne poursuit pas la fixation de l'indemnité, les parties pourront exiger qu'il soit procédé à ladite fixation.

Quand l'indemnité aura été réglée, si elle n'est ni acquittée, ni consignée dans les six mois de la décision du jury, les intérêts courront de plein droit à l'expiration de ce délai.

TITRE VI.

Dispositions diverses.

ART. 56.

Les contrats de vente, quittances et autres actes relatifs à l'acquisition des terrains, peuvent être passés dans la forme des actes administratifs; la minute restera déposée au secrétariat de la préfecture; expédition en sera transmise à l'administration des domaines.

ART. 57.

Les significations et notifications mentionnées en la présente loi sont faites à la diligence du préfet du département de la situation des biens.

Elles peuvent être faites tant par huissiers que

par tout agent de l'administration dont les procès-verbaux font foi en justice.

Art. 58.

Les plans, procès-verbaux, certificats, significations, jugements, contrats, quittances et autres actes faits en vertu de la présente loi, seront visés pour timbre et enregistrés gratis, lorsqu'il y aura lieu à la formalité de l'enregistrement.

Il ne sera perçu aucuns droits pour la transcription des actes au bureau des hypothèques.

Les droits perçus sur les acquisitions amiables, faites antérieurement aux arrêtés du préfet, seront restitués, lorsque. dans le délai de deux ans, à partir de la perception, il sera justifié que les immeubles acquis sont compris dans ces arrêtés. La restitution des droits ne pourra s'appliquer qu'à la portion des immeubles qui aura été reconnue nécessaire à l'exécution des travaux.

Art. 59.

Lorsqu'un propriétaire aura accepté les offres de l'administration, le montant de l'indemnité devra, s'il l'exige et s'il n'y a pas eu contestation de la part des tiers dans les délais prescrits par les articles 24 et 27, être versé à la caisse des dépôts et consignations, pour être remis ou distribué à qui de droit, selon les règles du droit commun.

Art. 60.

Si les terrains acquis pour des travaux d'utilité

publique ne reçoivent pas cette destination, les anciens propriétaires ou leurs ayants-droit peuvent en demander la remise.

Le prix des terrains rétrocédés est fixé à l'amiable, et s'il n'y a pas accord, par le jury, dans les formes ci-dessus prescrites. La fixation par le jury ne peut, en aucun cas, excéder la somme moyennant laquelle les terrains ont été acquis.

Art. 61.

Un avis, publié de la manière indiquée en l'article 6, fait connaître les terrains que l'administration est dans le cas de revendre. Dans les trois mois de cette publication, les anciens propriétaires qui veulent réacquérir la propriété desdits terrains sont tenus de le déclarer; et, dans le mois de la fixation du prix, soit amiable, soit judiciaire, ils doivent passer le contrat de rachat et payer le prix : le tout à peine de déchéance du privilège que leur accorde l'article précédent.

Art. 62.

Les dispositions des articles 60 et 61 ne sont pas applicables aux terrains qui auront été acquis sur la réquisition du propriétaire, en vertu de l'article 50, et qui resteraient disponibles après l'exécution des travaux.

Art. 63.

Les concessionnaires des travaux publics exerceront tous les droits conférés à l'administration, et seront soumis à toutes les obligations qui lui sont imposées par la présente loi.

ART. 64.

Les contributions de la portion d'immeuble qu'un propriétaire aura cédée, ou dont il aura été exproprié pour cause d'utilité publique, continueront à lui être comptées pendant un an, à partir de la remise de la propriété, pour former son cens électoral.

TITRE VII.

Dispositions exceptionnelles.

CHAPITRE PREMIER.

ART. 65.

Lorsqu'il y aura urgence de prendre possession des terrains non bâtis qui seront soumis à l'expropriation, l'urgence sera spécialement déclarée par une ordonnance royale.

ART. 66.

En ce cas, après le jugement d'expropriation, l'ordonnance qui déclare l'urgence et le jugement seront notifiés, conformément à l'article 15, aux propriétaires et aux détenteurs, avec assignation devant le tribunal civil. L'assignation sera donnée à trois jours au moins; elle énoncera la somme offerte par l'administration.

Art. 67.

Au jour fixé, le proprétaire et les détenteurs seront tenus de déclarer la somme dont ils demandent la consignation avant l'envoi en possession.

Faute par eux de comparaître, il sera procédé en leur absence.

Art. 68.

Le tribunal fixe le montant de la somme à consigner.

Le tribunal peut se transporter sur les lieux, ou commettre un juge pour visiter les terrains, recueillir tous les renseignements propres à en déterminer la valeur, et en dresser, s'il y a lieu, un procès-verbal descriptif. Cette opération devra être terminée dans les cinq jours, à dater du jugement qui l'aura ordonnée.

Dans les trois jours de la remise de ce procès-verbal au greffe, le tribunal déterminera la somme à consigner.

Art. 69.

La consignation doit comprendre, outre le principal, la somme nécessaire pour assurer, pendant deux ans, le paiement des intérêts à 5 pour 100.

Art. 70.

Sur le vu du procès-verbal de consignation, et sur une nouvelle assignation à deux jours de délai au moins, le président ordonne la prise de possession.

Art. 71.

Le jugement du tribunal et l'ordonnance du président sont exécutoires sur minute, et ne peuvent être attaqués par opposition ni par appel.

Art. 72.

Le président taxera les dépens qui seront supportés par l'administration.

Art. 73.

Après la prise de possession, il sera, à la poursuite de la partie la plus diligente, procédé à la fixation définitive de l'indemnité, en exécution du titre iv de la présente loi.

Art. 74.

Si cette fixation est supérieure à la somme qui a été déterminée par le tribunal, le supplément doit être consigné dans la quinzaine de la notification de la décision du jury, et, à défaut, le propriétaire peut s'opposer à la continuation des travaux.

CHAPITRE II.

Art. 75.

Les formalités prescrites par les titres i et ii de la présente loi ne sont applicables ni aux travaux militaires, ni aux travaux de la marine royale.

Pour ces travaux, une ordonnance royale détermine les terrains qui sont soumis à l'expropriation.

Art. 76.

L'expropriation ou l'occupation temporaire, en cas d'urgence, des propriétés privées qui seront jugées nécessaires pour des travaux de fortification, continueront d'avoir lieu conformément aux dispositions prescrites par la loi du 30 mars 1831.

Toutefois, lorsque les propriétaires ou autres intéressés n'auront pas accepté les offres de l'administration, le réglement définitif des indemnités aura lieu conformément aux dispositions du titre IV ci-dessus.

Seront également applicables aux expropriations poursuivies en vertu de la loi du 30 mars 1831, les articles 16, 17, 18, 19 et 20, ainsi que le titre VI de la présente loi.

TITRE VIII.

Dispositions finales.

Art. 77.

Les lois des 8 mars 1810 et 7 juillet 1833 sont abrogées.

PATENTES.

LOI DU 25 AVRIL 1844.

Art. 1er.

Tout individu, français ou étranger, qui exerce en France un commerce, une industrie, une profession, non compris dans les exceptions déterminées par la présente loi, est assujetti à la contribution des patentes.

Art. 2.

La contribution des patentes se compose d'un droit fixe et d'un droit proportionnel.

Art. 3.

Le droit fixe est réglé conformément aux tableaux A, B, C, annexés à la présente loi.

Il est établi :

Eu égard à la population et d'après un tarif général, pour les industries et professions énumérées dans le tableau A ;

Eu égard à la population et d'après un tarif exceptionnel, pour les industries et professions portées dans le tableau B ;

Et sans égard à la population, pour celles qui font l'objet du tableau C.

ART. 4.

Les commerces, industries et professions non dénommés dans ces tableaux, n'en sont pas moins assujettis à la patente. Le droit fixe auquel ils doivent être soumis est réglé, d'après l'analogie des opérations ou des objets de commerce, par un arrêté spécial du préfet, rendu sur la proposition du directeur, et après avoir pris l'avis du maire.

Tous les cinq ans, des tableaux additionnels, contenant la nomenclature des commerces, industries et professions, classés par voie d'assimilation, depuis trois années au moins, seront soumis à la sanction législative.

ART. 5.

Pour les professions dont le droit fixe varie en raison de la population du lieu où elles sont exercées, les tarifs seront appliqués d'après la population qui aura été déterminée par la dernière ordonnance de dénombrement.

Néanmoins, lorsque ce dénombrement fera passer une commune dans une catégorie supérieure à celle dont elle faisait précédemment partie, l'augmentation du droit fixe ne sera appliquée que par moitié pendant les cinq premières années.

Art. 6.

Dans les communes dont la population totale est de 5,000 âmes et au-dessus, les patentables exerçant dans la banlieue des professions imposées eu égard à la population, paieront le droit fixe d'après le tarif applicable à la population non agglomérée.

Les patentables exerçant lesdites professions dans la partie agglomérée paieront le droit fixe d'après le tarif applicable à la population totale.

Art. 7.

Le patentable qui exerce plusieurs commerces, industries ou professions, dans plusieurs communes différentes, ne peut être soumis qu'à un seul droit fixe.

Ce droit est toujours le plus élevé de ceux qu'il aurait à payer s'il était assujetti à autant de droits fixes qu'il exerce de professions.

Art. 8.

Le droit proportionnel est fixé au vingtième de la valeur locative pour toutes les professions imposables, sauf les exceptions énumérées au tableau D annexé à la présente loi.

Art. 9.

Le droit proportionnel est établi sur la valeur

21

locative, tant de la maison d'habitation que des magasins, boutiques, usines, ateliers, hangars, remisés, chantiers et autres locaux servant à l'exercice des professions imposables.

Il est dû, lors même que le logement et les locaux occupés sont concédés à titre gratuit.

La valeur locative est déterminée, soit au moyen de baux authentiques, soit par comparaison avec d'autres locaux dont le loyer aura été régulièrement constaté, ou sera notoirement connu, et, à défaut de ces bases, par voie d'appréciation.

Le droit proportionnel pour les usines et les établissements industriels est calculé sur la valeur locative de ces établissements, pris dans leur ensemble et munis de tous les moyens matériels de production.

ART. 10.

Le droit proportionnel est payé dans toutes les communes où sont situés les magasins, boutiques, usines, ateliers, hangars, remises, chantiers et autres locaux servant à l'exercice des professions imposables.

Si indépendamment de la maison où il fait sa résidence habituelle et principale, et qui, dans tous les cas, sauf l'exception ci-après, doit être soumise au droit proportionnel, le patentable possède, soit dans la même commune, soit dans des communes différentes, une ou plusieurs maisons d'habitation, il ne paie le droit proportionnel que pour celles de ces maisons qui servent à l'exercice de sa profession.

Si l'industrie pour laquelle il est assujetti à la patente ne constitue pas sa profession principale, et s'il ne l'exerce pas par lui-même, il ne paie le droit proportionnel que sur la maison d'habitation de l'agent préposé à l'exploitation.

Art. 11.

Le patentable qui exerce dans un même local, ou dans des locaux non distincts, plusieurs industries ou professions passibles d'un droit proportionnel différent, paie ce droit d'après le taux applicable à la profession pour laquelle il est assujetti au droit fixe.

Dans le cas où les locaux sont distincts, il ne paie pour chaque local que le droit proportionnel attribué à l'industrie ou à la profession qui y est spécialement exercée.

Dans ce dernier cas, le droit proportionnel n'en demeure pas moins établi sur la maison d'habitation d'après le taux applicable à la profession pour laquelle le patentable est imposé au droit fixe.

Art. 12.

Dans les communes dont la population est inférieure à vingt mille âmes, mais qui, en vertu d'un nouveau dénombrement, passent dans la catégorie des communes de vingt mille âmes et au-dessus, les patentables des septième et huitième classes ne seront soumis au droit proportionnel que dans le cas où une seconde ordonnance de dénombrement aura maintenu lesdites communes dans la même catégorie.

ART. 13.

Ne sont pas assujettis à la patente :

1° Les fonctionnaires et employés salariés, soit par l'Etat, soit par les administrations départementales ou communales, en ce qui concerne seulement l'exercice de leurs fonctions ;

2° Les notaires, les avoués, les avocats au conseil, les greffiers, les commissaires-priseurs, les huissiers;

3° Les avocats ;

Les docteurs en médecine ou en chirurgie, les officiers de santé, les sages-femmes et les vétérinaires;

Les peintres, sculpteurs, graveurs et dessinateurs considérés comme artistes, et ne vendant que le produit de leur art;

Les architectes considérés comme artistes, ne se livrant pas, même accidentellement, à des entreprises de construction;

Les professeurs de belles lettres, sciences et arts d'agrément; les chefs d'institution, les maîtres de pension, les instituteurs primaires;

Les éditeurs de feuilles périodiques;

Les artistes dramatiques ;

4° Les laboureurs et cultivateurs, seulement pour la vente et la manipulation des récoltes et fruits provenant des terrains qui leur appartiennent ou par eux exploités, et pour le bétail qu'ils y élèvent, qu'ils y entretiennent ou qu'ils y engraissent;

Les concessionnaires de mines pour le seul fait de l'extraction et de la vente des matières par eux extraites;

Les propriétaires ou fermiers des marais salants;

Les propriétaires ou locataires louant accidentellement une partie de leur habitation personnelle;

Les pêcheurs, même lorsque la barque qu'ils montent leur appartient;

5° Les associés en commandite, les caisses d'épargne et de prévoyance administrées gratuitement, les assurances mutuelles régulièrement autorisées;

6° Les capitaines de navire de commerce ne naviguant pas pour leur compte;

Les cantiniers attachés à l'armée;

Les écrivains publics;

Les commis et toutes les personnes travaillant à gages, à façon et à la journée, dans les maisons, ateliers et boutiques des personnes de leur profession, ainsi que les ouvriers travaillant chez eux ou chez les particuliers, sans compagnons, apprentis, enseigne ni boutique. Ne sont point considérés comme compagnons ou apprentis, la femme travaillant avec son mari, ni les enfants non mariés travaillant avec leurs père et mère, ni le simple manœuvre dont le concours est indispensable à l'exercice de la profession;

Les personnes qui vendent en ambulance dans

les rues, dans les lieux de passage et dans les marchés, soit des fleurs, de l'amadou, des balais, des statues et figures en plâtre, soit des fruits, des légumes, des poissons, du beurre, des œufs, du fromage et autres menus comestibles ;

Les savetiers, les chiffonniers au crochet, les porteurs d'eau à la bretelle ou avec voiture à bras, les remouleurs ambulants, les gardes-malades.

Art. 14.

Tous ceux qui vendent en ambulance des objets non compris dans les exemptions déterminées par l'article précédent, et tous marchands sous échoppe ou en étalage, sont passibles de la moitié des droits que paient les marchands qui vendent les mêmes objets en boutique. Toutefois cette disposition n'est pas applicable aux bouchers, épiciers et autres marchands ayant un état permanent ou occupant des places fixes dans les halles et les marchés.

Art. 15.

Les maris et femmes séparés de biens ne doivent qu'une patente, à moins qu'ils n'aient des établissements distincts, auquel cas chacun d'eux doit avoir sa patente et payer séparément les droits fixes et proportionnels.

Art. 16.

Les patentes sont personnelles et ne peuvent servir qu'à ceux à qui elles sont délivrées. En conséquence, les associés en nom collectif sont tous assujettis à la patente.

Toutefois, l'associé principal paie seul le droit fixe en entier : les autres associés ne sont imposés qu'à la moitié de ce droit, même quand ils ne résident pas tous dans la même commune que l'associé principal.

Le droit proportionnel est établi sur la maison d'habitation de l'associé principal, et sur tous les locaux qui servent à la société pour l'exercice de son industrie.

La maison d'habitation de chacun des autres associés est affranchie du droit proportionnel, à moins qu'elle ne serve à l'exercice de l'industrie sociale.

Art. 17.

Les sociétés ou compagnies anonymes ayant pour but une entreprise industrielle ou commerciale, sont imposées à un seul droit fixe sous la désignation de l'objet de l'entreprise, sans préjudice du droit proportionnel.

La patente assignée à ces associés ou compagnies ne dispense aucun des sociétaires ou actionnaires du paiement des droits de patente auxquels ils pourraient être personnellement assujettis pour l'exercice d'une industrie particulière.

Art. 18.

Tout individu transportant des marchandises de commune en commune, lors même qu'il vend pour

le compte de marchands ou fabricants, est tenu
d'avoir une patente personnelle, qui est, selon les
cas, celle de colporteur avec balle, avec bêtes de
somme ou avec voiture.

Art. 19.

Les commis-voyageurs des nations étrangères seront traités, relativement à la patente, sur le même
pied que les commis-voyageurs français chez ces
mêmes nations.

Art. 20.

Les contrôleurs des contributions directes procé-
deront annuellement au recensement des imposables
et à la formation des matrices de patentes.

Le maire sera prévenu de l'époque de l'opération
du recensement, et pourra assister le contrôleur dans
cette opération, ou se faire représenter, à cet effet,
par un délégué.

En cas de dissentiment entre les contrôleurs et les
maires ou leurs délégués, les observations contradictoires de ces derniers seront consignées dans une
colonne spéciale.

La matrice, dressée par le contrôleur, sera déposée, pendant dix jours, au secrétariat de la mairie,
afin que les intéressés puissent en prendre connaissance, et remettre au maire leurs observations. A
l'expiration d'un second délai de dix jours, le maire,
après avoir consigné ses observations sur la matrice,
l'adressera au sous-préfet.

Le sous-préfet portera également ses observations sur la matrice, et la transmettra au directeur des contributions directes, qui établira les taxes conformément à la loi, pour les articles non contestés. A l'égard des articles sur lesquels le maire ou le sous-préfet ne sera pas d'accord avec le contrôleur, le directeur soumettra les contestations au préfet avec son avis motivé. Si le préfet ne croit pas devoir adopter les propositions du directeur, il en sera référé au ministre des finances.

Le préfet arrête les rôles et les rend exécutoires.

A Paris, l'examen de la matrice des patentes aura lieu, pour chaque arrondissement municipal, par le maire, assisté soit de l'un des membres de la commission des contributions, soit de l'un des agents attachés à cette commission, délégué à cet effet par le préfet.

Art. 21.

Les patentés qui réclameront contre la fixation de leurs taxes seront admis à prouver la justice de leurs réclamations, par la représentation d'actes de société légalement publiés, de journaux et livres de commerce régulièrement tenus, et par tous autres documents.

Art. 22.

Les réclamations en décharge ou réduction, et les demandes en remise ou modération, seront communiquées aux maires : elles seront d'ailleurs présentées, instruites et jugées dans les formes et détails prescrits pour les autres contributions directes.

ART. 23.

La contribution des patentes est due pour l'année entière, par tous les individus exerçant au mois de janvier une profession imposable.

En cas de cession d'établissement, la patente sera, sur la demande du cédant, transférée à son successeur; la mutation de cote sera réglée par arrêté du préfet.

En cas de fermeture des magasins, boutiques et ateliers, par suite de décès ou de faillite déclarée, les droits ne seront dus que pour le passé et le mois courant. Sur la réclamation des parties intéressées, il sera accordé décharge du surplus de la taxe.

Ceux qui entreprennent, après le mois de janvier, une profession sujette à patente, ne doivent la contribution qu'à partir du 1er du mois dans lequel ils ont commencé d'exercer, à moins que, par sa nature, la profession ne puisse pas être exercée toute l'année. Dans ce cas, la contribution sera due pour l'année entière, quelle que soit l'époque à laquelle la profession aura été entreprise.

Les patentés qui, dans le cours de l'année, entreprennent une profession d'une classe supérieure à celle qu'ils exerçaient d'abord, ou qui transportent leur établissement dans une commune d'une plus forte population, sont tenus de payer au prorata un supplément de droit fixe.

Il est également dû un supplément de droit proportionnel par les patentables qui prennent des maisons ou locaux d'une valeur locative supérieure à celle des maisons ou locaux pour lesquels ils ont été primitivement imposés, et par ceux qui entreprennent une profession passible d'un droit proportionnel plus élevé.

Les suppléments seront dus à compter du 1er du mois dans lequel les changements prévus par les deux derniers paragraphes auront été opérés.

Art. 24.

La contribution des patentes est payable par douzième, et le recouvrement en est poursuivi comme celui des contributions directes : néanmoins les marchands forains, les colporteurs, les directeurs de troupes ambulantes, les entrepreneurs d'amusements et jeux publics non sédentaires, et tous autres patentables dont la profession n'est pas exercée à demeure fixe, sont tenus d'acquitter le montant total de leur cote, au moment où la patente leur est livrée.

Dans le cas où le rôle n'est émis que postérieurement au 1er mars, les douzièmes échus ne sont pas immédiatement exigibles : le recouvrement en est fait par portions égales, en même temps que celui des douzièmes non échus.

Art. 25.

En cas de déménagement hors du ressort de la perception, comme en cas de vente volontaire ou forcée, la contribution des patentes sera immédiatement exigible en totalité.

Les propriétaires, et, à leur place, les principaux locataires, qui n'auront pas, un mois avant le terme fixé par le bail ou par les conventions verbales, donné au percepteur avis du déménagement de leurs locataires, seront responsables des sommes dues par ceux-ci pour la contribution des patentes.

Dans le cas de déménagements furtifs, les propriétaires, et, à leur place, les principaux locataires, deviendront responsables de la contribution de leurs locataires, s'ils n'ont pas, dans les trois jours, donné avis du déménagement au percepteur.

La part de la contribution laissée à la charge des propriétaires ou principaux locataires par les paragraphes précédents, comprendra seulement le dernier douzième échu et le douzième courant, dus par le patentable.

Art. 26.

Les formules de patentes sont expédiées par le directeur des contributions directes sur les feuilles timbrées de un franc vingt-cinq centimes. Le prix du timbre est acquitté en même temps que le premier douzième des droits de patente.

Les formules de patentes sont visées par le maire, et revêtues du sceau de la commune.

Art. 27.

Tout patentable est tenu d'exhiber sa patente lorsqu'il en est requis par les maires, adjoints, juges-de-paix, et tous autres officiers ou agents de police judiciaire.

Art. 28.

Les marchandises mises en vente par les individus non munis de patentes, et vendant hors de leur domicile, seront saisies ou séquestrées au frais du vendeur, à moins qu'il ne donne caution suffisante jusqu'à la représentation de la patente ou la production de la preuve que la patente a été délivrée. Si l'individu non muni de patente exerce au lieu de son domicile, il sera dressé un procès-verbal qui sera transmis immédiatement aux agents des contributions directes.

Art. 29.

Nul ne pourra former de demande, fournir aucune exception ou défense en justice, ni faire aucun acte ou signification extra-judiciaire pour tout ce qui sera relatif à son commerce, sa profession ou son industrie, sans qu'il soit fait mention, en tête des actes, de sa patente, avec désignation de la date, du numéro et de la commune où elle aura été délivrée, à peine d'une amende de vingt-cinq francs, tant contre les particuliers sujets à la patente que contre les officiers ministériels qui auraient fait et reçu lesdits actes sans mention de la patente. La condamnation à cette amende sera poursuivie, à la requête du procureur du roi, devant le tribunal civil de l'arrondissement.

Le rapport de la patente ne pourra suppléer au défaut de l'énonciation, ni dispenser de l'amende prononcée.

Art. 30.

Les agents des contributions directes peuvent, sur la demande qui leur en est faite, délivrer des patentes avant l'émission du rôle, après toutefois que les requérants ont acquitté entre les mains du percepteur les douzièmes échus, s'il s'agit d'individus domiciliés dans le ressort de la perception, ou la totalité des droits, s'il s'agit des patentables désignés en l'article 24 ci-dessus, ou d'individus étrangers au ressort de la perception.

Art. 31.

Le patenté qui aura égaré sa patente ou qui sera dans le cas d'en justifier hors de son domicile, pourra se faire délivrer un certificat par le directeur ou par le contrôleur des contributions directes. Ce certificat fera mention des motifs qui obligent le patenté à le réclamer, et devra être sur papier timbré.

Art. 32.

Il est ajouté au principal de la contribution des patentes cinq centimes par franc, dont le produit est destiné à couvrir les décharges, réductions, remises et modérations, ainsi que les frais d'impressions et d'expédition des formules des patentes.

En cas d'insuffisance des cinq centimes, le montant du déficit est prélevé sur le principal des rôles.

Il est en outre prélevé sur le principal huit centimes, dont le produit est versé dans la caisse municipale.

Art. 33.

Les contributions spéciales destinées à subvenir aux dépenses des bourses et chambres de commerce, et dont la perception est autorisée par l'article 11 de la loi du 23 juillet 1820, seront réparties sur les patentables des trois premières classes du tableau A annexé à la présente loi, et sur ceux désignés dans les tableaux B et C, comme passibles d'un droit fixe égal ou supérieur à celui desdites classes.

Les associés des établissements compris dans les classes et tableaux susdésignés contribueront aux frais des bourses et chambres de commerce.

Art. 34.

La contribution des patentes sera établie conformément à la présente loi, à partir du 1er janvier 1845.

Art. 35.

Toutes les dispositions contraires à la présente loi seront et demeureront abrogées, à partir de la même époque, sans préjudice des lois et des réglements de police qui sont ou pourront être faits.

La présente loi, discutée, délibérée et adoptée par la chambre des Pairs et par celle des Députés, et sanctionnée par nous cejourd'hui, sera exécutée comme loi de l'Etat.

Donnons en mandement à nos Cours et Tribunaux, Préfets, Corps administratifs, et tous autres, que les présentes ils gardent et maintiennent, fassent garder, observer et maintenir, et, pour les rendre plus notoires à tous, ils les fassent publier et enregistrer partout où besoin sera; et, afin que ce soit chose ferme et stable à toujours, nous y avons fait mettre notre sceau.

Fait au palais des Tuileries, le 25e jour du mois d'Avril, l'année 1833.

Signé LOUIS-PHILIPPE.

TABLEAU *A*.

Tarif *général des Professions imposées eu égard à la population.*

CLASSES.	de 100000 âmes et au-dessus.	de 50000 à 100000	de 30000 à 50000	de 20000 à 30000	de 10000 à 20000	de 5000 à 10000	de 2000 à 5000	de 2000 âmes et au-dessous.
1re. . .	300f	140f	180f	120f	80f	60f	45f	35f
2e . . .	150	120	90	60	45	40	30	25
3e . . .	100	80	60	40	30	25	22	18
4e . . .	75	60	45	30	25	20	18	12
5e . . .	50	40	30	20	15	12	9	7
6e . . .	40	32	24	16	10	8	6	4
7e. . .	20	16	12	3	*8	*5	4	*3
8e . . .	12	10	3	6	*5	*4	*3	*2

Le signe * veut dire : exemption du droit proportionnel.

PREMIÈRE CLASSE.

Aiguilles à coudre et à tricoter (marchand d') en gros.

Bas et bonneterie (marchand de) en gros.

Beurre frais ou salé (marchand de) en gros.

Blondes (marchand de) en gros.

Bois à brûler (marchand de). — Celui qui, ayant chantier ou magasin, vend au stère, ou par quantité équivalente ou supérieure.

Bois de marine et de construction (marchand de).

Bois merrain (marchand de) en gros. — S'il vend par bateau ou charrette.

Bois de sciage (marchand de) en gros.

Bronzes, dorures et argenture sur métaux (marchand de) en gros.

Cachemires de l'Inde (marchand de).

Caisse d'escompte (tenant).

Caisse ou comptoir d'avances ou de prêts (tenant).

Caisse ou comptoir de recettes et de paiements (tenant).

Châles (marchand de) en gros.

Changeur de monnaies.

Chapeaux de paille (marchand de) en gros.

Chapellerie (marchand de matières premières pour la).

Charbon de bois (marchand de) en gros.

Chiffonnier en gros.

Cloutier (marchand) en gros.

Coton en laine (marchand de) en gros.

Coton filé (marchand de) en gros.

Crin frisé (marchand de) en gros.

Cristaux (marchand de) en gros.

Cuirs en vert étrangers (marchand de) en gros.

Cuirs tannés, corroyés, lissés, vernissés (marchand de) en gros.

Denrées coloniales (marchand de) en gros.

Dentelles (marchand de) en gros.

Diamants et pierres fines (marchand de).

Droguiste (marchand) en gros.

Eau-de-vie (marchand d') en gros.

Epicerie (marchand d') en gros.

Escompteur.

Fanons ou barbes de baleine (marchand de) en gros.

Fer en barres (marchand de) en gros. — Celui qui vend habituellement par parties d'au moins cinq cents kilogrammes.

Fleurets et filoselle (marchand de) en gros.

Fromages secs (marchand de) en gros.

Fruits secs (marchand de) en gros.

Graines fourragères, oléagineuses et autres (marchand de) en gros.

Horlogerie (marchand en gros de pièces d').
Huiles (marchand d') en gros.
Inhumations et pompes funèbres (entreprise des) dans les villes autres que Paris.
Laine brute ou lavée (marchand de) en gros.
Laine filée ou peignée (marchand de) en gros.
Liége brut (marchand de) en gros.
Lin ou chanvre brut ou filé (marchand de) en gros.
Liqueurs (marchand de) en gros.
Merceries (marchand de) en gros.
Métaux (marchand de) en gros, autres que l'or, l'argent, le fer en barres et la fonte.
Miel et cire brute (marchand expéditeur de).
Mine de plomb (marchand de) en gros.
Octroi (adjudicataire des droits d').
OEufs (marchand expéditeur d').
Os pour la fabrication du noir animal (marchand d') en gros.
Papetier (marchand) en gros.
Parfumeur (marchand) en gros.
Pastel (marchand de) en gros.
Peaussier (marchand) en gros.
Pelleteries et fourrures (marchand de) en gros. — S'il tire habituellement des pelleteries de l'étranger, ou s'il en envoie.
Pendules et bronzes (marchand de) en gros.
Pierres fines (marchand de).
Planches (marchand de) en gros.
Plume et duvet (marchand de) en gros.
Poisson salé, mariné, sec et fumé (marchand de) en gros.
Porcelaine (marchand de) en gros.
Quincailleries (marchand de) en gros.
Résines et autres matières analogues (marchand de) en gros.
Rogues ou œufs de morue (marchand de) en gros.
Rubans pour modes (marchand de) en gros.
Safran (marchand de) en gros.
Sangsues (marchand de) en gros.
Sel (marchand de) en gros.
Soie (marchand de) en gros.
Soies de porc ou de sanglier (marchand de) en gros.
Sucre brut et raffiné (marchand de) en gros.
Suif fondu (marchand de) en gros.
Tabac (marchand de) dans le département de la Corse, en gros.
Tabac en feuilles (marchand de).
Teinture (marchand en gros de matières premières pour la).
Thé (marchand de) en gros.
Tissus de laine, de fil, de coton ou de soie (marchand de) en gros.
Ventes à l'encan (directeur d'un établissement de).
Verres blancs et cristaux (marchand de) en gros.
Vinaigre (marchand de) en gros.

Vins (marchand de) en gros. — Vendant habituellement des vins par pièces ou paniers de vins fins, soit aux marchands en détail et aux cabaretiers, soit aux consommateurs.

DEUXIÈME CLASSE.

Abattoir public (concessionnaire ou fermier d').
Aiguilles à coudre et à tricoter (marchand d') en demi-gros.
Bas et bonneterie (marchand de) en demi-gros.
Bijoutier (marchand fabricant) ayant atelier et magasin.
Blondes (marchand de). — Celui qui, n'ayant ni chantier ni magasin, vend sur bateau ou sur les ports, au stère ou par quantité équivalente ou supérieure.
Bois de teinture (marchand de) en demi-gros.
Carrossier (fabricant).
Chapeaux de paille (marchand de) en demi-gros.
Charbon de terre épuré ou non (marchand de) en gros.
Cloutier (marchand) en demi-gros.
Condition pour les soies (entrepreneur ou fermier d'une).
Crin frisé (marchand de) en demi-gros.
Cristaux (marchand de) en demi-gros.
Dentelles (marchand de) en demi-gros.
Diorama, Panorama, Néorama, Géorama (directeur de).
Droguiste (marchand) en demi-gros.
Eau-de-vie (marchand d') en demi-gros.
Entrepôt (concessionnaire, exploitant ou fermier des droits d'emmagasinage dans un).
Entreprise générale du balayage, de l'arrosage ou de l'enlèvement des boues.
Epiceries (marchand d') en demi-gros.
Fanons ou barbes de baleine (marchand de) en demi-gros.
Fleurets et filoselle (marchand de) en demi-gros.
Huiles (marchand d') en demi-gros.
Joailler (fabricant et marchand) ayant atelier et magasin.
Laine filée ou peignée (marchand de) en demi-gros.
Lin ou chanvre brut ou filé (marchand de) en demi-gros.
Merceries (marchand de) en demi-gros.
Métaux (marchand en demi-gros de) autres que l'or, l'argent, le fer en barres, la fonte.
Nouveautés (marchand de).
Omnibus et autres voitures semblables (entreprise d').
Or et argent (marchand d').
Orfèvre (marchand fabricant) avec atelier et magasin.
Quincaillier en demi-gros.
Rubans pour modes (marchand de) en demi-gros.
Sel (marchand de) en demi-gros.
Serrurerie (marchand expéditeur d'objets de).
Soie (marchand de) en demi-gros.
Soies de porc ou de sanglier (marchand de) en demi-gros.
Sucre brut et raffiné (marchand de) en demi-gros.

Suif fondu (marchand de) en demi-gros.
Thé (marchand de) en demi-gros.
Tissus de laine, de fil, de coton ou de soie (marchand de) en
demi-gros.
Verres blancs et cristaux (marchand de) en demi-gros.
Verroterie et gobeleterie (marchand de) en demi-gros.

TROISIÈME CLASSE.

Affineur d'or, d'argent ou de platine.
Agréeur.
Ardoises (marchand d') en gros. — Celui qui expédie par
bateaux ou voitures.
Bâtiments (entrepreneur de).
Bazar de voitures (tenant).
Bijoutier (marchand) n'ayant pas d'atelier.
Bimbelotier (marchand) en gros.
Bœufs (marchand de).
Bois de sciage (marchand de). — Si, ayant chantier ou maga-
sin, il ne vend qu'aux menuisiers, ébénistes, charpentiers
et aux particuliers.
Bois d'ébénisterie (marchand de).
Bois en grume ou de charronage (marchand de).
Bouchons (marchand de) en gros.
Broderies (fabricant et marchand de) en gros.
Caractères d'imprimerie (fondeur de).
Carton ou carton-pierre (marchand fabricant d'ornements
en pâte de).
Châles (marchand de) en détail.
Chocolat (marchand de (en gros.
Cidre (marchand de) en gros.
Comestibles (marchand de).
Confiseur.
Conserves alimentaires (marchand de).
Coraux (préparateur de).
Coraux brut (marchand de).
Cuirs en vert du pays (marchand de) en gros.
Déménagements (entrepreneur de), s'il a plusieurs voitures.
Distillateur-liquoriste.
Droguiste (marchand) en détail.
Eau filtrée ou clarifiée et dépurée (entrepreneur d'un établis-
sement d').
Encre à écrire (fabricant marchand en gros d').
Eponges (marchand d') en gros.
Equipements militaires (marchand d'objets d').
Essayeur pour le commerce.
Fer en meubles (marchand de).
Fondeur d'or et d'argent.
Fruits secs (marchand de) en demi-gros.
Gantier (marchand fabricant).

Glacier–limonadier.

Halles, marchés et emplacements sur les places publiques (fermier ou adjudicataire des droits de).

Harpes (facteur et marchand de), ayant boutique ou magasin.

Horloger.

Hôtel garni (maître d'), tenant un restaurant à la carte.

Houblon (marchand de) en gros.

Hydrome (fabricant et marchand d').

Imprimeur-libraire.

Imprimeur typographe.

Jambons (marchand expéditeur de).

Joaillier (marchand), n'ayant point d'atelier.

Lattes (marchand de) en gros.

Libraire-éditeur.

Linger (fournisseur).

Liqueurs (fabricant de).

Marbre (marchand de) en gros.

Modes (marchand de).

Nacre brute (marchand de).

Navires (constructeur de).

Orfèvre (marchand), sans atelier.

Pâtissier expéditeur.

Pavage des villes (entrepreneur de).

Pendules et bronzes (marchand de) en détail.

Pharmacien.

Pianos et clavecins (facteurs et marchands en boutique ou magasin de).

Plaqué ou doublé d'or et d'argent (fabricant et marchand d'objets en).

Plume et duvet (marchand de) en détail.

Plumes à écrire (marchand expéditeur de).

Poisson salé, mariné, sec et fumé (marchand de) en demi-gros.

Restaurateur à la carte.

Saleur de viandes.

Sarraux ou blouses (marchand de) en gros.

Sellier-carrossier.

Soie (marchand de) en détail.

Soudes végétales indigènes (marchand en gros de).

Tabletterie (marchand de matières premières pour la).

Tailleur (marchand) avec magasin d'étoffe.

Tapis de laine et tapisseries (marchand de).

Tissus de laine, de fil, de coton ou de soie (marchand en détail de).

Tournerie de Saint-Claude (marchand expéditeur d'articles de).

Tourteaux (marchand de).

Voilier (pour son compte).

QUATRIÈME CLASSE.

Agence ou bureau d'affaires (directeur d').
Aiguilles à coudre et à tricoter (marchand d') en détail.
Alambics et autres grands vaisseaux en cuivre (fabricant ou marchand d').
Anchois (saleur d').
Apparaux (maître d').
Appréciateur au mont-de-piété.
Aubergiste.
Bacs (fermiers de) pour un fermage de mille francs et au-dessus.
Billards (fabricant de) ayant magasin.
Blondes (marchand de) en détail.
Bois de teinture (marchand de) en détail.
Boisselier (marchand) en gros.
Bottier (marchand).
Boucher (marchand).
Boules à teinture (fabricant de).
Brodeurs sur étoffes, en or et en argent.
Bronzes, dorures et argentures sur métaux (marchand de) en détail.
Cafetier.
Caoutchouc (fabricant ou marchand d'objets confectionnés ou d'étoffes garnies en).
Cartier (fabricant de cartes à jouer).
Chapeaux de feutre et de soie (fabricant de).
Charcutier.
Charpentier (entrepreneur-fournisseur).
Chasublier (marchand).
Chaudières en cuivre (fabricant de).
Chevaux (marchand de).
Cire à cacheter (fabricant de).
Cire (blanchisseur de) employant moins de six ouvriers.
Cirier (marchand).
Cochons (marchand de).
Commissionnaire au mont-de-piété.
Cordier (fabricant de câbles et cordages pour la marine ou la navigation intérieure).
Cordonnier (marchand).
Corroyeur (marchand).
Coton filé (marchand de) en détail.
Cotrets sur bateaux (marchand de).
Couleurs et vernis (fabricant et marchand de).
Couverts et autres objets en fer battu ou étamé (fabricant et marchand de) en gros, par procédés ordinaires.
Couvertures de soie, bourre, laine et coton, etc. (marchand de).
Couvreur (entrepreneur).

Crin frisé (marchand de).

Cuirs tannés, corroyés, lissés, vernissés (marchand de) en détail.

Décors et ornements d'architecture (marchand de).

Dentelles (marchand de).

Dorures et argentures sur métaux (fabricant ou marchand de) en détail.

Dorures pour passementeries (marchand de).

Eaux minérales factices (marchand de).

Ecorces de bois pour tan (marchand de).

Estaminet (maître d').

Estampeur en or et en argent.

Facteur de denrées et marchandises (partout ailleurs qu'à Paris).

Farines (marchand de) en gros.

Fer en barres (marchand de) en détail. — Celui qui vend habituellement par quantité inférieure à cinq cents kilogrammes.

Fils de chanvre ou de lin (marchand de) en détail.

Fleurets et filoselle (marchand de) en détail.

Fonte ouvragée (marchand de).

Fosses mobiles inodores (entrepreneur de).

Fourreur.

Fromages de pâte grasse (marchand de) en gros.

Fromages secs (marchand de) en demi-gros.

Garde du commerce.

Graines fourragères, oléagineuses et autres (marchand de) en demi-gros.

Grainetier-fleuriste (expéditeur).

Grains (marchand de) en gros.

Graveur sur cylindres.

Herboriste expéditeur.

Hongroyeur ou hongrieur.

Horlogerie (marchand de fournitures d').

Hôtel garni (maître d').

Houblon (marchand de) en demi-gros.

Huiles (marchand d') en détail.

Instruments pour les sciences (facteurs et marchands d') ayant boutique ou magasin.

Jardin public (tenant un).

Jaugeage des liquides (adjudicataire des droits de).

Laine brute ou lavée (marchand de) en détail.

Laine filée (marchand de) en détail.

Laineur.

Légumes secs (marchand de) en gros.

Limonadier non glacier.

Liqueurs (marchand de) en détail.

Lustres (fabricant et marchand de).

Maçonnerie (entrepreneur de).

Manège d'équitation (tenant un).

Mâts (constructeur de).
Mécanicien.
Menuisier (entrepreneur).
Merceries (marchand de) en détail.
Métaux (marchand de) (autre que l'or, l'argent, le fer en barres et la fonte) en détail.
Meules de moulins (fabricant de).
Miel et cire brute (marchand non expéditeur de).
Moutardier (marchand) en gros.
Moutons et agneaux (marchand de).
Mulets et mules (marchand de).
Nécessaires (marchand de).
Nougat (fabricant expéditeur de).
Oranges, citrons (marchand d'), expéditeur.
Orgues d'église (facteur d').
Ornemaniste.
Papetier (marchand) en détail.
Pastel (marchand de) en détail.
Pâtissier non expéditeur.
Peaussier (marchand) en détail.
Peaux en vert ou crues (marchand de).
Peinture (entrepreneur de) en bâtiments.
Pelleteries ou fourrures (marchand de) en détail.
Pesage et mesurage (fermier des droits de).
Pierre artificielle ou factice (fabricant d'objets en).
Plieur d'étoffes.
Polytypage (fabricant de).
Pompes à incendies (fabricant de).
Presseur de poisson de mer.
Pruneaux et prunes sèches (marchand de) en gros.
Quincaillier en détail.
Receveur de rentes.
Registres (fabricant de).
Restaurateur et traiteur à la carte et à prix fixe.
Rubans pour modes (marchand de) en détail.
Sabots (marchand de) en gros.
Safran (marchand de) en demi-gros.
Serrurier (entrepreneur).
Serrurier (mécanicien).
Serrurier en voitures suspendues.
Sondes (fabricant de grandes).
Suif en branches (marchand de).
Suif fondu (marchand de) en détail.
Tapissier (marchand).
Thé (marchand de) en détail.
Tôle vernie (fabricant d'ouvrages en).
Tourbe (marchand de) en gros.
Truffes (marchand de).
Tulles (marchand de) en détail.
Tuyaux en fil de chanvre pour les pompes à incendie et les

arrosements (fabricant de).
Vaches ou veaux (marchand de).
Vanneries (marchand expéditeur de).
Verres à vitre (marchand de).
Vinaigrier en détail.
Vins (marchand de) en détail. — Vendant habituellement,
    pour être consommés hors de chez lui, des vins au panier
    et à la bouteille.
Vins (voiturier marchand de).
Volailles truffées (marchand de).

CINQUIÈME CLASSE.

Accouchement (chef de maison d').
Acier poli (fabricant d'objets en) pour son compte.
Affineur de métaux autres que l'or, l'argent et le platine.
Agraffes (fabricant d') par les procédés ordinaires, pour son
    compte.
Albâtre (fabricant ou marchand d'objets en).
Almanachs ou annuaires (éditeur propriétaire d').
Appareils et ustensiles pour l'éclairage au gaz (fabricant d').
Appareils de chapeaux de paille.
Apprêteurs d'étoffes pour les particuliers.
Armurier.
Aubergiste, ne logeant qu'à cheval.
Bains publics (entrepreneur de).
Balancier (marchand).
Bals publics (entrepreneur de).
Bijoutier (fabricant) pour son compte, sans magasin.
Bijoux en faux (marchand de).
Blanchisseur de toiles et fils pour les particuliers.
Blatier avec voiture.
Bois à brûler (marchand de). — Celui qui, n'ayant ni chan-
    tier, ni magasin, ni bateau, vend par voiture au domicile
    des consommateurs.
Bois de bateaux (marchand de).
Bois de Boissellerie (marchand de).
Bois de volige (marchand de).
Bois feuillard (marchand de).
Boîtes et bijoux à musique (fabricant de mécaniques pour)
    pour son compte.
Boucher en détail.
Bouclerie (fabricant de) pour son compte.
Bougies (marchand de).
Boulanger.
Bouteilles de verre (marchand de).
Boutons de métal, corne, cuir bouilli, etc. (fabricant de),
    pour son compte.
Brocanteur en boutique ou magasin.

Broches et cannelets pour la filature (fabricant de), pour
son compte.

Broderies (fabricant et marchand de) en détail.

Bureau de distribution d'imprimés, de cartes de visites,
annonces, etc. (entrepreneur d'un).

Bureau d'indication et de placement (tenant un).

Cabaretier ayant billard.

Cabriolet sur place ou sous remise (loueur de), s'il y a plusieurs cabriolets.

Calandreur d'étoffes neuves.

Caractères mobiles en métal (fabricant de).

Carrossier raccommodeur.

Cartonnage fin (fabricant et marchand de).

Cercles ou sociétés (fournisseur des objets de consommation
dans les).

Chapeaux de paille (marchand de) en détail.

Chapellerie en fin.

Chapellerie (marchand de fournitures pour la).

Charbon de bois (marchand de) en demi-gros.

Charbon de terre épuré ou non (marchand de) en demi-gros.

Chasse (marchand d'ustensiles de).

Chaudronnier (marchand).

Cheminées dites *économiques* (fabricant et marchand de).

Chevaux (loueur de).

Chevaux (tenant pension de).

Cheveux (marchand de).

Chocolat (marchand de) en détail.

Cloches de toutes dimensions (marchand de).

Cloutier (marchand) en détail.

Coffretier-malletier, en cuir.

Colle pour la clarification des liqueurs (fabricant de).

Colleur d'étoffes.

Cornes brutes (marchand de).

Coutelier (marchand et fabricant).

Crémier-glacier.

Crins (fabricant et marchand de).

Crin frisé (apprêteur de).

Cristaux (marchand de) en détail.

Cullotier en peau (marchand).

Curiosité (marchand en boutique d'objets de).

Décatisseur.

Déchireur ou dépeceur de bateaux.

Dés à coudre en métal autre que l'or et l'argent (fabricant
de), pour son compte.

Distillateur d'essences et eaux parfumées et médicinales.

Eau-de-vie (marchand d') en détail.

Ebéniste (marchand), ayant boutique ou magasin.

Eclairage à l'huile pour le compte des particuliers (entrepreneur d').

Eperonnier, pour son compte.

Epicier en détail.
Eponges (marchand d') en détail.
Equipage (maître d').
Etain (fabricant de feuille d').
Etriers (fabricant d'), pour son compte.
Etrilles (fabricant d'), pour son compte.
Ferblantier lampiste.
Ferronnier.
Fiacre (loueur de), s'il a plusieurs voitures.
Fleurs artificielles (fabricant et marchand de).
Fondeur en fer, en bronze ou en cuivre (avec des creusets ordinaires).
Forces (fabricant de), pour son compte.
Forgeron de petites pièces (canons, platines).
Foulonnier.
Fourrages (marchand de), par bateaux, charrettes ou voitures.
Frangier (marchand).
Galonnier (marchand).
Gantier (marchand).
Glaces (marchand de) (miroitier).
Glacier.
Instruments de chirurgie en métal (fabricant et marchand d').
Ivoire (marchand d'objets en).
Jaugeur juré pour les liquides.
Jeu de paume (maître de).
Joaillier (fabricant) pour son compte.
Lampiste.
Lapidaire en pierres fausses (fabricant ou marchand), ayant boutique ou magasin.
Laveur de laines.
Layetier-emballeur.
Libraire.
Liège brut (marchand de) en détail.
Loueur de voitures suspendues.
Lunetier (marchand).
Lutherie (marchand de fournitures de).
Luthier (fabricant), pour son compte.
Magansier.
Maître ou patron de barque ou bateau, naviguant pour son propre compte sur les fleuves, rivières ou canaux, soit que la barque ou le bateau lui appartienne, soit qu'il l'ait loué. Si le conducteur n'est qu'un homme à gages, la patente est due par le propriétaire de la barque ou bateau.
Maréchal expert.
Maroquinier, pour son compte.
Marrons et châtaignes (marchand expéditeur de).
Mégissier, pour son compte.
Menuisier-mécanicien.

Métiers à bas (forgeur de) pour son compte.
Meubles (marchand de).
Meules à aiguiser (fabricant et marchand de).
Mine de plomb (marchand de) en détail.
Minerai de fer (marchand de), ayant magasin.
Miroitier.
Modiste.
Monuments funèbres (entrepreneur de).
Moulures (fabricant de) pour son compte.
Moulures (marchand de) en boutique.
Musique (marchand de).
Nacre de perles (fabricant d'objets en) pour son compte.
Nacre de perles (marchand d'objets en).
Natation (tenant une école de).
Orfèvre (fabricant) pour son compte.
Orgues portatives (facteur d') pour son compte.
Papier peint pour tentures (marchand de).
Parc aux charrettes (tenant un).
Parfumeur (marchand) en détail.
Passementier (marchand).
Pavés (marchand de).
Peignes de soie (marchand de).
Peintre-vernisseur (en voitures ou équipages).
Perles fausses (marchand de).
Pierres brutes (marchand de).
Pierres lithographiques (marchand de).
Planches (marchand de) en détail.
Plombier.
Plumassier (fabricant et marchand).
Plumes à écrire (marchand de), non expéditeur.
Poissons frais (marchand de), vendant par forte partie aux
    détaillants.
Pompes de métal (fabricant de).
Porcelaine (marchand de) en détail.
Poudrette (marchand de).
Relais (entrepreneur de), même lorsqu'il est maître de
    poste.
Résines et autres matières analogues (marchand de) en dé-
    tail.
Rogues ou œufs de morue (marchand de) en détail.
Restaurateur et traiteur à prix fixe seulement.
Rôtisseur.
Saleur d'olives.
Sceaux à incendie (fabricant de).
Sellier harnacheur.
Serrurier non entrepreneur.
Soies de porc ou de sanglier (marchand de) en détail.
Soufflets (fabricant et marchand de gros) pour les forgerons,
    bouchers, etc.
Sparterie pour modes (fabricant de).

Sucre brut et raffiné (marchand de) en détail.
Tableaux (marchand de).
Taffetas gommés ou cirés (marchand de).
Taillandier.
Tailleur (marchand d'habits neufs).
Tailleur (marchand), sans magasin d'étoffes, fournissant sur échantillons.
Tapis peints ou vernis (marchand de).
Toiles cirées ou vernies (marchand de).
Toiles métalliques (fabricant de) pour son compte.
Tôle vernie (marchand d'ouvrages en).
Traçons (maître de).
Ustensiles de chasse et de pêche (marchand de).
Vannier-emballeur pour les vins.
Verres blancs et cristaux (marchand de) en détail.
Vidange (entrepreneur de).
Vins (marchand de) en détail, donnant à boire chez lui et tenant billard.

SIXIÈME CLASSE.

Affiches (entrepreneur de la pose et de la conservation des).
Agaric (marchand d').
Agent dramatique.
Aiguilles, clefs et autres petits objets pour montres ou pendules (fabricant d'), pour son compte.
Allumettes chimiques (fabricant et marchand d').
Anatomie (fabricant de pièces d').
Anes (marchand d').
Annonces et avis divers (entrepreneur d'insertion d').
Appréciateur d'objets d'art.
Apprêteur de peaux.
Apprêteur de plumes, laines, duvet et autres objets de literie.
Ardoises (marchand d'). — Celui qui vend par millier aux maçons et aux entrepreneurs de bâtiments.
Arrosage (entreprise particulière d').
Arrimeur.
Artificier.
Bacs (fermier de) pour un prix de fermage au-dessous de mille francs.
Baies de geneviève (marchand de).
Bains de rivière en pleine eau (entrepreneur de).
Balancier (fabricant) pour son compte.
Balançons (marchand de).
Ballayage (entreprise partielle de).
Bandagiste.
Bardeaux (marchand de).
Baromètres (fabricant ou marchand de).

Barques, bateaux ou canots (constructeur de).
Bateaux à laver (exploitant de).
Battendier.
Batteur de bois de teinture.
Batteur d'écorce.
Batteur de graine de trèfle.
Batteur d'or et d'argent.
Baudruche (apprêteur de).
Beurre frais ou salé (marchand de) en détail.
Bière (marchand ou débitant de).
Bijoutier en faux (fabricant), pour son compte.
Billards (fabricant de), sans magasins.
Bisette (fabricant et marchand de).
Blanc de craie (fabricant et marchand de).
Blatier avec bêtes de somme.
Bluteaux ou blutoirs (fabricant et marchand de).
Bois merrains (marchand de), s'il ne vend qu'aux tonneliers
    et aux particuliers.
Boiseries (marchand de vieilles).
Boisselier (marchand) en détail.
Bondagiste.
Bombeur de verres.
Boisselier.
Bouchonnier.
Bouchons (marchand de) en détail.
Boues (entreprise partielle de l'enlèvement des).
Bouilleur ou brûleur d'eau-de-vie.
Bouillon et bœuf cuit (marchand de).
Bourre de soie (marchand de).
Bourrelier.
Boyaudier.
Brasseur à façon.
Bretelles et jarretières (fabricant de), pour son compte.
Bretelles et jarretières (marchand de).
Brion (fabricant de).
Briques (marchand de).
Briquets phosphoriques et autres (fabricant de).
Brocanteur d'habits en boutique.
Brossier (fabricant), pour son compte.
Brossier (marchand).
Buffletier (marchand).
Buis ou racine de buis (marchand de).
Bustes en plâtre (mouleur de).
Cabaretier.
Cabinet de lecture (tenant un). Où l'on donne à lire les
    journaux et les nouveautés littéraires.
Cabinets d'aisances publics (tenant).
Cadrans de montres et de pendules (fabricant de), pour son
    compte.
Cadres pour glaces et tableaux (marchand de).

Café de chicorée en poudre (marchand de).
Cafetières du Levant ou marabouts (fabricant de), pour son compte.
Caisses de tambour (facteur de).
Calfat (radoubeur de navires).
Cannelles et robinets en cuivre (fabricant de), pour son compte.
Cannes (marchand de), en boutique.
Cantinier, dans les prisons, hospices et autres établissements publics.
Caparaçonnier, pour son compte.
Capsules métalliques (fabricant de) pour boucher les bouteilles.
Cardes (fabricant de) par les procédés ordinaires, pour son compte.
Carreaux à carreler (marchand de).
Carrés de montres (fabricant de), pour son compte.
Cartes de géographie (marchand de).
Cartons pour bureaux et autres (fabricant de), pour son compte.
Casquettes (fabricant de), pour son compte.
Cendres (laveur de).
Cercles ou cerceaux (marchand de).
Chaînes de fil, laine ou coton, préparées pour la fabrication des tissus (marchand de).
Chaises fines (marchand et fabricant de).
Chaises (loueur de) pour un prix de ferme de deux mille francs et au-dessus.
Chamoiseur, pour son compte.
Chandeliers en fer et en cuivre (fabricant de), pour son compte.
Chanvre (marchand de) en détail.
Chapelier en grosse chapellerie.
Charcutier revendeur.
Charpentier.
Charée (marchand de).
Charron.
Châsses de lunettes (fabricant de), pour son compte.
Chaux (marchand de).
Chef de ponts et pertuis.
Cidre (marchand et débitant de) en détail
Cimentier, employant moins de cinq ouvriers.
Ciseleur.
Clinquant (fabricant de), pour son compte.
Clochettes (fondeur de).
Cloches (fondeur de), sans boutique ni magasin.
Coffretier-malletier en bois.
Coiffeur.
Cols (fabricant de), pour son compte.
Cols (marchand de).

Combustibles (marchand de), en boutique.
Commissionnaires porteurs pour les fabricants de tissus.
Coquetier avec voiture.
Cordes harmoniques (fabricant de) pour son compte.
Cordes métaliques (fabricant de) pour son compte.
Cordier (marchand).
Corne (apprêteur de) pour son compte.
Corne (fabricant de feuilles transparentes de) pour son compte.
Corsets (fabricant et marchand de).
Cosmorama (directeur de).
Costumier.
Coupeur de poils (marchand) pour son compte.
Courtier-gourmet-piqueur de vins.
Couturière (marchande).
Couverts et autres objets en fer battu ou étamé (fabricant et marchand de) en détail.
Couvreur (maître).
Crayons (marchand de).
Crépins (marchand de).
Crinières (fabricant de) pour son compte.
Crins plats (marchand de).
Cuir bouilli et verni (fabricant ou marchand d'objets en).
Cuirs et pierres à rasoirs (fabricant et marchand de).
Cuivre de navires (marchand de vieux).
Dalles (marchand de).
Damasquineur.
Découpoirs (fabricant de) pour son compte.
Déménagements (entrepreneur de), s'il a une seule voiture.
Dentelles (facteur de).
Dépeceur de voitures.
Dessinateur pour fabrique.
Doreur et argenteur.
Doreur sur bois.
Ebéniste (fabricant) pour son compte, sans magasin.
Ecrans (fabricant d') pour son compte.
Emailleur pour son compte.
Emballeur non layetier.
Encre à écrire (fabricant et marchand d') en détail.
Enduit contre l'oxydation (applicateur d').
Enjoliveur (marchand).
Epingles (fabricant d'), par les procédés ordinaires.
Essuyeur de soie.
Estampes et gravures (marchand d').
Etameur de glaces.
Eventailliste (marchand fabricant), ayant boutique ou magasin.
Facteur de fabrique.
Fagots et bourrées (marchand de), vendant par voiture.
Faïence (marchand de).

Farines (marchand de) en détail.
Ferblantier.
Feutre (fabricant et marchand de) pour la papeterie, le
doublage des navires, plateaux, vernis, etc.
Filagraniste.
Filasse de nerfs (fabricant de), pour son compte.
Filets pour la pêche, la chasse, etc. (fabricant de).
Fileur (entrepreneur).
Filotier.
Fleurs artificielles (marchand d'apprêts et papier pour).
Fleurs d'oranger (marchand de).
Fondeur d'étain, de plomb ou fonte de chasse.
Fontaines publiques (fermier de).
Fontaines à filtrer (fabricant et marchand de).
Formaire (pour la fabrication du papier), pour son compte.
Fouleur de bas et autres articles de bonneterie.
Fouleur de feutre pour les chapeliers.
Fourbisseur (marchand).
Fournaliste.
Fourneaux potagers (fabricant et marchand de).
Fourrage (débitant de), à la botte ou en petite partie au poids.
Fripier.
Fromages de pâte grasse (marchand de) en détail.
Fruitier oranger.
Fruits secs (marchand de) en détail.
Fruits secs pour boissons (marchand de).
Fumiste.
Garde-robes inodores (fabricant et marchand de).
Gibernes (fabricant de) pour son compte.
Glace, eau congelée (marchand de).
Globes terrestres et célestes (fabricant et marchand de).
Gommeur d'étoffes.
Graine de moutarde blanche (marchand de).
Graines (marchand de) en détail.
Grainetier-fleuriste en détail.
Graveur sur métaux (fabricant les timbres secs et gravant
sur bijoux).
Grue (maître de).
Harpes (facteur de), n'ayant ni boutique ni magasin.
Herboriste-droguiste.
Histoire naturelle (marchand d'objets d').
Horlogerie (fabricant de pièces d') pour son compte.
Horloger rhabilleur (marchand).
Huîtres (marchand d').
Images (fabricant ou marchand d').
Imprimeur-lithographe éditeur.
Instruments aratoires (fabricant d').
Instruments de chirurgie en gomme élastique (fabricant d').
Instruments de musique à vent, en bois ou en cuivre (fac-
teur d').

23

Instruments pour les sciences (facteur d'), sans boutique ni magasin.
Ivoire (fabricant d'objets en) pour son compte.
Jais ou jaïet (fabricant ou marchand d'objets en).
Kaolin et pétunzé (marchand de).
Lamineur par les procédés ordinaires.
Lanternier.
Lattes (marchand de) en détail.
Lavoir public (tenant un).
Layetier.
Levure ou levain (marchand de).
Lin (marchand de) en détail.
Linge de table et de ménage (loueur de).
Linger.
Lithocrome, imprimeur.
Lithocromies (marchand de).
Lithographies (marchand de).
Lithophanies pour stores (fabricant et marchand de).
Loueur de tableaux et dessins.
Loueur en garni.
Lunetier (fabricant).
Lustreur de fourrures.
Maçon (maître).
Maison particulière de retraite (tenant une).
Marbre factice (fabricant et marchand d'objets en).
Marbrier.
Maréchal-ferrant.
Masques (fabricant et marchand de).
Matériaux (marchand de vieux).
Menuisier.
Mercerie (marchand de menue).
Metteur en œuvre pour son compte.
Meubles d'occasion (marchand de).
Moireur d'étoffes pour son compte.
Monteurs de métiers.
Mosaïques (marchand de).
Mulquinier. Celui qui prépare le fil pour les chaînes servant à la fabrication des tissus.
Naturaliste (marchand).
Nécessaires (fabricant de) pour son compte.
Nourrisseur de vaches et de chèvres pour le commerce du lait.
Oranges et citrons (marchand d'), en boutique et en détail.
Os (fabricant d'objets en) pour son compte.
Outres (fabricant d') pour son compte.
Outres (marchand d').
Paille (fabricant de tissus pour les chapeaux de) pour son compte.
Paillettes et paillons (fabricant de) pour son compte.
Pains à cacheter et à chanter (fabricant et marchand de).

Pains d'épices (fabricant ou marchand en boutique de).
Papiers de fantaisie (fabricant de) pour son compte.
Parapluies (fabricant et marchand de).
Parcheminier pour son compte.
Parqueteur (menuisier).
Pâtes alimentaires (marchand de).
Paveur.
Peaux de lièvres et de lapins (marchand de), en boutique.
Pêche (adjudicataire ou fermier de) pour un prix de deux mille francs ou au-dessus.
Peignes à sérancer (fabricant de) pour son compte.
Peignes d'écaille (fabricant de) pour son compte.
Peignes (marchand de), en boutique.
Peintre en bâtiments non entrepreneur.
Pension bourgeoise (tenant).
Pension particulière de vieillards (tenant).
Perles fausses (fabricant de) pour son compte.
Peseur et mesureur juré.
Pianos et clavecins (facteur de), n'ayant ni boutique ni magasin.
Pierres à brunir (fabricant et marchand de).
Pierres fausses (fabricant de).
Pierres bleues (marchand de) pour le blanchissage du linge.
Pierres taillées (marchand de).
Pinceaux (fabricant de) pour son compte.
Pipes (marchand de).
Plafonneur.
Plâtre (marchand de).
Plâtrier (maçon).
Plomb de chasse (fabricant ou marchand de).
Plumes métalliques (marchand et fabricant de).
Poêlier en faïence, fonte, etc.
Polisseur d'objets en or, argent, cuivre, acier, écaille, os, corne, etc.
Porces pour les papetiers (fabricant de).
Portefeuilles (fabricant de) pour son compte.
Portefeuilles (marchand de).
Potier d'étain.
Poudre d'or (fabricant et marchand de).
Poulieur (fabricant).
Pressoir (maître de) à manège.
Queues de billard (fabricant de) pour son compte.
Ramonage (entrepreneur de).
Rampiste.
Ressorts de bandage pour les hernies (fabricant de) pour son compte.
Ressorts de montre et de pendules (fabricant de) pour son compte.
Sacs de toile (fabricant et marchand de).
Salpêtrier.

Sarreaux ou blouses (marchand de) en détail.
Sculpteur en bois pour son compte.
Son, recoupe et remoulage (marchand de).
Sparterie (fabricant et marchand d'objets en).
Sphères (fabricant de).
Stucateur.
Sumac (marchand de).
Tabac (marchand de) en détail, dans le département de la
   Corse.
Table d'hôte (tenant une).
Tabletier (marchand).
Tabletterie (fabricant d'objets en) pour son compte.
Tambours, grosses caisses, tambourins (fabricant de).
Tamisier (fabricant et marchand).
Tan (marchand de).
Tapissier à façon.
Teinturier dégraisseur pour les particuliers.
Teinturier en peaux.
Tireur d'or et d'argent.
Tôlier.
Tourneur sur métaux.
Tourteaux (marchand de) en détail.
Tréfileur par les procédés ordinaires.
Tuiles (marchand de).
Vannerie (marchand de) en détail.
Vannier (fabricant de vannerie fine).
Vérificateur de bâtiments.
Vernisseur sur cuivre, feutre, carton et métaux.
Verres bombés (marchand de).
Verroterie et gobletterie (marchand de) en détail.
Vignettes et caractères à jour (fabricant de) pour son
   compte.
Vignettes et caractères à jour (marchand en boutique de).
Vins (marchand de) en détail, donnant à boire chez lui, et
   ne tenant pas billard.
Vis (fabricant de) par procédés ordinaires, pour son compte.
Vitrier en boutique.
Voilier à façon.
Volaille ou gibier (marchand de).

SEPTIÈME CLASSE.

Accordeur de pianos, harpes et autres instruments.
Acheveur en métaux.
Acier poli (fabricant d'objets en) à façon.
Allevin (marchand d').
Allèges (maître d').
Anes (loueur d').
Apprêteur de barbes ou fanons de baleine.

Apprêteur de bas et autres objets de bonneterie.
Archets (fabricant d').
Armurier rhabilleur.
Armurier à façon.
Arpenteur.
Atelles pour colliers de bêtes de trait (fabricant et marchand d').
Avironnier.
Badigeonneur.
Balancier (fabricant) à façon.
Ballons pour lampes (fabricant de) pour son compte.
Bandagiste à façon.
Bardeaux (fabricant de) pour son compte.
Bâtier.
Battoirs de paume (fabricant de).
Baugeur.
Bijoutier à façon.
Bijoutier en faux (fabricant) à façon.
Bimbeloterie (fabric. d'objets de), sans boutique ni magasin.
Bimbelotier (marchand) en détail.
Blanchisseur de chapeaux de paille.
Blanchisseur de fin.
Blanchisseur de linge, ayant un établissement de buanderie.
Blanchisseur sur pré.
Boisselier.
Boîtes et bijoux à musique (fabricant de mécaniques pour), à façon.
Bottes remontées (marchand de).
Bottier et cordonnier en chambre.
Boules vulnéraires dites d'*acier* ou *de Nancy* (fabricant de).
Bouquetière (marchande) en boutique.
Bouquiniste.
Bourrelets d'enfants (fabricant et marchand de).
Boursier.
Boutons de soie (fabricant de) pour son compte.
Briquets phosphoriques et autres (marchand de).
Broches pour la filature (rechargeur de).
Broderies (blanchisseur et apprêteur de).
Broderies (dessinateur imprimeur de).
Broderies (fabricant à façon de).
Brunisseur.
Bufletier (fabricant) pour son compte.
Bustes en cire pour les coiffeurs (fabricant de).
Cabinet de figures en cire (tenant un).
Cabinet de lecture où l'on donne à lire les journaux seulement (tenant un).
Cabinet particulier de tableaux, d'objets d'histoire naturelle ou d'antiquités (tenant un).
Cabriolet sur place ou sous remise (loueur de), s'il n'a qu'un cabriolet.

Calandreur de vieilles étoffes.
Cambreur de tiges de bottes.
Camées faux ou moulés (fabricant de).
Cannelles et robinets en cuivre (fabricant de) à façon.
Cannes (fabricant de) pour son compte.
Cannetille (fabricant de).
Caractères d'imprimerie (fondeur de), à façon.
Caractères d'imprimerie (graveur de).
Caractères mobiles en bois ou en terre cuite (fabricant et marchand de).
Carcasses ou montures de parapluies (fabricant de) pour son compte.
Cardeur de laine, de coton, de bourre de soie, filoselle, etc.
Carreleur.
Carrioles (loueur de).
Ceinturonnier pour son compte.
Cendres ordinaires (marchand de).
Chaises (loueur de), pour un prix de ferme de cinq cents francs à deux mille francs.
Chapelets (fabricant et marchand de).
Charnières en fer, cuivre ou fer-blanc (fabricant de), par les procédés ordinaires, pour son compte.
Chasublier à façon.
Chaudronnier rhabilleur.
Chaussons en lisière et autres (marchand de).
Chenille en soie (fabricant de) pour son compte.
Chevaux (courtier de).
Chèvres et chevreaux (marchand de).
Chiffonnier en détail.
Chineur.
Cirage ou encaustique (marchand fabricant de).
Cloutier au marteau pour son compte.
Coiffes de femmes (faiseuse et marchande de).
Colle de pâte et de peau (fabricant de).
Colleur de chaînes pour fabrication de tissus.
Coquetier avec bêtes de somme.
Cordes harmoniques (fabricant de) à façon.
Cordes métalliques (fabricant de) à façon.
Cordier (fabricant de menus cordages, tels que cordes, ficelles, longes, traits, etc.).
Cordons en fil, soie, laine, etc. (fabricant de) pour son compte.
Corroyeur à façon.
Cosmétiques (marchand de).
Coton cardé ou gommé (marchand de).
Coupeur de poils à façon.
Courroies (apprêteur de) pour son compte.
Courtier de bestiaux.
Coutelier à façon.
Couturière en corsets, en robes ou en linge.

Couvreur en paille ou en chaume.

Crêmier ou laitier.

Crépin en bois (fabricant d'articles de) pour son compte.

Criblier.

Cristaux (tailleur de).

Crochets pour les fabriques d'étoffes (fabricant de) pour son compte.

Cuivre vieux (marchand de).

Cuves, foudres, barriques et tonneaux (fabricant de).

Déchets de coton (marchand de).

Décrueur de fil.

Dégraisseur.

Denteleur de scies.

Doreur sur tranches.

Ebéniste (fabricant) à façon.

Ecailles d'ables ou ablettes (marchand d').

Echalas (marchand d').

Ecorcheur ou équarisseur d'animaux.

Embouchoirs (faiseur d').

Emailleur à façon.

Enjoliveur (fabricant) pour son compte.

Eperonnier à façon.

Epicier-regrattier. S'il ne vend qu'au petit poids et à la petite mesure quelques articles d'épiceries, et joint à ce commerce la vente de quelques autres objets, comme poterie de terre, charbon en détail, bois à la falourde, etc.

Epinglier-grillageur.

Equarisseur de bois.

Equipeur-monteur.

Essence d'Orient (fabricant d').

Estampeur en métaux autre que l'or et l'argent.

Etrier (fabricant d') à façon.

Etrilles (fabricant d') à façon.

Eventailliste (fabricant) pour son compte.

Expert pour le partage et l'estimation des propriétés.

Ferblantier en chambre.

Ferrailleur.

Fiacre (loueur de), s'il n'a qu'une seule voiture.

Finisseur en horlogerie.

Fleuriste travaillant pour le compte des marchands.

Fendeurs de brins de baleine.

Fontaines en grès, à sable (marchand de).

Forces (fabricant de) à façon.

Forets (fabricant de).

Fermier.

Fouets, cravaches (fabricant ou marchand de) pour son compte.

Fournier.

Fourreaux pour sabres, épées, baïonnettes (fabricant de) pour son compte.

Frangier (fabricant) pour son compte.
Fretin (marchand de).
Friseur de drap et autres étoffes de laine.
Friteur ou friturier en boutique.
Fruitier.
Gabare (maître de) ou gabarier.
Galettes, gaufres, brioches et gâteaux (marchand de) en boutique.
Galochier.
Galonnier (fabricant) pour son compte.
Gaînier (fabricant) pour son compte.
Gargotier.
Gaufreur d'étoffes, de rubans, etc.
Gaules et perches (marchand de).
Graines fourragères oléagineuses et autres (marchand de) en détail.
Grainier ou grainetier.
Gravatier.
Graveur en caractères d'imprimerie.
Graveur sur métaux. Se bornant à graver des cachets ou des planches pour factures et autres objets dits *de ville*.
Grueur.
Guêtrier.
Guillocheur.
Guimpier.
Halage (loueur de chevaux pour le).
Hameçons (fabricant d').
Herboriste. Ne vendant que des plantes médicinales fraîches ou sèches.
Hongreur.
Horlogerie (fabricant de pièces d') à façon.
Horloger-repasseur.
Horloger-rhabilleur (non marchand).
Horloges en bois (fabricant ou marchand d').
Imprimeur en taille douce pour objets dits *de ville*.
Imprimeur-lithographe (non-éditeur).
Imprimeur sur porcelaine, faïence, verre, cristaux, émail, etc.
Ivoire (fabricant d'objets en) à façon.
Joaillier à façon.
Lait d'ânesse (marchand de).
Lamier-rotier pour son compte.
Lapidaire à façon.
Layettes d'enfant (marchand de).
Légumes secs (marchand de) en détail.
Lie de vin (marchand de).
Lin (fabricant de).
Linge (marchand de vieux).
Liqueurs et eaux-de-vie (débitant de).
Logeur.
Loueur de livres.

Lunettes (fabricant de verres de).
Luthier (fabricant à façon).
Marbreur sur tranches.
Marchande à la toilette.
Maroquinier à façon.
Mégissier à façon.
Mesures linéaires, règles et équerres (fabricant de) pour
son compte.
Métiers à bas (forgeur de) à façon.
Metteur en œuvre à façon.
Monteur en bronze.
Moulures (fabricant de) à façon.
Moutardier (marchand) en détail.
Muletier.
Nacre de perle (fabricant d'objets en) à façon.
Navetier (fabricant).
Oiselier.
Orfèvre à façon.
Orge (exploitant un moulin à perler l').
Orgues portatives (facteur d') à façon.
Ouate (fabricant et marchand d').
Outres (fabricant d') à façon.
Ovaliste.
Paille (fabricant de tissus pour chapeaux de) à façon.
Paille (fabricant de tresses, cordonnets, etc., en).
Paille teinte (fabricant et marchand de).
Pain (marchand de) en boutique.
Papier de fantaisie (fabricant de) à façon.
Passementier (fabricant) pour son compte.
Patachier.
Pâtissier-brioleur.
Pêche (adjudicataire ou fermier de), pour un prix de ferme
de cinq cents francs à deux mille francs.
Pédicure.
Peigneur de chanvre, de lin ou de laine.
Peintre en armoiries, attributs et décors.
Peintre ou doreur, soit sur verre ou cristal, soit sur porce-
laine, etc., pour son compte.
Perruquier.
Pierre de touche (marchand de).
Piquonnier.
Planches ou ifs à bouteilles (fabricant de).
Planeur en métaux.
Plaqueur.
Plumeaux (marchand fabricant de) pour son compte.
Poires à poudre (fabricant de) pour son compte.
Poisson (marchand en détail de).
Pompes de bois (fabricant de).
Poterie de terre (marchand de).
Présurier.

Queues de billard (fabricant de) à façon.
Raquettes (fabricant de) pour son compte.
Regrattier.
Relieur de livres.
Rentrayeur de couvertures de laine et de coton.
Ressorts de bandages pour les hernies (fabricant de) à façon.
Ressorts de montres et de pendules (fabricant de) à façon.
Revendeuse à la toilette pour son compte.
Roseaux (marchand de).
Rouettes ou harts pour lier les trains de bois (marchand de).
Ruches pour les abeilles (fabricant de) pour son compte.
Scieur de long.
Sculpteur en bois à façon.
Seaux ou baquets en sapin (fabricant de) pour son compte.
Sel (marchand de) en détail.
Sellier à façon.
Socques (fabricant et marchand de) en bois.
Soufflets ordinaires (fabricant et marchand de).
Tableaux (restaurateur de).
Tabletterie (fabricant d'objets en) à façon.
Tailleur d'habits à façon.
Toiles grasses (fabricant de) pour emballage.
Toiles métalliques (fabricant de) à façon.
Toiseur de bâtiments.
Toiseur de bois.
Tondeur de draps et autres étoffes de laine.
Tonneaux (marchand de).
Tonnelier.
Torcher.
Tourneur en bois (marchand), vendant en boutique divers objets en bois faits au tour.
Treillageur.
Tripier.
Ustensiles de ménage (marchand de vieux).
Vaisselles et ustensiles de bois (fabricant et marchand de).

HUITIÈME CLASSE.

Accoutreur.
Affiloirs (marchand d').
Agrafes (fabricant d'), par procédés ordinaires, à façon.
Aiguilles, clefs et autres petits objets pour montres et pendules (fabricant d'), à façon.
Aiguilles (fabricant d') à coudre ou à faire des bas, par procédés ordinaires, à façon.
Aiguilles pour les métiers à faire des bas (monteur d').
Allumettes et amadou (fabricant et marchand d').
Appeaux pour la chasse (fabricant d').

Apprêteur de chapeaux de feutre.

Approprieur de chapeaux.

Arçonneur.

Artiste en cheveux.

Assembleur.

Balais de bouleau, de bruyères et de grand millet (marchand de), avec voitures ou bêtes de somme.

Ballons pour lampes (fabricant de) à façon.

Barbier.

Bardeaux (fabricant de) à façon.

Batelier.

Bâtonnier.

Baudelier.

Blanchisseur de linge sans établissement de buanderie.

Bobines pour les manufactures (fabricant de).

Bois à brûler (marchand de) qui vend à la falourde, en fagot et au cotret.

Bois de galoches et de socques (faiseur de).

Boisselier (fabricant) à façon.

Bouchons de flacons (ajusteur de).

Bouclerie (fabricant de) à façon.

Boutons de métal, corne, cuir bouilli (fabricant de) à façon.

Boutons de soie (fabricant de) à façon.

Bretelles et jarretières (fabricant de) à façon.

Brioleur avec bêtes de somme.

Briquetier à façon.

Brocanteur d'habits sans boutique.

Broches et cannelets pour la filature (fabricant de) à façon.

Brosses (fabricant de bois pour).

Brossier (fabricant) à façon.

Bûches et briquettes factices (marchand de).

Buffletier (fabricant) à façon.

Cabas (faiseur de).

Cadrans de montres et de pendules (fabricant de) à façon.

Café tout préparé (débitant de).

Cafetières du Levant ou marabouts (fabricant de) à façon.

Cages, sourricières et tournettres (fabricant de).

Canevas (dessinateur de).

Cannes (fabricant de) à façon.

Caparaçonnier à façon.

Carcasses ou montures de parapluies (fabricant de) à façon.

Carcasses pour modes (fabricant de).

Cardes (fabricant de) à façon, par les procédés ordinaires.

Carrés de montre (fabricant de) à façon.

Cartons pour les bureaux et autres (fabricant de) à façon.

Casquettes (fabricant de) à façon.

Castine (marchand de).

Ceinturonnier à façon.

Cerclier.

Chaises communes (fabricant et marchand de).

Chaises (loueur de) pour un prix de ferme au-dessous de cinq cents francs.

Chamoiseur à façon.

Chandeliers en fer ou en cuivre (fabricant de) à façon.

Chapeaux (marchand de vieux), en boutique ou en magasin.

Charbon de bois (marchand de) en détail.

Charbon de terre épuré ou non (marchand de) en détail.

Charbonnier-voiturier.

Charnières en fer, cuivre ou ferblanc (fabricant de), par procédés ordinaires, à façon.

Charrettes (loueur de).

Châsses de lunettes (fabricant de) à façon.

Chaussons en lisière (fabricant de).

Chenille en soie (fabricant de) à façon.

Chenilleur.

Clinquant (fabricant de) à façon.

Cloutier au marteau à façon.

Colleur de papiers peints.

Cols (fabricant de) à façon.

Cordes de puits et liens d'écorces (fabricant de).

Cordons en fil, soie, laine, etc. (fabricant de) à façon.

Corne (apprêteur de) à façon.

Corne (fabricant de) feuilles transparentes de à façon.

Cotrets (débitants de).

Courroies (apprêteur de) à façon.

Couverts et autres objets en fer battu ou étamé (fabricant de) à façon.

Crépin eu buis (fabricant d'articles de) à façon.

Crin (apprêteur, crêpeur ou friseur de) à façon.

Crinières (fabricant de) à façon.

Crochets pour les fabriques d'étoffes (fabricant de) à façon.

Cuillers d'étain (fondeur ambulant de).

Découpeur d'étoffes ou de papiers.

Découpoirs (fabricant de) à façon.

Décrotteur en boutique.

Dés à coudre, en métal autre que l'or et l'argent (fabricant de), à façon.

Ecrans (fabricant d') à façon.

Elastiques pour bretelles, jarretières, etc. (fabricant d').

Emeri et rouge à polir (marchand d').

Enjoliveur (fabricant) à façon.

Etameur ambulant d'ustensiles de cuisine.

Etoupes (marchand d').

Eventailliste (fabricant) à façon.

Fagots et bourrées (marchand de) en détail, vendant au fagot.

Falourdes (débitant de).

Faines (marchand de).

Feuilles de blé de Turquie (marchand de).

Figures en cire (mouleur de) à façon.
Filasse de nerfs (fabricant de) à façon.
Formaire pour la fabrication du papier, à façon.
Fouets et cravaches (fabricant de) à façon.
Fourreaux pour sabres, épées, baïonnettes (fab. de), à façon.
Frangier à façon.
Frappeur de gaze.
Fuseaux (fabricant de).
Gaînier à façon.
Galonnier à façon.
Garnisseur d'étuis pour instruments de musique.
Garnitures de parapluies et cannes, telles que bouts, an-
neaux, cannes, manches, etc. (fabricant de).
Gibernes (fabricant de) à façon.
Graveur de musique.
Graveur sur bois.
Harmonicas (facteur d').
Lamier-rotier à façon.
Langueyeur de porcs.
Limailles (marchand de).
Limes (tailleur de).
Livrets (fabricant de) pour les batteurs d'or ou d'argent.
Loueur en garni (s'il ne loue qu'une chambre).
Marrons (marchand de) en détail.
Matelassier.
Mèches et veilleuses (marchand et fabricant de).
Mesures linéaires, règles et équerres (fabricant de), à façon.
Modiste à façon.
Moireur d'étoffes à façon.
Moules de boutons (fabricant de).
Nattier.
Nécessaires (fabricant de) à façon.
Nerfs (batteur de).
OEillets métalliques (fabricant d').
Oribus (faiseur et marchand d').
Os (fabricant d'objets en) à façon.
Osier (marchand d').
Ourdisseur de fils.
Paillassons (fabricant de).
Paillettes et paillons (fabricant de) à façon.
Papiers verrés ou émérisés (fabricant de).
Parcheminier à façon.
Passementier (fabricant) à façon.
Pâte de rose (fabricant de bijoux en).
Pêche (adjudicataire ou fermier de) pour un prix de fermage
au-dessous de cinq cents francs.
Peignes à sérancer (fabricant de) à façon
Peignes d'écaille (fabricant de) à façon.
Peignes en cannes ou roseaux pour le tissage (fabricant et
marchand de).

Peintre ou doreur, soit sur verre ou cristal, soit sur porcelaine, etc., à façon.
Pelles de bois (fabricant et marchand de).
Perceur de perles.
Perles fausses (fabricant de) à façon.
Pinceaux (fabricant de) à façon.
Piqueur de cartes à dentelles.
Piqueur de grès.
Plieur de fils de soie à façon.
Plumassier à façon.
Plumeaux (fabricant de) à façon.
Plumes à écrire (apprêteur de).
Poires à poudre (fabricant de) à façon.
Pois d'iris (fabricant de).
Portefeuilles (fabricant de) à façon.
Porteur d'eau filtrée ou non filtrée, avec cheval ou voiture.
Potier de terre ayant moins de cinq ouvriers.
Pressoir (maître de) à bras.
Puits (maître cureur de).
Raquettes (fabricant de) à façon.
Régleur de papier.
Rémouleur ou repasseur de couteaux.
Reperceur.
Rognures de peaux (marchand de).
Rouleaux (tourneur de) pour la filature.
Ruches pour les abeilles (fabricant de) à façon.
Sable (marchand de).
Sabotier (fabricand).
Sabots (marchand de) en détail.
Seaux ou baquets en sapin (fabricant de) à façon.
Souliers vieux (marchand de).
Tisserand.
Têtes en carton servant aux marchandes de modes (fabricant de).
Tourbe (marchand de) en détail.
Tourneur en bois (fabricant), sans boutique.
Vannier (fabricant de vannerie commune).
Vignettes et caractères à jour (fabricant de) à façon.
Vis (fabricant de) par procédés ordinaires à façon.
Voiturier.

TABLEAU *B*.

Professions imposées eu égard à la population, d'après un tarif exceptionnel.

Agent de change. — A Paris.	1,000
Dans les villes de cent mille âmes et au-dessus.	250
De cinquante mille à cent mille âmes.	200
De trente mille à cinquante mille, et dans les villes	

de quinze mille à trente mille âmes qui ont un entrepôt réel.	150
Dans les villes de quinze mille à trente mille âmes, et dans les villes d'une population inférieure à quinze mille âmes qui ont un entrepôt réel.	100
Dans toutes les autres communes.	75
Banquier. — A Paris.	1,000
Dans les villes d'une population de cinquante mille âmes et au-dessus.	500
Dans les villes de trente mille à cinquante mille âmes, et dans celles de quinze mille à trente mille âmes qui un entrepôt réel.	400
Dans les villes de quinze mille à trente mille âmes, et dans les villes d'une population inférieure à quinze mille âmes qui ont un entrepôt réel.	300
Dans toutes les autres communes.	200
Commissionnaires en marchandises. — A Paris.	400
Dans les villes d'une population de cinquante mille âmes et au-dessus.	300
Dans les villes de trente mille à cinquante mille âmes, et dans celles de quinze mille à trente mille âmes qui ont un entrepôt réel.	200
Dans les villes de quinze mille à trente mille âmes, et dans les villes d'une population inférieure à quinze mille âmes qui ont un entrepôt réel.	150
Dans toutes les autres communes.	75
Commissionnaire entrepositaire, — Commissionnaire de transports par terre et par eau, — Courtier d'assurances, — Courtier de navires, — Courtier de marchandises, à Paris.	250
Dans les villes de cinquante mille âmes et au-dessus.	200
Dans les villes de trente mille à cinquante mille âmes, et dans celles de quinze mille à trente mille âmes qui ont un entrepôt réel.	150
Dans les villes de quinze mille à trente mille âmes, et dans les villes d'une population inférieure à quinze mille âmes qui ont un entrepôt réel.	100
Dans toutes les autres communes.	50
Entrepreneur d'éclairage à l'huile. — A Paris.	300
Dans les villes de cinquante mille âmes et au-dessus.	150
Dans les villes de trente mille à cinquante mille âmes.	100
Dans les villes de quinze mille à trente mille âmes.	50
Dans toutes les autres communes.	25
Facteur aux halles de Paris, pour les farines, le beurre, les œufs, les fromages et le poisson salé.	150
Pour les grains, graines et grenailles, la marée, les huîtres et les cuirs.	100

Pour le poisson d'eau douce, la volaille, le gibier, les agneaux, cochons de lait, veaux de rivières et de Pré-salé, les veaux, les charbons de bois arrivés par eau, les draps, les tuiles, les fourrages.	75
Pour le charbon de bois arrivé par terre ou pour le charbon de terre.	50
Pour les fruits et légumes.	25
Gaz pour l'éclairage (fabrique de), — pour les fabriques qui fournissent l'éclairage de tout ou partie de la ville de Paris.	60
Des villes de cinquante mille âmes et au-dessus.	400
Des villes de trente milles âmes et au-dessus.	200
Des villes de quinze mille à trente mille âmes.	150
Des villes au-dessous de quinze mille.	75
Inhumations et pompes funèbres de Paris (entreprise des).	1,000
Monnaies (directeur des). — A Paris.	1,000
Dans toutes les autres villes.	500
Négociant. — A Paris.	400
Dans les villes de cinquante mille âmes et au-dessus.	300
Dans les villes de trente mille à cinquante mille âmes, et dans celles de quinze à trente mille âmes qui ont un entrepôt réel.	200
Dans les villes de quinze mille à trente mille âmes, et dans les villes d'une population inférieure à quinze mille âmes qui ont un entrepôt réel.	150
Dans toutes les autres communes.	100
Pont (concessionnaires ou fermiers de péage sur un). Dans l'intérieur de Paris.	200
Dans l'intérieur d'une ville de cinquante mille âmes et au-dessus.	180
Dans l'intérieur d'une ville de vingt mille à trente mille âmes.	75
Dans les autres communes d'une population inférieure à vingt mille âmes, lorsque le pont réunit deux parties d'une route royale.	75
D'une route départementale.	50
D'un chemin vicinal de grande communication.	23
D'un chemin vicinal.	15
Roulage (entrepreneur de). — A Paris.	300
Dans les villes de cinquante mille âmes et au-dessus.	200
Dans les villes de trente mille à cinquante mille âmes, et dans celles de quinze mille à trente mille âmes qui ont un entrepôt réel.	150
Dans les villes de quinze mille à trente mille âmes, et dans les villes d'une population inférieure à quinze mille âmes qui ont un entrepôt réel.	100
Dans toutes les autres communes.	75

TABLEAU *C.*

Professions imposées sans égard à la population.

PREMIÈRE PARTIE.

Droit proportionnel au quinzième.

Armateur pour le long cours. — Quarante centimes par chaque tonneau, jusqu'au maximum de quatre cents francs.

Armateur pour le grand et le petit cabotage, la pêche de la baleine et celle de la morue. — Vingt-cinq centimes par chaque tonneau, jusqu'au maximum de quatre cents francs.

Assurances, non mutuelles, dont les opérations s'étendent à plus de vingt départements.	1,000
De six à vingt départements.	500
A moins de six départements.	300
Banque de France, y compris ses comptoirs.	10,000
Banque dans les départements — Ayant un capital de deux millions et au-dessous.	1,000

Par chaque million de capital en sus, deux cents francs, jusqu'au maximum de deux mille francs.

Bateaux et paquebots à vapeur pour le transport des voyageurs (entreprise de).	
Pour voyage de long cours.	300
Sur fleuves, rivières et le long des côtes.	200
Bateaux et paquebots à vapeur pour le transport des marchandises (entreprise de).	200
Bateaux à vapeur remorqueurs (entreprise de).	150
Canaux navigables avec péage (concessionnaire de)	200

Plus vingt francs par myriamètre complet, en sus du premier, jusqu'au maximum de mille francs.

Coches d'eau (entreprise de).	100
Défrichement ou dessèchement (compagnie de).	300
Fournisseurs généraux — D'objets concernant l'habillement, l'armement, la remonte, le harnachement et l'équipement des troupes, etc.	1,000
De substances aux armées.	1,000
De bois et lumière aux troupes.	1,000
Fournisseur des objets ci-dessus indiqués, par division militaire.	150
Fournisseur de fourrages aux troupes dans les garnisons.	100
Fournisseur de vivres et fourrages dans un gîte d'étape.	25
Fournisseur de bois et de lumière aux troupes dans les garnisons.	25

Magasin de plusieurs espèces de marchandises (tenant
un), lorsqu'il occupe habituellement au moins vingt-
cinq personnes préposées à la vente. 1,000
Marchand forain — Avec voiture à un seul collier. 60
A deux colliers. 120
A trois colliers et au-dessus, ou ayant plus d'une
voiture. 200
Avec bête de somme. 40
Avec balle. 15
(Les droits ci-dessus sont réduits de moitié lorsque le
marchand-forain ne vend que de la boissellerie, de
la vannerie, ou des balais.)
Tontine (société de). 300

DEUXIÈME PARTIE.

Droit proportionnel au vingtième.

1º Sur la maison d'habitation;
2º Sur les magasins de vente complètement séparés
de l'établissement.
Au vingt-cinquième : sur l'établissement industriel.
Aiguilles à coudre ou à faire des bas par procédés or-
dinaires (fabricant d'), pour son compte. 25
Amidon (fabric. d') — Ayant dix ouvriers et au-dessous. 25
Et trois francs par chaque ouvrier en sus, jusqu'au
maximum de deux cents francs.
Ardoisières (exploitant d') — Ayant dix ouvriers et au-
dessous. 25
Et trois francs par chaque ouvrier en sus, jusqu'au
maximum de quatre cents francs.
Blanc de baleine (raffinerie de) — Ayant cinq ouvriers
et au-dessous. 25
Et trois francs par chaque ouvrier en sus, jusqu'au
maximum de deux cents francs.
Bougies, cierges, etc. (fabrique de) — Ayant cinq ou-
vriers et au-dessous. 25
Et trois francs par chaque ouvrier en sus, jusqu'au
maximum de trois cents francs.
Brais, goudrons, poix, résines et autres matières ana-
logues (fabrique de). 25
Briques (fabrique de) — Ayant cinq ouvriers et au-
dessous. 15
Et deux francs par chaque ouvrier en sus, jusqu'au
maximum de cent francs.
Café de chicorée (fabrique de). 50
Capsules ou amorces de chasse (fabricant de). 30
Cendres gravelées (fabrique de). 25
Chandelles (fabrique de) — Ayant cinq ouvriers et au-
dessous. 10
Et trois francs par chaque ouvrier en sus, jusqu'au

maximum de cent francs.

Chaux naturelle (fabrique de).

Pour un four.	15
Pour deux.	30
Et pour trois fours et au-dessus.	50

Chaux artificielle (fabrique de).

Pour un four.	20
Pour deux.	50
Et pour trois fours et au-dessus.	80

Cire (blanchisserie de) — Ayant cinq ouvriers et au-dessous. 25

Et trois francs par chaque ouvrier en sus, jusqu'au maximum de deux cents francs.

Colle-forte (fabrique de) — Ayant cinq ouvriers et au-dessous. 25

Et trois francs par chaque ouvrier en sus, jusqu'au maximum de cent francs.

Crayons f(abrique de) — Ayant cinq ouvriers et au-dessous. 25

Et trois francs pour chaque ouvrier en sus, jusqu'au maximum de trois cents francs.

Creusets (fabrique de). 25

Encre d'impression (fabrique d') — Ayant cinq ouvriers et au-dessous. 25

Et trois francs par chaque ouvrier en sus, jusqu'au maximum de deux cents francs.

Engrais (marchand d'). 25

Esprit ou eau-de-vie de vin (fabrique d'). 50

Esprit ou eau-de-vie de marc de raisin, cidre, poiré, fécules et autres substances analogues (fabrique d'). 25

Etain (fabrique d') pour glaces — Ayant dix ouvriers et au-dessous. 50

Et trois francs par chaque ouvrier, jusqu'au maximum de trois cents francs.

Fécules de pommes de terre (fabrique de) — Ayant dix ouvriers et au-dessous. 25

Et trois francs par chaque ouvrier, jusqu'au maximum de deux cents francs.

Fontainier, sondeur et foreur de puits artésiens. 50

Formes à sucre (fabrique de) — Vingt-cinq francs pour cinq ouvriers et au-dessous, et trois francs par chaque ouvrier en sus, jusqu'au maximum de cent francs.

Gélatine (fabrique de) — Ayant cinq ouvriers et au-dessous. 25

Et trois francs par chaque ouvrier, jusqu'au maximum de deux cents francs.

Glacières (maître de).	50
Mastics et ciments (fabrique de).	50
Noir animal (fabrique de).	50

Pâtes alimentaires (fabrique de) — Ayant cinq ouvriers et au-dessous.   25

  Et trois francs par chaque ouvrier en sus, jusqu'au maximum de deux cents francs.

Pierres à feu (fabricant, expéditeur de).   25

Pipes (fabrique de), vingt-cinq francs par four, jusqu'au maximum de cent cinquante francs.

Plâtre (fabrique de). — Pour un four.   15

  Pour deux fours.   30

  Pour trois fours et au-dessus.   50

Pointes (fabrique de), par procédés ordinaires — Ayant dix ouvriers et au-dessous.   25

  Plus, trois francs par chaque ouvrier en sus, jusqu'au maximum de trois cents francs.

Poterie (fabrique de) — Trois francs par chaque ouvrier, jusqu'au maximum de trois cents francs.

Réglisse (fabrique de) — Ayant cinq ouvriers et au-dessous.   25

  Et trois francs par chaque ouvrier en sus, jusqu'au maximum de deux cents francs.

Savon (fabrique de). — Trente francs pour une ou plusieurs chaudières ayant une capacité minimum de trente hectolitres.

Un franc en plus par chaque hectolitre excédant le chiffre de trente, jusqu'au maximum de quatre cents francs.

Sel (raffinerie de).   100

Suif (fondeur de) — Ayant cinq ouvriers et au-desous.   10

  Et trois francs par chaque ouvrier en sus, jusqu'au maximum de cent francs.

Taffetas gommés ou cirés (fabricant de).   50

Tapis peints ou vernis (fabricant de).   50

Toiles cirées ou vernies (fabricant de).   50

Tourbes carbonistes (fabrique de).

Tuiles (fabrique de) — Ayant cinq ouvriers et au-dessous.   15

  Et deux francs par chaque ouvrier en sus, jusqu'au maximum de cent francs.

TROISIÈME PARTIE.

Droit proportionnel au vingtième.

1° sur la maison d'habitation ;

2° sur les magasins de vente complètement séparés de l'établissement.

  Au quatrième : sur l'établissement industriel.

Acier fondu ou acier de cémentation (fabrique d') — Ayant trois ouvriers et au-dessous.   15

  Et trois francs par chaque ouvrier en sus, jusqu'au maximum de trois cents francs.

(Ce droit sera réduit de moitié pour les fabriques qui
 sont forcées de chômer, par crue ou par manque
 d'eau, pendant une partie de l'année équivalente au
 moins à quatre mois).
Acier naturel (fabrique d'), imposable comme les forges et hauts-fourneaux.
Agrafes (fabrique d'), par procédés mécaniques.   50
Aiguilles à coudre ou à tricoter, ou pour métiers à
 faire des bas par procédés mécaniques (manufac-
 ture d').— Ayant cinq ouvriers et au-dessous.   25
Plus trois francs par chaque ouvrier en sus, jusqu'au
 maximum de trois cents francs.
Armes blanches (fabrique d').   100
Armes (manufacture d') de guerre.   400
Biscuit de mer (fabrique de).   50
Blanchisserie de toiles et fils pour le commerce, par
 procédés mécaniques :
Ayant cinq ouvriers et au-dessous.   25
Et trois francs par chaque ouvrier en sus, jusqu'au
 maximum de trois cents francs.
Boccard, patouillet ou lavoir de minerai. — Pour cha-
 que usine.   15
Jusqu'au maximum de cent francs.
(Ce droit sera réduit de moitié pour les boccards, pa-
 touillets ou lavoirs qui sont forcés de chômer, par
 crue ou par manque d'eau, pendant une partie de
 l'année équivalente au moins à quatre mois.)
Brasserie :
Pour chaque chaudière contenant moins de dix hec-
 tolitres.   10
Pour chaque chaudière de dix à vingt hectolitres.   20
Pour chaque chaudière de vingt à trente hectolitres.   30
Pour chaque chaudière de trente à quarante hecto-
 litres.   40
Pour chaque chaudière de quarante à soixante hecto-
 litres.   60
Pour chaque chaudière au-dessus de soixante hecto-
 litres.   100
Jusqu'au maximum de quatre cents francs.
(Ce droit sera réduit de moitié pour les brasseries qui
 ne brassent que quatre fois au plus par an).
Cartonnage (fabrique de). — Trente francs par cuve,
 jusqu'au maximum de cent cinquante francs.
(Ce droit sera réduit de moitié pour les fabriques qui
 sont forcées de chômer, par manque ou par crue
 d'eau, pendant une partie de l'année équivalente au
 moins à quatre mois).
Chaudronnerie pour les appareils à vapeur, à distiller,
 concentrer, etc. (fabrique de).   100
Chemin de fer avec péage (concessionnaire de).   200

Plus vingt francs par myriamètre en sus du premier, jusqu'au maximum de mille francs.

Clous et pointes (fabrique de), par procédés mécaniques. — Pour dix métiers et au-dessous. — 50

Plus cinq francs pour chaque métier en sus de
dix, jusqu'au maximum de quatre cents francs.

Convois militaires (entreprise générale de). — 1,000

Convois militaires (entreprise particulière des), pour
une division militaire. — 100

Convois militaires (entreprise particulière de) pour
gîtes d'étape. — 25

Cotons (filerie de); un franc cinquante centimes par
bassine ou tour, jusqu'au maximum de quatre cents
francs.

Cristaux (manufacture de). — 300

Diligences partant à jours et heures fixes (entrepreneur de), parcourant une distance de deux myriamètres et au-dessous. — 25

Pour chaque myriamètre complet en sus des deux
premiers, cinq francs; jusqu'au maximum de
mille francs.

Eaux minérales et thermales (exploitation d'). — 150

Enclumes, essieux et gros étaux (manufacture d'), par
feu; — 25

Jusqu'au maximum de cent cinquante francs.

Epingles (manufacture d'), par procédés mécaniques.
— Ayant dix ouvriers et au-dessous. — 25

Plus trois francs par chaque ouvrier en sus, jusqu'au maximum de trois cents francs.

Faïence (manufacture de). — Par four; — 25
jusqu'au maximum de cent cinquante francs.

Faux et faucilles (fabrique de). — Dix ouvriers et au-
dessous. — 25

Et trois francs par chaque ouvrier en sus de ce
nombre, jusqu'au maximum de trois cents francs.

Fer-blanc (fabrique de). — Jusqu'à vingt ouvriers. — 100

Plus trois francs par chaque ouvrier en sus, jusqu'au maximum de quatre cents francs.

Ferronnerie, serrurerie et clous forgés (fabricant de).
— Ayant dix ouvriers et au-dessous. — 25

Et trois francs par chaque ouvrier en sus, jusqu'au maximum de trois cents francs.

Forges et hauts-fourneaux (maître de). — Ayant au
moins trois hauts-fourneaux au coke. — 500

Plusieurs hauts-fourneaux au coke, avec fonderies,
forges et laminoirs. — 500

Deux hauts-fourneaux au coke. — 400

Un haut-fourneau au coke, avec forges et laminoirs. — 400

Un haut-fourneau au coke, avec une fonderie. — 300

Un haut-fourneau au coke. — 250

Trois hauts-fourneaux au bois et plus.	400
Un établissement ou un ensemble d'établissement réunissant à plus de quatre feux d'affinerie ou quatre fours à pudler une fabrication de tôle, ou deux autres systèmes au moins de sous-fabrication de métaux, soit fonderie, tréfilerie, ferblanterie, métiers à clous, à pointes.	400
Un haut-fourneau au bois, avec plusieurs forges, ou deux hauts-fourneaux au bois, avec une seule forge	300
Plus de deux hauts-fourneaux au bois, avec une ou plusieurs forges.	400
Deux hauts-fourneaux au bois.	250
Un haut-fourneau au bois, avec une fonderie.	250
Un haut-fourneau au bois, avec une forge.	100
Forges et hauts-fourneaux (maître de). — Une ou plusieurs forges, avec laminoirs, tréfilerie, et tout autre système de sous-fabrication métallurgique.	200
Un haut-fourneau au bois.	150
Une forge à trois marteaux et plus.	100
Trois forges à la catalane et plus.	100
Une forge où l'action des marteaux est remplacée par celle d'un laminoir cingleur.	100
Une forge à deux marteaux.	50
Deux forges à la catalane.	50
Une forge à un seul marteau.	25
Une forge dite *catalane*.	25
(Ces droits seront réduits de moitié pour les forges dites *catalanes* et pour les forges à un ou deux marteaux, lorsqu'elles seront forcées, par manque ou par crue d'eau, de chômer pendant une partie de l'année équivalente au moins à quatre mois.)	
Fonderie de cuivre (entrepreneur de). — Ayant plusieurs laminoirs.	300
Un laminoir ou plusieurs martinets.	200
Se bornant à convertir le cuivre rouge en cuivre jaune.	100
Fonderie de cuivre et bronze (Entrepreneur de). — Fondant des objets de grande dimension, tels que cylindres ou rouleaux d'impression pour les manufactures, ou grandes pièces de mécanique, etc.	200
Ne fondant que des objets d'art ou d'ornementation, ou des pièces de mécanique de petite dimens.	100
Ne fondant que des objets d'un usage commun et de petite dimension, comme robinets, clochettes, anneaux, etc.	50
Fonderie en fer de seconde fusion (entrepreneur de). — Fabriquant des objets de grande dimension, tels que cylindres, grilles, colonnes, pilastres, bornes et grandes pièces de mécanique, etc.	200
Ne fabriquant que des objets de petite dimension pour	

l'ornementation, ou de petites pièces de mécanique.   100

Glaces (manufacture de).   400

Gobeleterie (manufacture de).—Cinquante francs par
four de fusion, jusqu'au maximum de trois cents fr.

Huitres (marchand expéditeur d'), avec voitures servies par des relais.   100

Kaolin (exploitant une usine à pulvériser le). Par
chaque usine,   15
Jusqu'au maximum de cent francs.

(Ce droit sera réduit de moitié pour les usines qui
sont forcées, par manque ou par crue d'eau, de
chômer pendant une partie de l'année équivalente
au moins à quatre mois).

Laminerie (entrepreneur de). — Ayant trois paires de
cylindres et au-dessus.   300
Ayant deux paires de cylindres de grande dimension. 250
Ayant une seule paire de cylindres de grande dimension, ou deux paires de cylindres de petite dimension, au-dessous d'un mètre de longueur.   200
Ayant une seule paire de cylindres de petite dimension, au-dessous d'un mètre de longueur.   100

Lamier-rotier par procédés mécaniques.   50

Limes (fabrique de). — Ayant dix ouvriers et au-
dessous.   25
Trois francs par chaque ouvrier en sus, jusqu'au
maximum de trois cents francs.

Lits militaires (entreprise générale des).

Mareyeur, expéditeur avec voitures servies par des
relais.   100

Maison particulière de santé (tenant une).   100

Maroquin (fabrique de), avec machine à vapeur ou
moteur hydraulique.   100

Martinets, par arbre de camage.   15
jusqu'au maximum de deux cents francs.

(Ce droit sera réduit de moitié pour les fabriques qui
sont forcées, par manque ou par crue d'eau, de chômer pendant une partie de l'année équivalente au
moins à quatre mois.)

Moulin à blé, à huile, à garance, à tan. etc. :
Six francs pour une seule paire de meules ou de
cylindres.
Quinze francs pour deux paires de meules ou de
cylindres.
Vingt-cinq francs pour trois paires de meules ou de
cylindres.
Quarante francs pour quatre paires de meules ou de
cylindries.
Et vingt francs par paire de meules ou de cylindres en
sus, jusqu'au maximum de trois cents francs.

(Ce droit sera réduit de moitié pour les moulins à vent

et pour les moulins à eau qui, par manque ou par crue d'eau, sont forcés de chômer pendant une partie de l'année équivalente au moins à quatre mois.)

Moulinier en soie. — Par cent tavolles.   10
  Jusqu'au maximum de deux cents francs.

Orthopédie (tenant un établissement d').   100

Papeterie à la cuve. — Par cuve.   15
  Jusqu'au maximum de cent francs.

(Ce droit sera réduit de moitié pour les papeteries à la cuve qui sont forcées, par manque ou par crue d'eau, de chômer pendant une partie de l'année équivalente au moins à quatre mois.)

Papeterie à la mécanique :

La première machine.   150
  Plus cinquante fr. par machine, jusqu'au maximum de quatre cents francs.

Papiers peints pour tenture (fabrique de). — Pour quinze tables et au-dessous.   40
  Et trois francs par table en sus, jusqu'au maximum de trois cents francs.
  Un cylindre sera compté pour vingt-cinq tables.

Porcelaines (manufactures de).
  Trente francs par four, jusqu'au maximum de trois cents francs.

Produits chimiques (manufacture de). — Ayant cinq ouvriers et au-dessous.   25
  Et trois francs par chaque ouvrier en sus, jusqu'au maximum de trois cents francs.

Quincaillerie (fabrique de). — Ayant dix ouvriers et au-dessous.   25
  Plus trois francs par chaque ouvrier en sus, jusqu'au maximum de trois cents francs.

Scierie mécanique. — Par chaque cadre, jusqu'au maximum de cent cinquante francs.   5

(Ce droit sera réduit de moitié pour les fabriques qui sont forcées, par manque ou par crue d'eau, de chômer pendant au moins quatre mois de l'année.)

Scies (fabrique de). — Ayant dix ouvriers et au-dessous.   25
  Plus trois francs par ouvrier en sus, jusqu'au maximum de trois cents francs.

Sucre (raffinerie de).   300

Sucre de betterave (fabrique de) :
  Pour chaque chaudière à déféquer contenant moins de dix hectolitres.   40
  Pour chaque chaudière à déféquer contenant dix hectolitres et au-dessus.   60
  Jusqu'au maximum de quatre cents francs.

Tannerie de cuirs forts et mous, par mètre cube de fosses ou de cuves, vingt-cinq centimes jusqu'au maximum de trois cents francs.

Teinturier pour les fabricants et les marchands, trois francs par ouvrier, jusqu'au maximum de trois cents francs.

Transport de la guerre (entreprise générale du). 1,000

Transport de la guerre (entreprise particulière) pour une division militaire. 100

Transport de la guerre (entreprise particulières pour gîtes d'étape de). 25

Transports militaires (entreprise générale des). 1,000

Transports des tabacs (entreprise générale de). 1,000

Tréfilerie en fer ou laiton. — Dix bobines et au-dessous. 25

Vingt bobines. 50

Et quatre francs par chaque bobine en gros numéro, et un franc par bobine d'un numéro fin, jusqu'au maximum de quatre cents francs.

Verrerie, cinquante francs par four de fusion, jusqu'au maximum de trois cents francs.

Vis (manufacture de), par procédés mécaniques. — Ayant dix ouvriers et au-dessous. 25

Plus trois francs par chaque ouvrier en sus, jusqu'au maximum de trois cents francs.

QUATRIÈME PARTIE.

Droit proportionnel au vingtième.

1º Sur la maison d'habitation ;

2º Sur les magasins de vente complètement séparés de l'établissement.

Au cinquième: sur l'établissement industriel.

Apprêteur d'étoffes pour les fabriques. — Ayant cinq ouvriers et au-dessous. 25

Et trois francs par ouvrier en sus, jusqu'au maximum de cent cinquante francs.

Cardes (manufacture de) par procédés mécaniques. 200

Filature de laine, de chanvre ou de lin, au-dessous de cinq cents broches. 15

(Non compris les métiers préparatoires.)

Par chaque centaine de broches au-dessus de cinq cents. 3

Jusqu'au maximum de quatre cents francs.

Filature de coton au-dessous de cinq cents broches 10

(Non compris les métiers préparatoires).

Pour chaque centaine de broches au-dessus de cinq cents, un franc cinquante centimes, jusqu'au maximum de quatre cents francs.

Fil de coton, chanvre, lin (fabrique de). — Pour un ou deux moulins, quinze francs; plus dix francs par chaque moulin en sus, jusqu'au maximum de quatre cents francs.

Imprimeur d'étoffes. — Pour vingt-cinq tables et au-dessous.   50

  Plus trois francs par table en sus, jusqu'au maximum de quatre cents francs.

  Un rouleau comptera pour vingt-cinq tables, et quatre pérotines pour un rouleau.

Machines à vapeur. — Presses pour l'imprimerie, métiers mécaniques pour la filature et pour le tissage, et autres grandes machines (constructeur de). — Employant moins de vingt-cinq ouvriers.   100

  De cinquante ouvriers.   200

  Plus de cinquante ouvriers.   300

Métiers (fabrique à). — Pour les métiers réunis dans un corps de fabrique. — Jusqu'à cinq métiers.   10

  Et deux francs cinquante centimes en sus par métier, jusqu'au maximum de quatre cents francs.

  Pour les métiers non réunis dans un corps de fabrique. — Deux francs cinquante centimes par chaque métier, jusqu'au maximum de trois cents francs.

  (Ces droits seront réduits de moitié pour les fabricants à façon.)

Tissage mécanique, par chaque métier deux francs cinquante centimes. jusqu'au maximum de quatre cents francs.

CINQUIÈME PARTIE.

Droit proportionnel au quinzième sur la maison d'habitation seulement.

Carrières souterraines ou à ciel ouvert (exploitant de), ayant moins de dix ouvriers.   25

  Plus trois francs par chaque ouvrier en sus, jusqu'au maximum de deux cents francs.

Cendres noires (extracteur de), ayant moins de dix ouvriers.   25

  Plus trois francs par chaque ouvrier en sus, jusqu'au maximum de deux cents francs.

Chaussées et routes (entrepreneur de l'entretien des).   25

Dessèchement (entrepreneur de travaux de).   50

Dragueur entrepreneur.   50

Fabrication dans les prisons, etc. (entrepreneur de), pour un atelier de vingt-cinq détenus et au-dessous.

  Par chaque détenu en sus, cinquante centimes, jusqu'au maximum de cinq cents francs.

Fabrication dans les dépôts de mendicité (entrepreneur de), moitié du droit ci-dessus fixé pour les entrepreneurs de fabrication dans les prisons.

Fournisseur général dans les prisons et dépôts de mendicité.

A forfait et par tête de détenu, pour une population
de trois cents détenus et au-dessous. 150
Par cent détenus en sus, vingt-cinq francs, jusqu'au
maximum de cinq cents francs.
Flottage (entrepreneur de). 25
Fruits sur bateaux (marchand de). 50
Gare (entrepreneur de). 100
Minières non concessibles (exploitant de), ayant moins
de dix ouvriers. 25
Plus trois francs par chaque ouvrier en sus, jusqu'au
maximum de deux cents francs.
Restaurateurs sur coches et bateaux à vapeur. . . 50
Spectacles (directeur de) :
1º Le quart d'une représentation complète dans les
théâtres où l'on joue tous les jours;
2º Le huitième si l'on ne joue pas tous les jours, et si
la troupe est sédentaire;
3º Si la troupe n'est pas sédentaire, c'est-à-dire si elle
ne réside pas quatre mois consécutifs dans la même
ville. 30
Tourbières (exploitant de), ayant moins de dix ouvriers. 25
Plus trois francs par chaque ouvrier en sus, jusqu'au
maximum de deux cents francs.
Travaux publics (entreprise de). 50
Madragues (fermier de). 25

TABLEAU *D*.

**Exception à la règle générale qui fixe le droit proportionnel au
vingtième de la valeur locative.**

Le droit proportionnel est fixé au quinzième :
1º Pour les patentables compris dans la première classe
du tableau A;
2º Pour les patentables compris dans le tableau B;
3º Pour les patentables compris dans la première classe
du tableau C.
Il est également fixé au quinzième, mais sur la maison
d'habitation seulement, pour les patentables compris dans
la cinquième partie du tableau C.
Le droit proportionnel est fixé au vingt-cinquième de la
valeur locative des établissements industriels compris dans
la deuxième partie du tableau C.
Au trentième de la valeur locative des locaux servant à
l'exercice des professions ci-après désignées :
Marchands de bois en gros compris dans la première
classe du tableau A;
Marchands de charbon de bois et de charbon de *terre*

compris dans la première et la deuxième classe du tableau A ;

Marchands de vins en gros ;

Commissionnaires entrepositaires de vins;

Marchands d'huiles en gros ;

Au quatrième de la valeur locative:

1º Dans tous les locaux occupés par les patentables des septième et huitième classes du tableau A, mais seulement dans les communes d'une population de vingt mille âmes et au-dessus;

2º Des établissements industriels compris dans la troisième partie du tableau C ;

3º Des locaux servant à l'exercice des professions ci-après désignées :

Fabricants de gaz pour l'éclairage;

Imprimeur-typographe employant des presses mécaniques;

Maître d'hôtel garni ;

Loueurs en garni ;

Individus tenant des maisons particulières,

D'accouchement,

De santé,

De retraite,

Des établissements d'orthopédie;

Magasinières;

Entrepreneur de roulage,

De bains publics,

De bains de rivières en pleine eau;

Maître de jeu de paume ;

Individus tenant un manège d'équitation,

Une école de natation,

Un jardin public,

Un parc à charrettes.

Au cinquantième de la valeur locative des établissements industriels compris dans la quatrième partie du tableau *C,*

Paient le droit proportionnel au vingtième, sur les maisons d'habitation seulement :

Les concessionnaires, exploitants ou fermiers des droits d'emmagasinage dans un entrepôt;

Les adjudicataires ou fermiers des droits de halles ou marchés;

Les adjudicataires des droits de jaugeage des liquides;

Les fermiers de droits de pesage et de mesurage;

Les fournisseurs d'objets de consommation, dans les cercles ou sociétés;

Les directeurs de diorama, panorama, géorama, néorama;

Les fermiers de fontaines publiques;

Les adjudicataires des droits d'octroi;

Les concessionnaires, exploitants ou fermiers de péage sur un pont ;

Les fermiers de bacs ;

Les concessionnaires ou fermiers d'abattoir public ;

Les directeurs des monnaies.

Sont exempts de tout droit proportionnel :

Les patentables des septième et huitième classes, résidant dans les communes d'une population inférieure à vingt mille âmes ;

Et les fabricants à métiers ayant moins de dix métiers, et ne travaillant qu'à façon.

IRRIGATIONS.

LOI DU 19 AVRIL 1845.

Art. 1ᵉʳ.

Tout propriétaire qui voudra se servir, pour l'irrigation de ses propriétés, des eaux naturelles ou artificielles dont il a le droit de disposer, pourra obtenir le passage de ces eaux sur les fonds intermédiaires, à la charge d'une juste et préalable indemnité. — Sont exceptés de cette servitude les maisons, cours, jardins, parcs et enclos attenants aux habitations.

Art. 2.

Les propriétaires des fonds inférieurs devront recevoir les eaux qui s'écouleront des terrains ainsi arrosés, sauf l'indemnité qui pourra leur être due.— Seront également exceptés de cette servitude les maisons, cours, jardins, parcs et enclos attenants aux habitations.

Art. 3.

La même faculté de passage sur les fonds intermédiaires pourra être accordée au propriétaire d'un terrain submergé en tout ou en partie, à l'effet de procurer aux eaux nuisibles leur écoulement.

Art. 4.

Les contestations auxquelles pourront donner lieu l'établissement de la servitude, la fixation du parcours de la conduite d'eau, de ses dimensions et de sa forme, et les indemnités dues, soit au propriétaire du fonds traversé, soit à celui du fonds qui recevra l'écoulement des eaux, seront portées devant les tribunaux, qui, en prononçant, devront concilier l'intérêt de l'opération avec le respect dû à la propriété. — Il sera procédé devant les tribunaux comme en matière sommaire, et, s'il y a lieu à expertise, il pourra n'être nommé qu'un seul expert.

Art. 5.

Il n'est aucunement dérogé par les présentes dispositions aux lois qui règlent la police des eaux.

TABLEAUX

DE

TOUTES LES COMMUNES

du

DÉPARTEMENT DE L'AUBE,

AVEC LE PRIX DE CHAQUE VOYAGE,

Par Commune, Canton et Arrondissement.

OBSERVATIONS TRÈS-IMPORTANTES

CONCERNANT LES VOYAGES.

Des Huissiers des Justices de paix.

L'article 23 du tarif des frais est ainsi conçu :

« Pour transport qui ne pourra être alloué *qu'au-*
» *tant qu'il y aura plus d'un demi-myriamètre* (une
» lieue de pays ou cinq kilomètres) de distance entre
» la demeure de l'huissier et le lieu où l'exploit devra
» être posé, *aller et retour, par myriamètre,* 2 fr. »

Il est très-important de veiller à la stricte exécution
de cet article, puisque les voyages ou frais de transport, dans les affaires de justices de paix, ne doivent
pas s'élever à la moitié de ceux que l'on alloue pour
les affaires civiles ou commerciales : c'est-à-dire que
l'huissier, pour avoir droit à l'indemnité de 2 francs,
doit parcourir *au moins six kilomètres ;* et, jusqu'à

dix-neuf kilomètres, il ne lui sera pas accordé davantage.

Pour avoir droit à l'indemnité de 4 *francs*, il faut qu'il ait parcouru *deux myriamètres* (vingt kilomètres). Il serait allé *jusqu'à vingt-neuf kilomètres* qu'il ne lui serait toujours dû *que 4 francs*.

Ainsi, l'huissier qui n'aura *pas fait six kilomètres*, n'aura droit *à aucun transport*.

Celui qui aura fait 6, 7, 8, 9, 10, 11, 12, etc. jusqu'à *dix-neuf kilomètres*, ne devra percevoir *que 2 francs*, comme s'il n'avait parcouru *que la première distance* (six kilomètres), puisque le *deuxième myriamètre n'aura pas été entièrement fait*.

De même, celui qui aura fait *vingt-neuf kilomètres* n'aura droit *qu'à 4 francs*, comme s'il n'avait parcouru *que vingt kilomètres*, le *troisième myriamètre n'ayant pas été achevé*.

En un mot, le législateur n'a voulu accorder *que* 2 *francs par myriamètre complet, aller et retour*, et c'est ainsi que l'a décidé la jurisprudence des cours et tribunaux appelés à juger les contestations sur cette matière.

Ces observations paraîtront peut-être rigoureuses; mais il faut remarquer que l'auteur suit à la lettre le texte de la loi, *que personne n'a le droit de changer ni de modifier :* du reste, lorsqu'on réfléchira que les justices de paix sont des tribunaux exceptionnels, institués pour juger les différends des parties *avec le moins de frais possible* (**1**), on verra que la loi, à juste titre, a dû se montrer sévère, dans ce cas, afin d'éviter qu'un débiteur ne paie *des frais de transport énormes,* pour une somme principale quelquefois *très-minime.*

Au surplus, les affaires devant les justices de paix étant très-nombreuses, il est rare qu'un huissier se mette en route pour un seul exploit. Par conséquent le grand nombre d'actes qu'il est dans le cas de signifier dans une même course et dans la même journée, avec l'avantage qu'il retire des dispositions de l'article 2 du décret du 14 juin 1813, rappelées

---

(1) Il avait même été question de faire rendre la justice devant les tribunaux de paix *sans frais :* mais cela ayant été reconnu impossible, sans doute pour indemniser les huissiers de la modicité des honoraires dans les procédures devant ces sortes de tribunaux, le décret du 14 juin 1813, article 2, les a autorisés à exploiter dans tout l'arrondissement pour les affaires devant les cours royales, tribunaux civils et de commerce, et, dans leur canton, pour les affaires criminelles et correctionnelles; tandis qu'avant ce décret ils ne pouvaient faire que les actes de leur justice de paix.

Nota. Comme il se trouve peu de communes éloignées de deux myriamètres du chef-lieu de canton, l'on voit dès lors rarement d'indemnités de voyage aller jusqu'à 4 francs, pour un acte de justice de paix.

Ici, comme dans les affaires civiles et commerciales, les fractions de demi-myriamètre ou de myriamètre ne se comptent point. (*Voyez au surplus les observations à l'article des Voyages, pag.* 76 *et suivantes.*)

dans la note ci-après, l'indemnise raisonnablement de ses fréquents déplacements.

Des Huissiers ordinaires.

L'article 66 du tarif des frais, en ce qui concerne les voyages, est ainsi conçu :

« Il ne sera *rien alloué* aux huissiers pour transport
» *jusqu'à un demi-myriamètre* (c'est-à-dire pour une
» lieue de pays ou cinq kilomètres).

» Il leur sera alloué *au-delà d'un demi-myriamètre*
» (plus d'une lieue de pays ou cinq kilomètres), *pour*
» *frais de voyage* qui ne pourra excéder une journée
» de cinq myriamètres (dix lieues de pays ou cin-
» quante kilomètres), savoir :

» *Au-delà d'un demi-myriamètre et jusqu'à un myria-*
» *mètre* (c'est-à-dire de 6 à 10 kilomètres), pour aller
» et retour, *4 francs.*

» *Au-delà d'un myriamètre,* il sera alloué *par chaque*
» *demi-myriamètre, sans distinction,* 2 fr. (1). »

---

(1) C'est-à-dire que pour avoir droit à l'indemnité de 2 fr., il faut *que le demi-myriamètre ait été entièrement effectué,* et non pas que l'on ait parcouru *seulement* 1, 2, 3 *ou* 4 *kilomètres en sus du myriamètre,* ainsi que cela se pratique dans la plupart des villes et cantons ruraux, par un grand nombre d'huissiers.

(Voyez au surplus les observations à l'article des Voyages, pag. 76 et suivantes.)

Ainsi, il résulte évidemment de cet article :

1° Que les huissiers n'ont droit *à aucun transport* jusqu'à 5 *kilomètres ;*

2° Qu'il ne leur est dû *que 4 francs, aller et retour, de 6 à 10 kilomètres* (1 myriamètre ou 2 lieues de pays), et *jusqu'à* 14;

3° *Que 6 francs, aller et retour,* lorsqu'il y a 15 *kilomètres* (1 myriamètre et demi ou 3 lieues de pays), et *jusqu'à* 19;

4° *Que 8 francs, aller et retour,* lorsqu'il y a 20 *kilomètres* (2 myriamètres ou 4 lieues de pays), et *jusqu'à* 24;

5° *Que* 10 *francs,* lorsqu'il y a 25 *kilomètres* (2 myriamètres et demi ou 5 lieues de pays), et *jusqu'à* 29;

Ainsi de suite, de *cinq en cinq kilomètres,* jusqu'à *cinq myriamètres* (50 kilomètres ou 10 lieues de pays), où il ne leur est dû que 20 *francs,* MAXIMUM déterminé par la loi.

Au-delà de cette distance, les huissiers n'ont *aucun droit* à réclamer le montant *du surplus de la distance qu'ils ont parcourue.*

Dans le cas où les huissiers signifieraient des copies dans plusieurs communes pour le même acte, ils auront droit à l'augmentation de 4 francs *par chaque myriamètre, aller et retour,* d'une commune à une autre.

D'après les explications qui précèdent, il est essentiel de remarquer que les huissiers *ne doivent pas percevoir* 2 *francs lorsqu'il n'y a que* 2, 3 *ou* 4 *kilo-mètres au-delà du myriamètre.* Cela ne peut se faire *que de* 6 *à* 10 *kilomètres.*

Par conséquent, *pour* 11, 12, 13 *et* 14 *kilomètres,* il ne leur est dû *que* 4 *francs, aller et retour,* comme s'il n'y avait *que* 10 *kilomètres.*

Pour 16, 17, 18 *et* 19 *kilomètres,* il n'est dû *que* 6 *francs,* comme s'il n'y avait *que* 15 *kilomètres.*

Pour 21, 22, 23 *et* 24 *kilomètres,* il n'est dû *que* 8 *francs,* comme s'il n'y avait que 20 *kilomètres.*

Ainsi de suite, pour toutes les autres fractions de demi-myriamètre.

Ces observations, jointes à celles données à l'article des voyages et aux exemples qui sont à la suite, suffiront, je pense, pour démontrer combien il est important pour les créanciers ou débiteurs, de veiller à la *stricte exécution de la loi* relativement aux voyages, et l'urgence qu'il y a *de se conformer exactement aux* ableaux *des distances qui sont ci-après.*

ARRONDISSEMENT

DE

Troyes.

EXPLICATIONS CONCERNANT LES TABLEAUX DES DISTANCES.

1° Les cinq arrondissements formant le département de l'Aube sont placés par lettre alphabétique, à l'exception de celui de Troyes, qui se trouve le premier, quoique ne devant être que le dernier, mais que l'on a classé ainsi comme chef-lieu du département.

2° Tous les cantons sont également placés par lettre alphabétique, à l'exception de celui qui forme le chef-lieu d'arrondissement, qui se trouve le premier.

3° Toutes les communes sont placées, sans distinction, par lettre alphabétique et par canton. — Celles qui figurent sur le premier tableau, c'est-à-dire sur celui des communes où les huissiers n'ont pas droit à l'indemnité de transport, partant du chef-lieu d'arrondissement, sont répétées dans leurs cantons respectifs, afin de les compléter.

4° A l'exception des communes qui figurent dans le premier tableau de chaque arrondissement, les huissiers qui ont leur résidence au chef-lieu d'arrondissement ont droit à l'indemnité de transport dans *toutes les autres communes* de cet arrondissement.

5° Les huissiers des cantons ruraux n'ont droit à *aucun transport* dans les communes de leur canton où le tableau porte *des guillemets*.

La première colonne indique les communes.

La deuxième, la distance, *par kilomètre,* du chef-lieu d'arrondissement à chaque commune.

La troisième, la somme totale due, pour aller et retour, de chaque endroit, partant du chef-lieu d'arrondissement.

La quatrième, indique la distance, *par kilomètre,* du chef-lieu de canton.

La cinquième, la somme totale due, pour aller et retour, de chaque endroit, partant du chef-lieu de canton.

TABLEAU

DES

Communes où les Huissiers de Troyes n'ont pas droit à l'indemnité de transport.

NOMS DES COMMUNES.	DISTANCE de chaque commune au chef-lieu d'arrond.	Sommes DUES POUR aller ET retour.	DISTANCE de chaque commune au chef-lieu de canton.	Sommes DUES POUR aller ET retour.
1er Canton de Troyes.	kilomèt.	francs.	kilomèt.	francs.
Lavau	3	»	»	»
Pont-Sainte-Marie	3	»	»	»
Saint-Parres-aux-Tertres	3	»	»	»
2e Canton de Troyes.				
La Chapelle-Saint-Luc	5	»	»	»
La Rivière-de-Corps	5	»	»	»
Les Noës	2	»	»	»
Sainte-Savine	»	»	»	»
Saint-Martin-ès-Vignes	»	»	»	»
3e Canton de Troyes.				
Bréviande	5	»	»	»
Rosières	5	»	»	»
Saint-André	2	»	»	»
Saint-Julien	3	»	»	»

TABLEAU

DES

Communes où les Huissiers de Troyes ont droit à l'indemnité de transport.

NOMS DES COMMUNES.	DISTANCE de chaque commune au chef-lieu d'arrond^t.	Sommes DUES pour aller ET retour.	DISTANCE de chaque commune au chef-lieu de canton.	Sommes DUES pour aller ET retour.
1er *Canton de Troyes.*	kilomèt.	francs.	kilomèt.	francs.
Troyes.	»	»	»	»
Créney	6	4	»	»
Lavau	3	»	»	»
Mergey	13	4	»	»
Pont-Sainte-Marie. . . .	3	»	»	»
Saint-Benoît-sur-Seine . .	12	4	»	»
Sainte-Maure.	7	4	»	»
Saint-Parres-aux-Tertres . .	3	»	»	»
Vailly	10	4	»	»
Villacerf	15	6	»	»
Villechétif	7	4	»	»
2e *Canton de Troyes.*				
Barberey-Saint-Sulpice. . .	6	4	»	»
La Chapelle-Saint-Luc . .	5	»	»	»
La Rivière-de-Corps. . .	5	»	»	»
Le Pavillon	17	6	»	»
Les Noës	2	»	»	»
Macey.	12	4	»	»
Montgueux	10	4	»	»
Payns	15	6	»	»
Sainte-Savine	»	»	»	»
Saint-Lyé.	10	4	»	»
Saint-Martin-ès-Vignes. .	»	»	»	»
Torvilliers	10	4	»	»
Villeloup.	20	8	»	»

NOMS DES COMMUNES.	DISTANCE de chaque commune au chef-lieu d'arrond¹.	Sommes DUES POUR aller ET retour.	DISTANCE de chaque commune au chef-lieu de canton.	Sommes DUES POUR aller ET retour.
3ᵉ *Canton de Troyes.*				
Bréviande	5	»	»	»
Laines-aux-Bois	11	4	»	»
Rosières	5	»	»	»
Saint-André	2	»	»	»
Saint-Germain	6	4	»	»
Saint-Julien	3	»	»	»
Canton d'Aix-en-Othe.				
Aix-en-Othe	30	12	»	»
Bérulle	40	16	10	4
Courmononcle	35	14	4	»
Maraye-en-Othe	30	12	15	6
Nogent-en-Othe	30	12	15	6
Paisy-Cosdon	30	12	2	»
Rigny-le-Ferron	40	16	10	4
Saint-Mards-en-Othe	35	14	10	4
Villemoiron	30	12	6	4
Vulaines	40	16	12	4
Canton de Bouilly.				
Assenay	15	6	6	4
Bouilly	15	6	»	»
Bûchères	10	4	15	6
Cormot	17	6	17	6
Crésantigne	20	8	7	4
Fays	25	10	10	4
Isle-au-Mont	12	4	12	4
Javernant	20	8	5	»
Jeugny	25	10	10	4
La Vendue-Mignot	20	8	15	6
Les Bordes	15	6	15	6
Lirey	25	10	7	4
Longeville	22	8	10	4

NOMS DES COMMUNES.	DISTANCE de chaque commune au chef-lieu d'arrondt.	Sommes DUES POUR aller ET retour.	DISTANCE de chaque commune au chef-lieu de canton.	Sommes DUES POUR aller ET retour.
SUITE DU *Canton de Bouilly*.				
Mâchy	22	8	10	4
Maupas	25	10	10	4
Montceaux	20	8	20	8
Moussey	10	4	10	4
Prunay-Saint-Jean . . .	20	8	5	»
Roncenay	17	6	5	»
Saint-Jean-de-Bonneval. .	20	8	5	»
Saint-Léger	7	4	7	4
Saint-Pouange	12	4	5	»
Saint-Thibault	15	6	15	6
Sommeval	22	8	5	»
Souligny	15	6	»	»
Villemereuil.	12	4	10	4
Villery	20	8	5	»
Villy-le-Bois	22	8	12	4
Villy-le-Maréchal . . .	20	8	7	4
Canton d'Ervy.				
Auxon.	27	10	7	4
Chamoy	22	8	9	4
Chessy	33	12	2	»
Coursan	33	12	7	4
Courtaoult	33	12	4	»
Davrey	31	12	4	»
Ervy	31	12	»	»
Les Croûtes.	37	14	6	4
Montfey	31	12	4	»
Montigny.	24	8	7	4
Racine	33	12	6	4
Saint-Phal	20	8	11	4
Villeneuve-au-Chemin . .	31	12	9	4
Vosnon	31	12	11	4
Canton d'Estissac.				
Bercenay-en-Othe. . . .	25	10	10	4

NOMS DES COMMUNES.	DISTANCE de chaque commune au chef-lieu d'arrond^t.	Sommes DUES POUR aller ET retour.	DISTANCE de chaque commune au chef-lieu de canton.	Sommes DUES POUR aller ET retour.
SUITE DU *Canton d'Estissac.*				
Bucey-en-Othe.	20	8	4	»
Chennegy	25	10	6	4
Estissac	25	10	»	»
Fontvannes.	16	6	7	4
Messon	15	6	9	4
Neuville-sur-Vanne . . .	27	10	2	»
Prugny	13	4	13	4
Saint-Benoît-sur-Vanne. . .	35	14	7	4
Vauchassis	20	8	12	4
Villemaur	30	12	8	4
Canton de Lusigny.				
Bouranton	9	4	10	4
Clérey.	15	6	7	4
Courterange.	14	4	2	»
Fresnoy	17	6	5	»
Laubressel	12	4	7	4
Lusigny	17	6	»	»
Mesnil-Saint-Père. . . .	25	10	5	»
Montaulin	13	4	5	»
Montiéramey	22	8	5	»
Montreuil	22	8	5	»
Rouilly-Saint-Loup	9	4	8	4
Ruvigny	8	4	7	4
Thennelières	8	4	8	4
Verrières.	10	4	9	4
Canton de Piney.				
Assencières	11	4	11	4
Auzon.	25	10	6	4
Bouy	15	6	7	4
Brevonne.	28	10	6	4
Doches	13	4	10	4
Géraudot.	18	6	7	4
Luyères	12	4	12	4

NOMS DES COMMUNES.	DISTANCE de chaque commune au chef-lieu d'arrondt.	Sommes DUES POUR aller ET retour.	DISTANCE de chaque commune au chef-lieu de canton.	Sommes DUES POUR aller ET retour.
SUITE DU *Canton de Piney*.				
Mesnil-Sellières	12	4	11	4
Montangon	25	10	5	»
Onjon	18	6	6	4
Piney	22	8	»	»
Rouilly-les-Saceys . . .	15	6	6	4
Villehardouin	27	10	5	»

ARRONDISSEMENT

d'Arcis-sur-Aube.

TABLEAU

DES

*Communes où les Huissiers d'Arcis n'ont pas droit
à l'indemnité de transport.*

NOMS DES COMMUNES.	DISTANCE de chaque commune au chef-lieu d'arrondt.	Sommes DUES POUR aller ET retour.	DISTANCE de chaque commune au chef-lieu de canton.	Sommes DUES POUR aller ET retour.
Le Chêne.	4	»	»	»
Ormes. . :	4	»	»	»
Torcy-le-Grand	3	»	»	»
Torcy-le-Petit	5	»	»	»
Villette	3	»	»	»

TABLEAU

DES

Communes où les Huissiers d'Arcis ont droit à l'indemnité de transport.

NOMS DES COMMUNES.	DISTANCE de chaque commune au chef-lieu d'arrond^t.	Sommes DUES POUR aller ET retour.	DISTANCE de chaque commune au chef-lieu de canton.	Sommes DUES POUR aller ET retour.
Canton d'Arcis.				
Allibaudière.	6	4	»	»
Arcis	»	»	»	»
Aubeterre	15	6	»	»
Champigny	8	4	»	»
Charmont	18	6	»	»
Feuges	20	8	»	»
Herbisse	12	4	»	»
Le Chêne.	4	»	»	»
Mailly	20	8	»	»
Montsuzain	13	4	»	»
Nozay	6	4	»	»
Ormes	4	»	»	»
Pouan	7	4	»	»
Saint-Etienne-sous-Barbuise .	6	4	»	»
Saint-Remy-sous-Barbuise .	7	4	»	»
Semoine	20	8	»	»
Torcy-le-Grand.	3	»	»	»
Torcy-le-Petit	5	»	»	»
Villette	3	»	»	»
Villiers-Herbisse	14	4	»	»
Voué	10	4	»	»
Canton de Chavanges.				
Arambécourt	45	18	5	»
Aulnay	26	10	15	6
Bailly-le-Franc.	48	18	8	4

NOMS DES COMMUNES.	DISTANCE de chaque commune au chef-lieu d'arrond¹.	Sommes DUES pour aller ET retour.	DISTANCE de chaque commune au chef-lieu de canton.	Sommes DUES pour aller ET retour.
SUITE DU *Canton de Chavanges.*				
Balignicourt.	30	12	10	4
Braux-sous-Pars	32	12	10	4
Chalette . . , ...	30	12	16	6
Chassericourt	40	16	3	»
Chavanges	40	16	»	»
Donnement	28	10	12	‹
Jasseines.	23	8	17	6
Joncreuil.	45	18	5	»
Lentille	42	16	19	6
Magnicourt	25	10	18	6
Montmorency	38	14	15	6
Pars	34	12	7	4
Saint-Léger-sous-Margerie. .	32	12	8	4
Villeret	40	16	17	6
Canton de Méry.				
Bessy	10	4	13	4
Boulage	22	8	14	4
Champfleury	18	6	18	6
Chapelle-Vallon	17	6	17	6
Charny-le-Bachot. . . .	17	6	8	4
Châtres	26	10	6	4
Chauchigny.	23	8	14	4
Droupt-Saint-Basle . . .	20	8	6	4
Droupt-Sainte-Marie. . .	20	8	3	»
Etrelles	23	8	7	4
Grandes-Chapelles . . .	15	6	13	4
L'Abbaye-sous-Plancy . .	19	6	12	4
Longueville.	20	8	6	4
Méry-sur-Seine	20	8	»	»
Mesgrigny	23	8	3	»
Plancy.	18	6	10	4
Premier-Fait	12	4	13	4
Rhèges	13	4	11	4
Sainte-Syre ou Rilly. . .	20	8	10	4

NOMS DES COMMUNES.	DISTANCE de chaque commune au chef-lieu d'arrond¹.	Sommes DUES POUR aller ET retour.	DISTANCE de chaque commune au chef-lieu de canton.	Sommes DUES POUR aller ET retour.
SUITE DU *Canton de Méry.*				
Saint-Mesmin	30	12	10	4
Saint-Oulph	22	8	3	»
Salon	19	6	20	8
Savières	35	14	15	6
Vallant-Saint-Georges	26	10	6	4
Viâpres-le-Grand	12	4	15	6
Viâpres-le-Petit	10	4	16	6
Canton de Ramerupt.				
Aubigny	10	4	5	»
Avant	20	8	11	4
Brillecourt	23	8	10	4
Chaudrey	11	4	3	»
Coclois	28	10	8	4
Dampierre	20	8	7	4
Dommartin-le-Coq et Sᵗᵉ-Thuiˢᵉ	20	8	6	4
Dosnon	14	4	12	4
Fontaines-Luyères	20	8	20	8
Grandville	13	4	10	4
Ile-sous-Ramerupt	12	4	3	»
Le Mesnil-la-Comtesse	8	4	10	4
Lhuitre	12	4	8	4
Longsols	22	8	12	4
Mesnil-Lettre	18	6	10	4
Morambert	20	8	6	4
Nogent-sur-Aube	14	4	4	»
Ortillon	9	4	5	»
Poivre et Sainte-Suzanne	23	8	23	8
Pougy	24	8	14	4
Ramerupt	14	4	»	»
Romaine	16	6	2	»
Saint-Nabord	8	4	6	4
Trouan-le-Grand	15	6	16	6
Trouan-le-Petit	15	6	16	6

NOMS DES COMMUNES.	DISTANCE de chaque commune au chef-lieu d'arrondt.	Sommes DUES POUR aller ET retour.	DISTANCE de chaque commune au chef-lieu de canton.	Sommes DUES POUR aller ET retour.
SUITE DU *Canton de Ramerupt.*				
Vaucogne	18	6	4	»
Vaupoisson	8	4	6	- 4
Verricourt	23	8	13	4
Vinets.	10	4	5	»

ARRONDISSEMENT

DE

Bar-sur-Aube.

TABLEAU

DES

Communes où les Huissiers de Bar-sur-Aube n'ont pas droit à l'indemnité de transport.

NOMS DES COMMUNES.	DISTANCE de chaque commune au chef-lieu d'arrond.	Sommes DUES POUR aller ET retour.	DISTANCE de chaque commune au chef-lieu de canton.	Sommes DUES POUR aller ET retour.
Ailleville.	3	»	»	»
Arrentières	5	»	»	»
Fontaine	3	»	»	»
Montier-en-l'Ile	5	»	»	»
Proverville	1	»	»	»
Voigny	5	»	»	»

TABLEAU

DES

Communes où les Huissiers de Bar-sur-Aube ont droit à l'indemnité de transport.

NOMS DES COMMUNES.	DISTANCE de chaque commune au chef-lieu d'arrond'.	Sommes DUES POUR aller ET retour.	DISTANCE de chaque commune au chef-lieu de canton.	Sommes DUES POUR aller ET retour.
Canton de Bar-sur-Aube.				
Ailleville.	3	»	»	»
Arconville	9	4	»	»
Arrentières	5	»	D	»
Arsonval	6	4	D	D
Baroville.	6	4	»	»
Bar-sur-Aube	»	»	»	»
Bayel	7	4	»	D
Bergères	7	4	»	»
Champignol.	13	4	»	»
Colombé-le-Sec	8	4	»	»
Courcelles	35	14	12	4
Couvignon	6	4	»	»
Engente . . . . , . .	6	4	»	»
Fontaine	3	»	»	»
Jaucourt	7	4	»	»
Juvancourt	19	6	»	D
Lignol.	9	4	»	»
Longchamp.	17	6	»	»
Montier-en-l'Ile	5	»	»	»
Proverville	1	»	»	»
Rouvre	10	4	»	»
Urville	9	4	»	»
Ville-sous-Laferté . . .	17	6	»	»
Voigny	5	»	»	»
Canton de Brienne.				
Bétignicourt	34	12	11	4

NOMS DES COMMUNES.	DISTANCE de chaque commune au chef-lieu d'arrondt.	Sommes DUES pour aller ET retour.	DISTANCE de chaque commune au chef-lieu de canton.	Sommes DUES pour aller ET retour.
SUITE DU *Canton de Brienne.*				
Blaincourt	28	10	10	4
Blignicourt	29	10	9	4
Brienne-la-Vieille	21	8	2	»
Brienne-le-Château	24	8	»	»
Dienville	19	6	5	»
Epagne	30	12	6	4
Hampigny	32	12	10	4
Lassicourt	29	10	6	4
Lesmont	35	14	10	4
Maizières	30	12	7	4
Mathaux	25	10	8	4
Molins	38	14	13	4
Pel-et-Der	35	14	17	4
Perthes-en-Rothière	28	10	4	»
Précy-Notre-Dame	31	12	13	4
Précy-Saint-Martin	31	12	8	4
Radonvilliers	22	8	5	»
Rance	29	10	9	4
Rosnay	31	12	8	4
Saint–Christophe	31	12	8	4
Saint-Léger-sous-Brienne	26	10	3	»
Valantigny	31	12	8	4
Yêvres	35	14	11	4
Canton de Soulaines.				
Chaumesnil	22	8	11	4
Colombé-la-Fosse	8	4	16	6
Crépy	24	8	14	4
Eclance	11	4	12	4
Epothémont	32	12	9	4
Frenay	12	4	8	4
Fuligny	14	4	6	4
Juzanvigny	29	10	16	6
La Chaise	24	8	7	4
La Rothière	18	6	15	6

NOMS DES COMMUNES.	DISTANCE de chaque commune au chef-lieu d'arrond.	Sommes DUES POUR aller ET retour.	DISTANCE de chaque commune au chef-lieu de canton.	Sommes DUES POUR aller ET retour.
Suite du *Canton de Soulaines.*				
Levigny	10	4	10	4
Maisons	10	4	12	4
Morvilliers	26	10	12	4
Petit-Mesnil.	20	8	13	4
Saulcy.	12	4	16	6
Soulaines	28	10	»	»
Thil	16	6	6	4
Thors	13	4	11	4
Vernonvilliers	13	4	9	4
Ville-aux-Bois-les-Soulaines.	23	8	5	»
Ville-sur-Terre.	13	4	5	»
Canton de Vendeuvre.				
Amance	19	6	9	4
Argançon	11	4	12	4
Bligny.	12	4	21	8
Bossancourt.	10	4	16	6
Champ-sur-Barse	26	10	5	»
Dolancourt	9	4	13	4
Fravaux	6	4	15	6
Jessaint	13	4	14	4
Juvanzé	16	6	16	6
La Loge-aux-Chèvres . . .	28	10	7	4
Magny-Fouchard	16	6	6	4
Maison-des-Champs. . . .	15	6	8	4
Meurville	18	6	17	6
Spoix	7	4	13	4
Trannes	13	4	15	6
Unienville	17	6	13	4
Vauchonvilliers	18	6	7	4
Vendeuvre	27	10	»	»
Villeneuve-au-Chêne . . .	27	10	6	4

ARRONDISSEMENT

DE

Bar-sur-Seine.

TABLEAU

DES

Communes où les Huissiers de Bar-sur-Seine n'ont pas droit à l'indemnité de transport.

NOMS DES COMMUNES.	DISTANCE de chaque commune au chef-lieu d'arrond.	Sommes DUES POUR aller ET retour.	DISTANCE de chaque commune au chef-lieu de canton.	Sommes DUES POUR aller ET retour.
Bourguignons	2	»	»	»
Buxeuil	5	»	»	»
Jully–sur–Sarce	5	»	»	»
Merrey	3	»	»	»

TABLEAU

Communes où les Huissiers de Bar-sur-Seine ont droit à l'indemnité de transport.

NOMS DES COMMUNES.	DISTANCE de chaque commune au chef-lieu d'arrond.	Sommes DUES POUR aller ET retour.	DISTANCE de chaque commune au chef-lieu de canton.	Sommes DUES POUR aller ET retour.
Canton de Bar-sur-Seine.				
Bar-sur-Seine	»	»	»	»
Bourguignons	2	»	»	»
Briel	12	4	»	»
Buxeuil	5	»	»	»
Chappes	12	4	»	»
Chauffour-lès-Bailly	12	4	»	»
Courtenot	8	4	»	»
Fouchères	10	4	»	»
Fraligne	8	4	»	»
Jully-sur-Sarce	5	»	»	»
Marolles-lès-Bailly	10	4	»	»
Merrey	3	»	»	»
Poligny	10	4	»	»
Rumilly-les-Vaudes	15	6	»	»
Saint-Parres-les-Vaudes	15	6	»	»
Vaudes	16	6	»	»
Villemorien	8	4	»	»
Villemoyenne	15	6	»	»
Ville-sur-Arce	8	4	»	»
Villiers-sous-Praslin	10	4	»	»
Villy-en-Trode	10	4	»	»
Virey-sous-Bar	8	4	»	»
Canton de Chaource.				
Avreuil	31	12	12	4

NOMS DES COMMUNES.	DISTANCE de chaque commune au chef-lieu d'arrondt.	Sommes DUES POUR aller ET retour.	DISTANCE de chaque commune au chef-lieu de canton.	Sommes DUES POUR aller ET retour.
SUITE DU *Canton de Chaource*.				
Balnot-la-Grange	24	8	12	4
Bernon	35	14	15	6
Chaource	20	8	»	»
Chasserey	30	12	14	4
Chesley	27	10	11	4
Coussegrey	34	12	16	6
Cussangy	24	8	6	4
Etourvy	28	10	13	4
Lagesse	21	8	5	»
La Loge–Pomblin	28	10	9	4
Lantages	14	4	6	4
Les Granges	27	10	7	4
Les Loges-Margueron	22	8	5	»
Les Maisons	21	8	6	4
Lignières	38	14	20	8
Marolles-sous-Lignières	42	16	24	8
Metz-Robert	22	8	4	»
Pargues	16	6	6	4
Praslin	15	6	6	4
Prusy	32	12	14	4
Turgy	29	10	9	4
Vallières	28	10	11	4
Vanlay	31	12	11	4
Villiers-le-Bois	26	10	14	4
Vougrey	11	4	9	4
Canton d'Essoyes.				
Bertignolle	10	4	10	4
Beurey	10	4	13	4
Bussières	5	»	15	6
Chassenay	12	4	10	4
Chervey	8	4	10	4
Cunfin	25	10	13	4
Eguilly	12	4	12	4
Essoyes	15	6	»	»

NOMS DES COMMUNES.	DISTANCE de chaque commune au chef-lieu d'arrond	Sommes DUES pour aller ET retour.	DISTANCE de chaque commune au chef-lieu de canton.	Sommes DUES pour aller ET retour.
Suite du *Canton d'Essoyes.*				
Fontette	18	6	5	»
Landreville	9	4	5	»
Loches.	14	4	2	»
Longpré	14	4	17	6
Magnant	6	4	15	6
Montmartin	15	6	15	6
Noé.	15	6	7	4
Puits-et-Nuisement . . .	15	6	18	6
Saint-Usage	18	6	8	4
Thieffrain	10	4	18	6
Verpillières	18	6	3	»
Vitry-le-Croisé. . . .	15	6	15	6
Viviers	10	4	8	4
Canton de Mussy.				
Celles	3	»	15	6
Courteron	12	4	7	4
Gyé-sur-Seine	10	4	10	4
Mussy-sur-Seine . . .	22	8	»	»
Neuville-sur-Seine . . .	9	4	12	4
Plaines	18	6	2	»
Polisot.	3	»	17	6
Polisy	5	»	16	6
Canton des Riceys.				
Arrelles	10	4	7	4
Avirey-Lingey	15	6	5	»
Bagneux-la-Fosse. . . .	15	6	5	»
Balnot-sur-Laigne. . . .	10	4	2	»
Beauvoir	18	6	5	»
Bragelogne	20	8	5	»
Channes	25	10	10	4
Les Riceys	15	6	»	»

29

ARRONDISSEMENT

DE

Nogent-sur-Seine.

TABLEAU

DES

Communes où les Huissiers de Nogent-sur-Seine n'ont pas droit à l'indemnité de transport.

NOMS DES COMMUNES.	DISTANCE de chaque commune au chef-lieu d'arrond^t.	Sommes DUES POUR aller ET retour.	DISTANCE de chaque commune au chef lieu de canton.	Sommes DUES POUR aller ET retour.
Fontenay-de-Bossery . . .	5	»	»	»
La Motte-Tilly	5	»	»	»
Le Mériot.	5	»	»	»
Mâcon.	5	»	»	»
Marnay.	5	»	»	»
Saint-Aubin	5	»	»	»
Saint-Nicolas	5	»	»	»

TABLEAU

DES

Communes où les Huissiers de Nogent-sur-Seine ont droit à l'indemnité de transport.

NOMS DES COMMUNES.	DISTANCE de chaque commune au chef-lieu d'arrondt.	Sommes DUES POUR aller ET retour.	DISTANCE de chaque commune au chef-lieu de canton.	Sommes DUES POUR aller ET retour.
Canton de Nogent-sr-Seine.				
Bouy-sur-Orvin.	10	4	»	»
Courceroy	10	4	»	»
Fontenay-de-Bossery.	5	»	»	»
Gumery	10	4	»	»
La Louptière	15	6	»	»
La Motte-Tilly	5	»	»	»
Le Mériot.	5	»	»	»
Mâcon.	5	»	»	»
Marnay	5	»	»	»
Nogent-sur-Seine	»	»	»	»
Plessis-Gatebeld	15	6	»	4
Pont-le-Roy.	10	4	»	»
Saint-Aubin.	5	»	»	»
Saint-Nicolas	5	»	»	»
Soligny-les-Etangs	10	4	»	»
Trainel.	13	4	»	»
Canton de Marcilly-le-Hay.				
Avant	10	4	12	4
Avon-la-Pèze	20	8	7	4
Bercenay-le-Hayer	20	8	4	»
Bourdenay	18	6	6	4
Charmoy.	12	4	12	4
Dierrey-Saint-Julien.	38	14	28	10
Dierrey-Saint-Pierre.	38	14	28	10
Echemine.	35	14	15	6

NOMS DES COMMUNES.	DISTANCE de chaque commune au chef-lieu d'arrondt.	Sommes DUES POUR aller ET retour.	DISTANCE de chaque commune au chef-lieu de canton.	Sommes DUES POUR aller ET retour.
SUITE DU *Canton de Marcilly.*				
Faux-Villecerf	35	14	10	4
Fay	15	6	10	4
Marcilly-le-Hayer	25	10	»	»
Marigny	25	10	10	4
Mesnil-Saint-Loup. . . .	40	16	15	6
Palis	40	16	15	6
Planty.	38	14	10	4
Pouy	25	10	5	»
Prunay	30	12	10	4
Rig.-l-Non^se ou St-Pierre-de-B.	20	8	13	4
Saint-Flavy et Belleville . . .	25	10	10	4
Somme-Fontaine ou St.-Lup.	25	10	5	»
Trancault.	15	6	7	4
Villadin	30	12	5	»
Villeneuve-aux-Riches-Hom.	16	6	7	4
Canton de Romilly.				
Crancey	15	6	8	4
Ferreux	12	4	15	6
Fontaine-Saint-Georges. . .	45	18	25	10
Gelannes	16	6	6	4
La Fosse-Cordouan	18	6	15	6
Maizières-la-Grande-Paroisse.	25	10	7	4
Origny-le-Sec	25	10	7	4
Orvilliers.	30	12	12	4
Ossey-les-Trois-Maisons . .	25	10	10	4
Pars.	20	8	3	»
Quincey	8	4	15	6
Romilly-sur-Seine. . . .	20	8	»	»
Saint-Hilaire	15	6	6	4
Saint-Loup-de-Buffigny . .	15	6	15	6
Saint-Martin-la-Fosse . . .	17	6	17	6
Canton de Villenauxe.				
Barbuise	10	4	6	4

NOMS DES COMMUNES.	DISTANCE de chaque commune au chef-lieu d'arrond¹.	Sommes DUES POUR aller ET retour.	DISTANCE de chaque commune au chef-lieu de canton.	Sommes DUES POUR aller ET retour.
SUITE DU *Canton de Villenauxe.*				
La Saussotte.	8	4	8	4
Mont-Pottier	12	4	5	»
Périgny-la-Rose	15	6	8	4
Plessis-Barbuise	15	6	5	»
Villenauxe	16	6	»	»
Villeneuve-au-Châtelot	13	4	7	4

FIN.

TABLE

DES

MATIÈRES.

TABLE.

TABLE.

TABLE.

TABLE.

FIN DE LA TABLE.

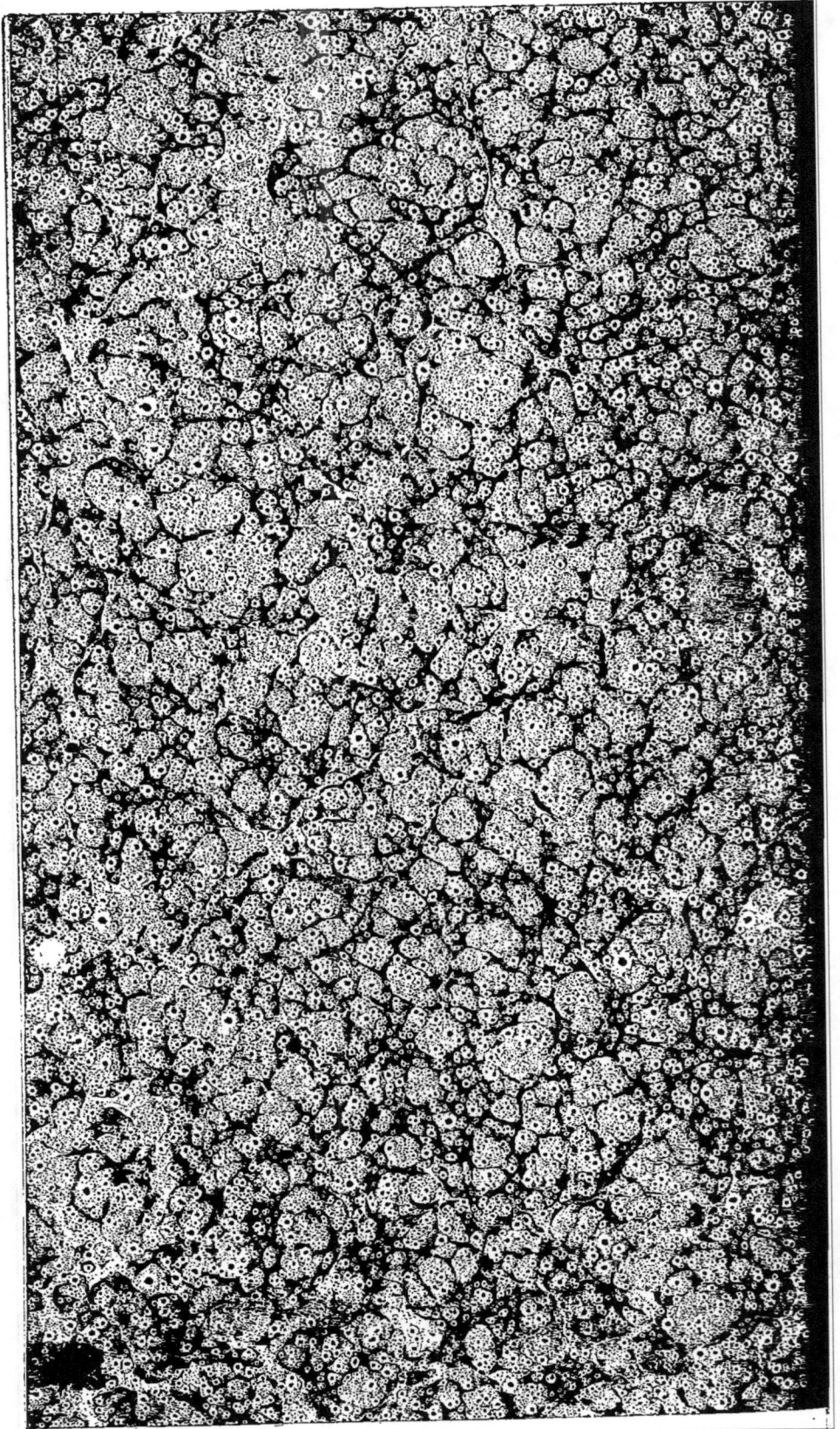

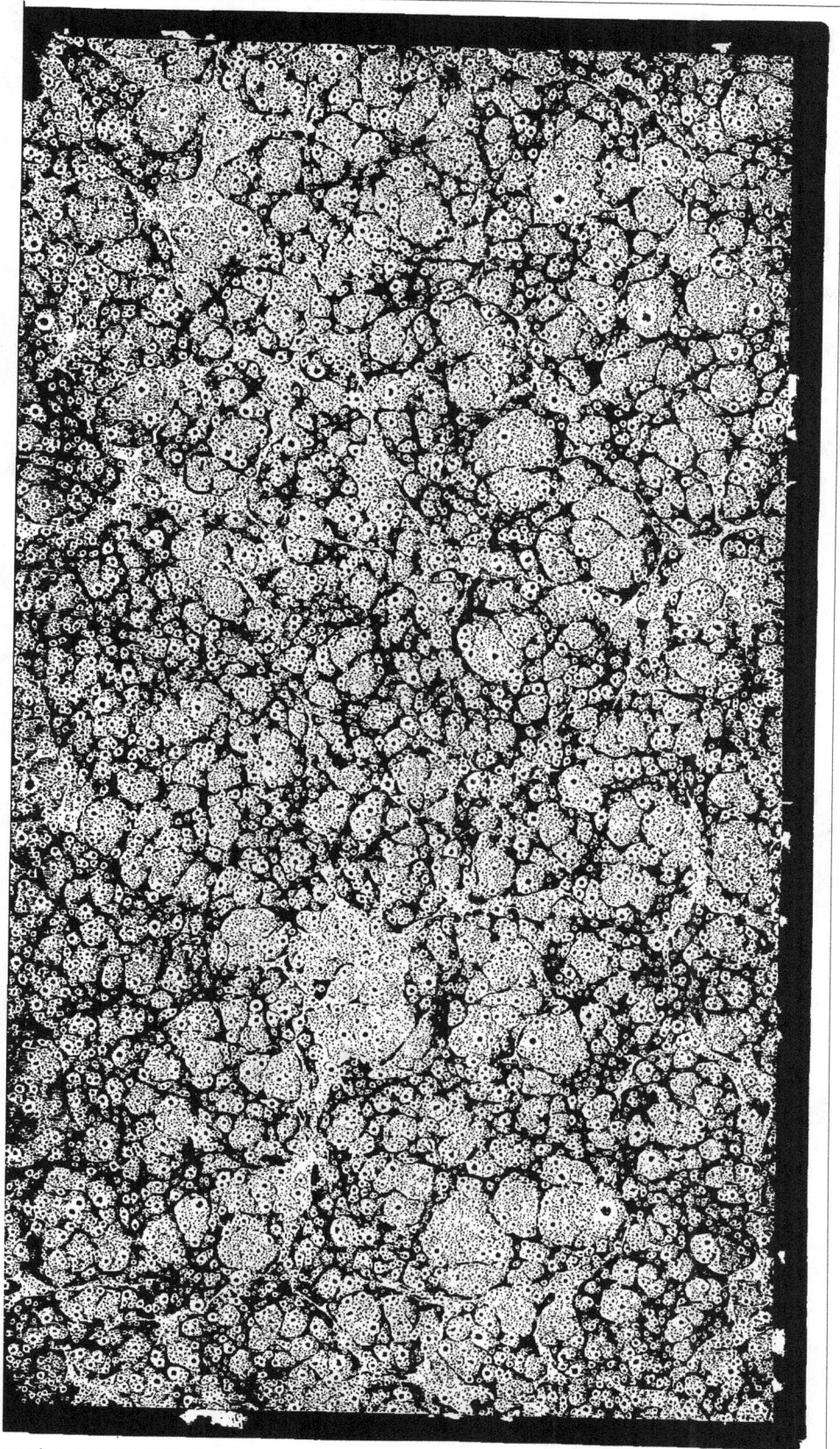